U0948304

21世纪政治理论学术著作丛书

科学社会主义理论与实践

主　编　刘先春

副主编　张新平　马云志　祝远方

参　编（按姓氏笔画排列）

刘文玉　杜军林　吴阳松

杨志超　张　军　岳　彬

兰州大学出版社

图书在版编目(CIP)数据

科学社会主义理论与实践/刘先春主编.—兰州:兰州大学出版社,2008.10
(21世纪政治理论学术著作丛书)
ISBN 978-7-311-03104-6

Ⅰ.科... Ⅱ.刘... Ⅲ.科学社会主义理论—高等学校—教材 Ⅳ.D0-0

中国版本图书馆CIP数据核字(2008)第156312号

策划编辑 陈红升
责任编辑 陈红升 马明祥
封面设计 汤翠萍 张芳芳

书　　名 科学社会主义理论与实践
主　　编 刘先春
出版发行 兰州大学出版社 (地址:兰州市天水南路222号 730000)
电　　话 0931-8912613(总编办公室) 0931-8617156(营销中心)
0931-8914298(读者服务部)
网　　址 http://www.onbook.com.cn
电子信箱 press@onbook.com.cn
印　　刷 兰州人民印刷厂
开　　本 787×1092 1/16
印　　张 11.75
字　　数 271千字
版　　次 2008年10月第1版
印　　次 2008年10月第1次印刷
书　　号 ISBN 978-7-311-03104-6
定　　价 23.00元

总 序

中国的改革开放已经走过了30年的历程。30年来中国人民在中国共产党的领导下,以一往无前的进取精神和波澜壮阔的创新实践,谱写了中华民族自强不息、顽强奋进的壮丽史诗。中国的面貌发生了历史性的变化。这是一个中华民族发展的时代、创新的时代。早在1982年党的十二大上,邓小平就坚定地宣告:“把马克思主义的普遍真理同我国的具体实际结合起来,走自己的路,建设有中国特色的社会主义。”此后,我们党的理论创新和实践探索,都是紧紧围绕“中国特色社会主义”这个主题展开的。党的十三大提出“沿着有中国特色的社会主义道路前进”。党的十四大将“加快改革开放和现代化建设步伐,夺取有中国特色社会主义事业的更大胜利”作为主题;党的十五大的主题是“高举邓小平理论伟大旗帜,把建设有中国特色社会主义事业全面推向二十一世纪”;党的十六大主题是“全面建设小康社会,开创中国特色社会主义事业的新局面”;去年召开的党的十七大则更明确地提出:“高举中国特色社会主义伟大旗帜,以邓小平理论和‘三个代表’重要思想为指导,深入贯彻落实科学发展观,继续解放思想,坚持改革开放,推动科学发展,促进社会和谐,为夺取全面建设小康社会新胜利而奋斗。”回顾30年来中国共产党的理论创新和实践探索,可以清晰地看到,中国共产党和中国人民始终坚持与时俱进的精神状态,围绕着什么是社会主义、如何建设社会主义,建设一个什么样的党、怎样建设党,实现什么样的发展、如何发展等重大理论和实际问题,不断推进马克思主义的中国化,使马克思主义理论在与中国现代化建设丰富实践相结合的进程中实现了历史性的飞跃,形成了中国特色的社会主义理论体系。为中国的进一步发展奠定了坚实的理论基础。改革开放的历史事实也进一步证明,中国特色社会主义的深化过程,也是改革开放和社会主义现代化建设不断发展的过程。每一次的思想突破,都带来了经济的腾飞和中国社会的进步。

马克思主义理论具有与时俱进的理论品格,它是一个开放的体系,是随着时代的发展不断丰富和发展的,马克思主义的每一次发展都带来了世界社会主义运动的发展和进步,都推动社会历史的发展和进步,这是已经被历史证明了的。同样,中国特色社会主义理论也是不断发展的开放的理论体系,它也会随着我国社会主义现代化建设实践的深入发展而不断的发展。

中国特色社会主义的不断发展,中国社会的全面进步,一方面会促进我国政治、经济、文化和社会的全面发展和国际地位的变化,为我国社会的进一步发展奠定基础;另一方面在社会发展中也会出现一些新的问题,如经济、政治、文化、社会的全面协调发展问题,全球化时代国内发展与对外开放协调发展的问题,不断探索中国特色社会主义民主政治的实现途径问题,面对新形势不断提高党的执政能力问题等等,这些问题的解决要靠实践的发展和科学的理论研究做出回答,要靠中国特色社会主义理论的不断创新做出回答。

在中国社会发展进步的历史进程中,社会科学工作者和理论工作者就是要通过自己的工作,宣传党的路线、方针、政策,使党的路线、方针、政策在实践中得到切实地贯彻执行;为此,就必须大力培养高素质的政治理论研究专门人才,以及具有广阔视野、创新思维、战略眼光的干部队伍和实际部门的工作人员;同时,还要立足于实际,开拓创新,认真研究改革开放实践中出现的新问题,提出解决问题的新方法、新思路,不断地推动理论的创新和发展,使理论能够回答实践发展提出的新问题。因此加强政治理论问题的研究,对我国社会发展出现的重大问题进行冷静分析、科学判断、正确预测,为我们实事求是地认识社会和面对的问题、选择切实可行的战略策略提供科学依据，这无疑是21世纪社会科学工作者和理论工作者义不容辞的责任。

改革开放以来，我国的社会科学工作者和理论工作者坚持用马克思主义的立场、观点、方法，立足于中国社会发展的实际，紧跟时代的步伐，研究中国社会发展中的现实问题和理论问题，产生了一批重要的学术研究成果，推动了政治理论研究的深入发展，也为党和国家的决策提供了重要的理论参考。但是，与中国社会不断发展的实践相比，社会科学研究和理论研究工作还有差距，还有大量的工作要做。因此，加强队伍建设，提高社会科学和政治理论研究队伍的水平，同样是一项重要的任务。

兰州大学是教育部直属的全国重点综合性大学，是国家“985工程”和“211工程”重点建设高校之一，承担着为国家现代化建设培养高层次人才的重要任务。兰州大学的办学目标是建设多学科协调发展的综合性、研究型、国内外知名的高水平大学。要实现这样的办学目标，就需要加强学科建设，提升学校科学研究的水平，实现多学科协调发展，为国家和地方社会经济发展服务。

兰州大学政治与行政学院是由1950年9月成立的马列主义教研室和1980年成立的思想品德教研室合并发展而来的。经过改革开放以来30年的建设和发展，政治与行政学院已经发展为涵盖马克思主义理论、政治学两个一级学科，拥有博士点、硕士点和本科专业，各专业相互协调，科学研究与马克思主义政治理论教育相互促进的、充满活力的教学科研实体。在长期的教学科研实践中，政治与行政学院积累了丰富的经验，完成了大量的科研成果，目前已经形成了一支知识结构、年龄结构、学历层次较合理的、专门从事马克思主义理论和政治学研究的专业研究队伍。为了适应把兰州大学建设成多学科协调发展的综合性、研究型、国内外知名的高水平大学的需要，为了进一步提升兰州大学社会科学研究的水平，促进兰州大学政治学和马克思主义理论的学科建设，为繁荣国家哲学社会科学事业，为国家现代化建设培养高质量的政治理论人才做出自己的贡献。经过兰州大学研究生院、兰州大学社会科学处，兰州大学政治与行政学院协商，决定以兰州大学政治与行政学院为主体，联合相关学院研究人员，搭建学术平台，集体攻关，编写“21世纪政治理论学术著作丛书”，以促进兰州大学政治学和马克思主义理论学科的发展。同时，我们也聘请了一些校内外著名的专家担任丛书顾问，以保证丛书的学术质量。

需要说明的是，我们将丛书定名为“政治理论”，是考虑到兰州大学政治与行政学院及参与这套丛书的研究人员涵盖了政治学和马克思主义理论两个一级学科，加之政治学理论与马克思主义理论有着紧密的联系，因此，我们姑且以“政治理论”为丛书定名。

目前该丛书已经完成了《政治学原理新编》、《世界各国政治制度概论》、《马克思主义中国化研究重要文献导读四十篇》、《科学社会主义理论与实践》、《马克思主义基本原理经典文献导读》、《行政学概论》等系列著作。为了使这项工作不断深入发展，也为了促进兰州大学政治学和马克思主义理论研究学科的进一步发展，我们将这套丛书设定为研究性、开放性的学术丛书，使一些新的政治理论学术研究成果能补充到丛书中；我们希望这套丛书能为我国政治学和马克思主义理论学术的繁荣做出一些贡献，并成为团结西北地区政治理论研究队伍和展示兰州大学政治理论学术成果的一个平台。

21 世纪政治理论学术著作丛书编审委员会

2008 年 10 月

前言

根据中共中央的有关规定,原国家教育委员会于1988年初把“科学社会主义理论与实践”作为全国高等学校硕士研究生的一门公共政治理论课。2007年9月至2008年6月,根据教学需要我们编写了这门课的教材,由我主持这项编写工作。参加编写的人员是我们兰州大学政治与行政学院担任全校研究生“科学社会主义理论与实践”公共课教学的教师。

本书是以党中央关于正确认识社会主义发展历史进程为指导,以教育部颁布的“科学社会主义理论与实践”教学要点为参考,以近年来的教学实践为依据,吸取了国内相关教材的优点和长处编写而成的。本书坚持逻辑与历史一致、理论与实际结合、价值与科学统一的原则,将社会主义作为理论、运动、制度“三位一体”的对象进行考察。全书总结了马克思、恩格斯所领导的社会主义由空想到科学的飞跃,以及列宁所领导的科学社会主义由理论向现实的飞跃;重点分析了世界上第一种社会主义模式即苏联模式产生的社会背景、内容特征、历史贡献和内在弊端,并对曾经产生过重要影响的其他社会主义模式、发达资本主义国家以及发展中国家的社会主义思潮做了介绍和评析。全书还探讨了中国特色的社会主义,包括毛泽东创立新民主主义革命理论,领导中华民族经过新民主主义革命走向社会主义；邓小平创立建设中国特色的社会主义理论，领导中国实行改革开放、走上富民强国之路；以江泽民为核心的党中央提出“三个代表”重要思想和社会主义初级阶段建设纲领，以胡锦涛为总书记的党中央提出“全面小康”、“科学发展”、“和谐社会”的奋斗目标，将中国特色社会主义事业进一步推向前进。本书还论述了社会主义的理论和实践在当今世界面临的新挑战和新出路。

本书具有很强的针对性。1989 年到 1991 年前苏联、东欧社会主义各国发生剧变后，许多人纷纷提出：为什么世界社会主义会发生空前的大挫折？前苏联、东欧的剧变是否只是由于领导人推行右倾错误路线所造成的？罗马尼亚共产党直到最后还坚决反对实行多党制和市场经济，为什么也遭到覆灭，而且失败得更悲惨？社会主义苏联模式的主要弊端何在？如何才能改革成功？从前苏联、东欧剧变中究竟要吸取哪些经验教训？如何推进建设中国特色社会主义事业取得全面成功？前苏联、东欧剧变后世界社会主义发生了哪些新变化？世界社会主义的发展战略要作哪些新调整？科学社会主义理论与实践的前景应是什么样？对这些新问题，我们力求从科学社会主义的历史、理论、现实、未来的互动联系中，解读科学社会主义波澜起伏的历史、生动曲折的现在和走向辉煌的未来；力求从科学认识社会主义发展历史进程的高度，探索科学社会主义博大精深的理论深蕴、与时俱进的理论品格和辩证统一的方法论魅力；力求解放思想、实事求是，反“左”防右，对上述热点问题作出新的讲解和回答。

本书不是把科学社会主义归纳为若干条原理、划分为若干专题分别展开论述，也不是按照科学社会主义的过去、现在和未来分篇铺叙，而是按照一百六十多年来科学社会主义如何经历了三次思想认识的飞跃、形成了三种理论形态(马克思恩格斯的经典社会主义、苏联模式的社会主义和各具本国特色的社会主义)来论证科学社会主义的各个原理是如何在众多国家的实践中得到验证并且不断取得新发展的。全书内容丰富，视野开阔，既总结过去、分析现在、展望未来，又立足中国、反映外国、总揽世界。全书的论述以马列主义、毛泽东思想、中国特色社会主义理论为指导，同时运用较多新材料，尽量做到言之有理、持之有故。

最后特别要提到兰州大学出版社的崔明社长、陈红升、马明祥等同志，他们为本书的出版付出了艰辛的劳动，在此向他们表示衷心的感谢！

由于我们水平有限，加之时间仓促，书中难免还有疏漏和不尽人意的地方，敬请专家、读者指正，以便在以后的修订中使之更加完善。教材中引用了许多学者的研究成果，不能一一注出，在此我们深表谢意。

刘先春

2008 年 8 月

目 录

第一章　科学社会主义理论与实践的基本问题

科学社会主义又称马克思主义的社会主义学。科学社会主义具有广义和狭义之分。广义的科学社会主义即马克思主义,既包括其主体——哲学、政治经济学和科学社会主义这三大组成部分,也包括非主体部分,如马克思主义历史学、马克思主义法学、马克思主义社会学等。狭义的科学社会主义,是指马克思主义三大组成部分之一的科学社会主义。马克思主义的经典作家往往既从广义方面又从狭义方面来使用这个名称。本书所要阐述的科学社会主义是在狭义上使用的,它是马克思主义的一个核心问题,是整个马克思主义的理论终结和归宿。

第一节　学习科学社会主义的重要性和紧迫性

一、科学社会主义是整个马克思主义的核心

(一)科学社会主义的定义

科学社会主义又称科学共产主义。科学社会主义是研究改变资本主义旧世界,建设社会主义、共产主义新世界的一般规律的科学。科学社会主义也可以称为马克思主义社会主义学。社会主义(Socialism)一词首次出现在1832年乔西安尔发表在圣西门学派刊物《地球》上的一篇文章中,是用来表述圣西门等人为代表的学说的。由于资本主义生产方式的矛盾、无产阶级与资产阶级的矛盾还没有充分显现,人们对资本主义制度的认识尚处于感性认识阶段。当时的社会主义学说虽然批判资本主义制度,主张用理想社会取代它;但是,没有揭示资本主义制度的本质,没有发现资本主义发展的规律,没有找到实现社会主义的社会力量,甚至反对阶级斗争。因此,这一时期的社会主义是空想的社会主义。马克思、恩格斯在两大理论——历史唯物论和剩余价值论指导下把社会主义置于科学基

础之上，并结合无产阶级斗争的实践，揭示了无产阶级解放运动的性质、条件和一般目的，实现了社会主义由空想到科学的飞跃，创立了科学社会主义理论。

(二)科学社会主义在马克思主义中的地位

1．科学社会主义是马克思主义哲学、政治经济学的落脚点

马克思主义是马克思、恩格斯创立的关于无产阶级和全人类解放的科学，它包括马克思主义哲学、经济学、社会主义学、历史学、政治学、法学、军事学、社会学、文化学、教育学、人类学、科学学等。其中最重要的组成部分，是列宁在1913年撰写的《马克思主义的三个来源和三个组成部分》一文中概括的马克思主义哲学、马克思主义政治经济学和科学社会主义这三部分。因为这是涉及无产阶级和人类解放最迫切需要做出理论说明的三个领域的三门科学。

要科学地说明无产阶级和全人类解放的目标和道路，首先要掌握人类社会历史发展的规律。为此，马克思、恩格斯创立了辩证唯物主义、历史唯物主义哲学，揭示了自然界、人类社会的一般规律，提出了社会存在决定社会意识、生产力决定生产关系、经济基础决定上层建筑、人民群众是历史的创造者、阶级斗争是推动阶级社会发展的主要动力等理论。这些历史唯物主义的基本理论是马克思、恩格斯研究无产阶级和全人类解放主题的起点，是马克思主义第一层次的理论。其次，他们运用辩证唯物主义和历史唯物主义的基本原理，研究资本主义社会经济发展的规律，创立了剩余价值理论，揭示了无产阶级与资产阶级对立的根源，论证了社会化大生产与资本主义私有制的基本矛盾，指出了资本主义发展到社会主义的客观必然性。列宁指出："马克思的经济学就是马克思理论最深刻、最全面、最详细的证明和运用。"① 马克思主义政治经济学是马克思主义哲学与科学社会主义的中介，是马克思主义第二层次的理论。最后，建立在历史唯物主义和剩余价值理论基础上的科学社会主义学说，揭示了无产阶级的历史作用和历史使命，主张全世界无产者联合起来，建立无产阶级政党，在党的领导下，结成广泛的统一战线，开展阶级斗争，夺取政权，建立无产阶级专政；掌握了政权的无产阶级，要建立社会主义经济制度，发展社会生产力，建设社会主义，进而创造条件实现共产主义。科学社会主义是马克思主义第三层次的理论。没有马克思主义哲学、政治经济学，就没有科学社会主义，没有科学社会主义也就不能体现马克思主义哲学和政治经济学的实际目的和作用。恩格斯说："现代的唯物主义，它和过去相比，是以科学社会主义为理论终结的。"② 列宁也指出："资本主义社会必然要转变为社会主义社会这个结论，马克思是完全而且仅仅根据现代社会的经济规律得出的。"③

2．科学社会主义是马克思主义的核心

首先，从马克思主义三大组成部分之间的关系来看，既然哲学和经济学是起点和中介，社会主义是终结，那么，科学社会主义比之哲学和政治经济学是马克思主义更加重要

① 《列宁选集》，第2卷，第588页。
② 《马克思恩格斯全集》，第20卷，第673页。
③ 《列宁选集》，第2卷，第599页。

的一个组成部分，是马克思主义理论体系的核心部分。1885年，恩格斯在《反杜林论》第三版序言中，在谈到该书第三编第二章专论社会主义理论部分时指出："这里所涉及的仅仅是我所主张的观点的一个核心问题的表述。"① 这一章所论述的是资本主义为何必然让位给社会主义以及社会主义的基本特征，无疑是整个马克思主义理论的核心问题。当然，如果就马克思主义哲学阐明的最根本的世界观和方法论问题，就马克思主义政治经济学阐明的最重要的资本主义剥削的秘密和资本主义必然灭亡的问题，也可以说哲学或政治经济学是整个马克思主义的核心。即便如此，阐明无产阶级和全人类解放的目标和道路这个最关键问题的科学社会主义，还是整个马克思主义核心的核心。就狭义而言，科学社会主义是马克思主义的三大组成部分之一；就广义而言，科学社会主义就是马克思主义。列宁曾经不止一次地把科学社会主义作为马克思主义的同义语来使用。他于1902年发表的《政治鼓动和"阶级观点"》一文中说："科学社会主义学说，也就是马克思主义。"② 1920年，列宁在《青年团的任务》这篇著名演说中提出："主要由马克思创立的共产主义理论，共产主义科学，即马克思主义学说，已经不仅仅是19世纪一位社会主义者——虽说是天才的社会主义者——的个人著述，而成了全世界千百万无产者的学说。"③ 在列宁和其他马克思主义经典作家的论著中，我们还找不到哲学或政治经济学对马克思主义这样的论述。列宁之所以多次把科学社会主义或共产主义科学作为马克思主义的同义语使用，正因为科学社会主义是整个马克思主义的核心。1915年《格拉纳特百科词典》出版时，编辑部为对付沙皇专制政府的检查，不得不把列宁所撰写的"卡尔·马克思"词条中的社会主义部分全部删去，只保留了哲学和经济学部分。列宁在致编辑部的信中对此深表遗憾，同时指出，"没有这些（指被删去的社会主义部分——引者注）马克思就不成其为马克思了"。④

其次，从理论对实际的指导意义来看，科学社会主义是比马克思主义哲学更直接、比马克思主义政治经济学更全面地指导无产阶级和全人类的解放运动的理论。因为用哲学原理具体分析各国的实际情况时还要结合甚至通过科学社会主义原理，而科学社会主义则是从总体上全面指导社会主义建设，除经济建设外还包括政治建设、文化建设、思想建设和对外关系。所以，科学社会主义是指导社会主义实践活动的一门首要科学。

当然建设社会主义、共产主义新世界这样宏伟的事业和复杂的系统工程，是需要千百门具体科学为之服务的。除了哲学、社会科学之外，还需要自然科学、技术科学及各种交叉科学。

3. 科学社会主义是行动中的马克思主义

科学社会主义理论以马克思主义哲学、政治经济学为指导，科学地分析了工人运动的实际，提出了无产阶级革命与社会主义建设的理论、路线、方针、政策、策略，是行动中的马

① 《马克思恩格斯选集》，第3卷，第348页。

② 《列宁全集》，第6卷，第251页。

③ 《列宁选集》，第4卷，第284页。

④ 《列宁全集》，第47卷，第66页。

克思主义。一百多年来,国际共产主义运动的实践证明,科学社会主义是无产阶级解放斗争的胜利旗帜。无产阶级政党只要将科学社会主义的基本原理同本国实际情况结合,制定正确的路线、方针和政策,无产阶级解放运动就一定能取得胜利;背离和抛弃科学社会主义的基本原则,就不可避免地要遭受挫折和失败。俄国十月革命的伟大胜利,中国民主革命和社会主义革命的伟大胜利,建设中国特色社会主义取得的重大进展和成就,都是在科学社会主义旗帜指引下取得的。东欧剧变、苏联解体也是抛弃科学社会主义、奉行民主社会主义的必然结果。事实证明,是否坚持科学社会主义,关系到无产阶级解放运动的前途、社会主义的命运。在当今社会主义面临各种挑战的新形势下,高举科学社会主义的旗帜,坚持和发展这一行动中的社会主义理论,社会主义事业一定会开创出新的局面,取得新的胜利。

二、科学社会主义的研究对象和学科性质

(一)科学社会主义的研究对象

任何一门科学都有其特定的研究对象。马克思主义是一门综合性学科,它的三个组成部分是相对独立、又相互联系的三门科学,各有其特定的研究对象。马克思主义哲学是研究自然、社会和人类思维一般规律的科学;马克思主义政治经济学是研究生产关系发展变化规律的科学;科学社会主义则是关于无产阶级解放运动发展规律的科学。科学社会主义是无产阶级领导广大人民群众根本变革资本主义旧世界,进而创立社会主义、共产主义新世界的一般规律的科学,是以资本主义社会和社会主义社会这两个社会形态为研究客体的。

资本主义社会是继封建社会之后私人资本占统治地位的最后一个人剥削人的社会形态。它的基本特征是:经济上,生产资料资本家私有制和剥削工人的雇佣劳动制度;政治上,资产阶级掌握国家政权统治人民。世界资本主义的发展经历了自由资本主义和垄断资本主义(即帝国主义)两个阶段。资本主义取代封建主义是人类历史的巨大进步,它创造了巨大的社会生产力,促进了全球经济一体化,极大地改变了世界的面貌。但是,资本主义的发展也给人类带来新的灾难,于是,越来越多的有识之士力求改变资本主义社会,探索建立一种理想的、新型的社会,以消除资本主义社会的基本矛盾和固有弊病。这样,社会主义思潮、社会主义派别、社会主义运动就应运而生了。

社会主义是资本主义的继承物、对立物、取代物和创新物。它是继承资本主义的各种积极成果,克服资本主义各种矛盾和弊端而产生的高于资本主义社会的新型社会制度和社会形态。社会主义的基本特征是:经济上实行公有制和按劳分配制度;政治上实行工人阶级政党领导下的人民民主制度;文化上实行马克思主义指导下的社会主义精神文明制度。社会主义社会也要经历若干阶段,社会主义发展的趋势是共产主义。社会主义尽管产生的历史还很短,但它已极大地改变了人类社会的面貌。完全的社会主义即共产主义将是一种最理想的社会、最美好的社会、人类彻底解放的社会。

科学社会主义是研究改变资本主义世界、建设社会主义世界的一般规律的科学。科学社会主义不仅研究社会主义社会、资本主义社会,而且要研究从资本主义社会向社会主

义社会的过渡。从资本主义社会到社会主义社会要经过一个过渡时期:社会主义先在不发达国家胜利,需要较长的过渡时期;社会主义从一国胜利到几国胜利,到全世界胜利,需要一个更长的世界性的过渡时期。20世纪初以来,马克思主义者通常把共产主义社会的第一阶段称为社会主义社会。社会主义社会还要经历初级、中级和高级阶段的发展,才能达到未来的共产主义。社会主义社会既与资本主义社会有根本区别,又同未来的共产主义社会大不一样。

改变旧世界、建设新世界,是千头万绪的社会系统工程,是千秋万代的宏伟事业,需要许许多多门科学为之服务,需要掌握一般规律和众多具体规律。科学社会主义只是关于改变资本主义世界、建设社会主义世界的一般规律的科学,它不能取代研究众多具体规律的各个部门的科学,但是它对众多部门的科学研究有指导意义,它能使其他科学在明确社会主义的性质、目标和道路的前提下,更好地为改变资本主义世界、建设社会主义世界服务。

关于科学社会主义的研究对象,目前我国理论界还有多种不同看法。一般认为,科学社会主义主要研究资本主义旧世界是如何发展到社会主义、共产主义新世界的。

(二)科学社会主义是一门综合性科学

科学社会主义按其性质来说是一门综合性,而不是单一性的科学。科学社会主义并不是社会主义政治学加社会主义经济学,加社会主义文化学,再加社会主义对外关系学的总和,而是以政治为先导,从总体上综合研究改变资本主义世界、建设社会主义世界的一般规律的科学。它主要包括:在资本主义世界怎样以工人阶级及其政党掌握政权为中心,全面开展反对资本主义的斗争,从各方面积累社会主义因素;在从资本主义到社会主义的过渡时期,怎样以巩固并发展工人阶级及其政党领导的政权为支柱,以经济建设为中心,全面进行社会主义改造和社会主义建设;在社会主义社会从初级到高级发展的全过程中,怎样以工人阶级政权和工人阶级政党的建设为支柱,带动并指导全面的社会主义建设和社会主义改革;怎样处理好社会主义国家之间的关系,以及社会主义世界同资本主义世界之间的关系等理论。

三、科学社会主义的学科特点

(一)科学社会主义是时代性与科学性的统一

"一切划时代的体系的真正内容都是由于产生这些体系的那个时期的需要而形成起来的。"① 科学社会主义产生于19世纪40年代末,这时资本主义已经发展到了它的成熟阶段,为科学社会主义的产生提供了社会物质条件,即资本主义社会化大生产。产业革命的完成促进了生产的社会化,加深了资本主义的基本矛盾。1825年之后经济危机的周期性爆发,表明资本主义的生产关系已经阻碍了生产力的发展。科学社会主义正是适应生产力要求改变资本主义的生产关系,建立社会主义公有制的需要而产生的。同时,这一时代也为科学社会主义的产生提供了阶级基础,无产阶级已经发展成为一支独立的政治力

① 《马克思恩格斯全集》,第3卷,第544页。

量,并且登上了政治舞台。无产阶级斗争的发展,迫切需要以科学的社会主义理论武装自己。

科学社会主义的产生具有时代性,科学社会主义的发展同样具有时代性。20 世纪前半叶,人类社会进入帝国主义和无产阶级革命时代。为适应无产阶级革命的需要,列宁、毛泽东丰富和发展了科学社会主义理论,创立了列宁主义、毛泽东思想。当今世界,和平与发展成为时代的主题,以邓小平、江泽民、胡锦涛为核心的中国共产党人适应时代的需要,进一步丰富和发展了科学社会主义理论,创立了中国特色社会主义理论体系。

科学社会主义理论不仅具有时代性,而且具有科学性。科学社会主义同空想社会主义的根本区别就在于它的科学性。社会主义在空想社会主义那里仅仅是天才的猜想。马克思、恩格斯把社会主义建立在历史唯物主义和剩余价值论这两大科学理论基础之上,建立在对社会发展规律的科学认识基础之上,完成了社会主义由空想到科学的转变。科学社会主义是与无产阶级解放运动的实践紧密结合在一起的,它在实践中产生,在实践中发展,在实践中完善,在实践中得到不断的检验。一百多年来,社会主义运动的实践,证明科学社会主义的基本原理具有普遍的指导意义,是颠扑不破的科学真理。

科学社会主义是适应时代发展的要求而产生的科学理论,揭示了时代发展的客观规律,是时代性与科学性的统一。

(二)科学社会主义是普遍性与民族性的统一

科学社会主义学说,揭示了无产阶级的历史作用和历史使命,主张全世界无产者联合起来,建立无产阶级政党,在党的领导下,结成广泛的统一战线,开展阶级斗争,夺取政权,建立无产阶级专政。掌握了政权的无产阶级,要建立社会主义经济制度,发展社会生产力,建设社会主义,进而创造条件实现共产主义。这些基本理论观点是建立在历史唯物主义和剩余价值理论基础上的,是符合历史发展规律的,是具有普遍指导意义的真理。

但是,科学社会主义的普遍性并不意味着各个国家、各个民族都要按照统一的模式搞革命和搞建设,恰恰相反,它要求把科学社会主义的普遍真理与本国的实际结合起来,实现科学社会主义的国家化、民族化,创立具有国家、民族特色的革命道路和建设道路。这是因为,理论与实际结合是科学社会主义的生命线,而各个国家、民族的具体情况是不同的。列宁指出:“只要各个民族之间、各个国家之间的民族差别和国家差别还存在(这些差别就是在无产阶级专政在全世界范围内实现以后,也还要保持很久很久),各国共产主义工人运动国际策略的统一,就不是要求消除多样化,消灭民族差别(这在目前是荒唐的幻想)。而是要求运用共产主义基本原则(苏维埃政权和无产阶级专政)时,把这些原则在细节上加以改变,使之正确地适用于民族的和民族国家的差别。”①

(三)科学社会主义是实践性与发展性的统一

科学社会主义是在无产阶级解放运动的实践中产生的,是指导无产阶级解放运动的理论。在科学社会主义理论指导下进行实践,在实践中发展科学社会主义理论,这是科学社会主义的要求,也是它的特点。毛泽东同志指出:“理论与实践的统一,是马克思主义的

① 《列宁选集》,第 4 卷,第 246 页。

一个基本原则。"① 科学社会主义理论如果不与实践相结合,就会变成书斋里的故纸,是毫无用处的。只有把科学社会主义理论与生动的无产阶级解放运动结合起来,它才会成为改造世界的锐利武器。

科学社会主义理论来源于实践,也是在实践中不断发展的。马克思、恩格斯在总结工人运动实践经验的基础上,在《共产党宣言》中第一次阐述了科学社会主义的基本原理。在经历了巴黎公社起义的伟大实践后,马克思进一步发展了科学社会主义理论,得出了无产阶级专政的首要条件是无产阶级的军队,无产阶级革命不能简单地运用旧的国家机器,必须打碎资产阶级的国家机器,建立无产阶级专政等一系列新的原理。列宁在领导十月革命的伟大实践中提出了"一国胜利论",发展了科学社会主义。在中国革命和建设的伟大实践中,马克思主义产生了两次飞跃:一次是在民主革命中,找到了有中国特色的革命道路,形成了毛泽东思想;一次是在社会主义建设中,找到了有中国特色的社会主义建设道路,产生了中国特色社会主义理论体系。实践在发展,科学社会主义理论还将在实践中不断发展。

(四)科学社会主义是阶级性与开放性的统一

所谓科学社会主义的阶级性,是指它是在无产阶级解放运动过程中产生的,是为无产阶级解放运动服务的。科学社会主义具有鲜明的阶级性,是因为它是建立在无产阶级的历史观——历史唯物主义基础之上的,是建立在具有鲜明无产阶级性和党性的马克思主义政治经济学的剩余价值理论基础之上的,是无产阶级翻身求解放的理论武器。

所谓科学社会主义的开放性,是指它不是一个封闭的体系,而是博采众长、与时俱进的开放的科学体系。科学社会主义理论是指导全世界无产阶级改变资本主义、实现社会主义的理论和纲领,任何狭隘性和封闭性都与科学社会主义的本质不相容。科学社会主义理论对世界上一切有利于无产阶级解放事业的知识和经验都认真地、批判地予以吸收,以丰富和发展自身。科学社会主义的开放性是由其科学性和无产阶级性决定的。

首先,它继承了人类全部优秀的文化遗产。科学社会主义不仅仅批判地继承了空想社会主义的积极成果,也批判地继承了德国古典哲学、英国古典政治经济学、当时学者的政治学、历史学,以及自然科学的先进成果——生物进化论、能量守恒定律、细胞学、生理学、解剖学、数学等。正是由于马克思、恩格斯批判地继承了人类先进思想的优秀成果,才使马克思主义成为欧洲历史科学、政治科学、经济科学、哲学的最高成果。

其次,对于其他阶级的学说和不同学派,从不采取宗派主义的态度。无产阶级不具有发展科学、发现真理的垄断权,科学、真理也不承认任何权威。马克思、恩格斯认真地、批判地吸收各个学派中一切有价值的思想。

最后,科学社会主义随实践的发展而发展,随时代的变化而变化。科学社会主义的发展性也体现了它的开放性。科学社会主义不存在什么"顶峰",它不是封闭的体系,而是不断吸收新的理论内容丰富自己,发展自己,完善自己。列宁主义、毛泽东思想、中国特色社会主义理论体系都是对科学社会主义的新发展。今后,科学社会主义仍然会在实践中不

① 《毛泽东选集》,第5卷,第297页。

断发展完善。

第二节 科学社会主义的理论体系

一、科学社会主义的发展历史

(一)第一次历史性飞跃——社会主义从空想到科学的飞跃,科学社会主义的创立

19世纪40年代,马克思、恩格斯在参加工人运动和从事科学研究、创立唯物史观和剩余价值理论的基础上,完成了社会主义从空想到科学的飞跃,创立了科学社会主义理论。他们把科学社会主义与国际工人运动相结合,建立了工人阶级政党,领导工人阶级和人民群众为实现社会主义而斗争。在总结工人运动经验的基础上,科学社会主义理论得到进一步丰富和发展。

科学社会主义与空想社会主义既有继承关系,又有根本区别。空想社会主义是资本主义早期无产者的意愿和心声,科学社会主义是资本主义成熟阶段无产阶级的利益和意识的表现;空想社会主义是对资本主义感性认识的产物,科学社会主义是对资本主义理性认识的结晶;空想社会主义是凭个人天才的预测来虚构社会主义的情景,科学社会主义是在社会发展规律的基础上科学论证社会主义的理论原则;空想社会主义是缺乏严整体系的不成熟的学说,科学社会主义是具有严整体系的成熟的科学。

科学社会主义继承了空想社会主义的积极成果,批判了它的唯心主义历史观和不切实际的空想,在唯物史观和剩余价值理论的基础上,揭示了社会主义的一系列科学原理。其主要原理包括:生产社会化与资本主义生产资料私有制的矛盾必然使社会主义取代资本主义;无产阶级同资产阶级的斗争必然使无产阶级统治代替资产阶级统治;无产阶级要在共产党领导下,联合广大人民群众夺取政权,争得民主;建立无产阶级专政,经过一个革命转变时期,进入共产主义第一阶段(社会主义阶段);尽快发展社会生产总量;共产主义第一阶段实行生产资料公有制、按劳分配和计划生产;随着社会生产力的高度发展,三大差别消失,人成为全面发展的新人,社会才能在自己的旗帜上写上"各尽所能、按需分配",实现共产主义;在共产主义社会,国家消亡,社会是"自由人的联合体"等。

马克思、恩格斯把社会主义从空想发展到科学,是对人类做出的伟大贡献。他们的社会主义理论基本原理反映了人类社会发展的规律和无产阶级解放运动的规律,是无产阶级解放运动的指南。由于时代、实践的局限,马克思、恩格斯不可能对自己的理论观点一一进行实践检验。其个别理论观点被后来的实践证明是不正确的。如关于社会主义必须在多数资本主义文明国家同时取得胜利的观点;社会主义将不存在商品、货币的观点,解决住宅的途径与办法的观点。对此,我们应正确认识与对待,不能把他们的科学理论变成凝固不变的教条,也不能借口某些观点不正确而否定其指导作用。

(二)第二次历史性飞跃——科学社会主义从理论发展到社会制度的实践,社会主义国家的建立

第二次历史性飞跃始于马克思主义在工人运动中传播,完成于第二次世界大战后十几个社会主义国家的建立,标志是十月革命的胜利和第一个社会主义国家——苏联的建立。

科学社会主义诞生后,在第一国际和第二国际时期,迅速在工人运动中传播。一批批工人阶级政党建立,在党的领导下开展了对资产阶级的斗争。19 世纪末 20 世纪初,列宁在俄国工人运动的实践中,在对帝国主义进行科学研究的基础上,把马克思主义应用于俄国的实际,创造性地发展了科学社会主义。他提出了帝国主义经济政治发展不平衡规律和"一国胜利论",分析了经济落后国家进行革命的条件,指出了革命胜利的道路,领导了十月革命并取得了胜利。在领导苏联社会主义革命和建设的实践中,由于缺少落后国家建设社会主义的经验,列宁一度曾急于直接过渡到共产主义,但在 1921 年他总结经验,改正了错误,并对落后国家建设社会主义进行了一系列有益的探索,提出了一些新的设想,这些设想丰富和发展了科学社会主义理论。

斯大林在列宁逝世后领导苏联进行社会主义革命和建设达 30 年之久。他领导苏联进行了农业集体化、国民经济工业化。1936 年,苏联宣布基本建成社会主义。1941 至 1945 年,斯大林领导苏联胜利地抗击了法西斯的侵略。在长期建设的实践中,斯大林在苏联建立了第一个社会主义现实的国家,由于主客观条件的局限,苏联模式社会主义存在严重弊端,是特定历史条件下形成的社会主义。尽管如此,它毕竟为我们提供了第一个社会主义模式,实现了社会主义思想认识的第二次飞跃。

第二次世界大战后,在十月革命的影响和苏联的帮助下,十几个社会主义国家相继建立。这些国家的工人阶级政党为科学社会主义的发展也做出了自己的贡献。中国在以毛泽东为核心的第一代共产党人领导下,在中国革命的伟大实践中,把科学社会主义理论创造性地运用于中国革命的实际,创立了毛泽东思想,丰富和发展了科学社会主义理论。

(三)第三次历史性飞跃——社会主义由一种模式实践到多种模式实践,社会主义在改革中发展完善

科学社会主义的第三次历史性飞跃始于 20 世纪 50 年代,这一次飞跃的标志性成果之一是中国改革取得初步成功和中国特色社会主义理论体系的形成。

第二次世界大战后,一系列社会主义国家按照苏联模式进行了社会主义的实践。由于苏联模式固有的弊端和各国实际情况的不相同,各国在社会主义革命和社会主义建设的实践中产生了严重的后果。一些国家经济出现严重困难,导致各种社会矛盾激化,出现危机和动乱。因此,如何克服单一模式的缺陷和弊端,探索适应时代发展需要的、从各国实际情况出发的、具有国家民族特色的建设社会主义新模式,发展完善社会主义,已成为实践中的社会主义必须解决的重大课题。

社会主义第三次历史性飞跃是通过改革实现的。从 20 世纪 50 年代南斯拉夫改革开始,各个社会主义国家纷纷进行改革,至今已经半个世纪。这次改革先后出现过三次高潮。

第一次改革高潮是20世纪50年代到60年代初，南斯拉夫、苏联、匈牙利、波兰中国等进行改革。这次改革的主要背景是20世纪50年代中期，苏联否定斯大林的个人迷信等错误，解放了被教条主义禁锢的思想，为各国探索适合自己国家民族的社会主义道路提供了机会。在这次改革的高潮中，南斯拉夫初步探索出以工人自治、社会自治为特点的社会主义市场经济模式。中国也进行了一些有益的探索，但犯了大跃进等错误。苏联、波兰、匈牙利则多为一些细枝末节的、修补性的改良。

第二次改革高潮是20世纪60年代中期，苏联、东欧国家围绕经济管理手段和方法展开的。这次改革的背景是第二次世界大战后资本主义发达国家成为第三次科技革命的受益者，生产力有了较快的发展，社会矛盾得到一定程度的缓和。这也增强了社会主义国家改革的紧迫感。在这次改革高潮中，匈牙利探索出了计划与市场结合的社会主义模式，一度经济发展态势较好。中国"文化大革命"的严重错误，影响了国家的发展。苏联及东欧国家的改革仍没有突破传统模式窠臼，各种矛盾不断激化和加深。

第三次改革高潮始于20世纪70年代末80年代初，目前尚在进行之中。这次改革的背景是科技革命加速发展，和平与发展成为时代主题，以往的改革积累的矛盾进一步激化。西方敌对势力加紧利用其经济、科技优势对社会主义国家进行分化和西化。在这种错综复杂的形势下，社会主义改革出现了两种不同的改革观的激烈斗争。苏联、东欧的改革出现失误，进而出现了"转向"，走上了资本主义，不仅改革失败，也造成了社会主义空前的大挫折。

中国的改革在邓小平同志的领导下健康发展，确立了以社会主义市场经济体制为目标的经济体制改革目标模式。在中国社会主义改革的伟大实践中，实现了马克思主义与中国实际相结合的第二次飞跃，中国共产党找到了建设有中国特色的社会主义道路，形成了中国化马克思主义——中国特色社会主义理论体系。中国特色社会主义理论体系是科学社会主义在中国的新发展，它第一次比较系统地回答了中国社会主义的发展道路、发展阶段、根本任务、发展动力、外部条件、政治保证、战略步骤、党的领导和依靠力量以及祖国统一等一系列基本问题。它是一个比较完备的科学体系，又是需要从各方面进一步丰富发展的科学体系。

深刻认识科学社会主义的三次历史性飞跃，有助于我们客观地认识社会主义理论如何在实践中不断发展，有助于克服僵化思想和教条主义，同时又避免修正主义。这对于提高我们的社会主义觉悟、社会主义素养，坚定社会主义信念，加快社会主义改革开放以及现代化建设的步伐是大有裨益的。

二、科学社会主义的主要内容

科学社会主义是马克思主义三个组成部分之一，同时又是一门相对独立的科学。它主要研究无产阶级解放斗争的性质、条件和一般目的，也就是无产阶级领导人民群众进行的消灭阶级，消灭私有制，推翻资产阶级统治，建立无产阶级专政的无产阶级革命，以及运用这个政权进行社会主义建设，实现共产主义等一系列理论。

(一)关于无产阶级的历史使命的理论

资本主义社会的基本矛盾,是生产社会化和资本主义私人占有之间的矛盾。社会化的生产力必然要求以公有制代替私有制。社会主义代替资本主义是世界历史发展的总趋势。实现这一革命的社会力量,只能是现代无产阶级。无产阶级是现代大机器工业生产的产物,是被剥夺了任何生产资料所有权的阶级。只有无产阶级才是最富有彻底革命性和最大公无私、最有远见、最有前途的阶级;只有无产阶级才能代表最广大劳动人民的根本利益,团结和领导他们进行消灭一切阶级剥削和阶级差别的社会革命。所以,无产阶级的历史使命,就是推翻资本主义制度,建立社会主义和共产主义社会制度。

(二)关于无产阶级政党的理论

无产阶级政党的领导,是无产阶级解放事业取得胜利的根本保证。无产阶级为了完成自己肩负的历史使命,必须建立自己的革命政党。无产阶级的政党必须是按照马克思列宁主义的革命理论和革命风格建立起来的党;必须是善于把马克思列宁主义的普遍真理和本国革命具体实践相结合的党;必须是全心全意为人民服务、同群众保持密切联系、一刻也不脱离群众的党;必须是坚持民主集中制组织原则,能够进行批评和自我批评的党。只有这样的革命政党,才能担当起无产阶级先锋队的重任,领导无产阶级和人民群众战胜敌人,取得民族民主革命、社会主义革命和建设的胜利,实现共产主义社会制度,完成无产阶级的历史使命。

(三)关于无产阶级革命的理论

无产阶级革命是无产阶级领导人民群众为完成自己的历史使命进行的斗争。它的最近目的是通过无产阶级的斗争,消灭阶级、消灭剥削、用生产资料公有制代替私有制,推翻资产阶级的统治,夺取政权,建立无产阶级专政,进行社会主义建设。它的最终目的是要实现全人类的彻底解放,建立共产主义社会制度。

无产阶级革命是为大多数人谋利益的行动,既符合无产阶级利益,也符合广大人民的根本利益,是人类历史上最深刻、最彻底、最广泛的革命运动。

无产阶级的革命在不同的历史阶段,由于内容和条件的不同,斗争的形式和方法也不同。无产阶级政党只有根据本国的具体情况,提出正确的战略和策略,在巩固工农联盟的基础上,团结一切可以团结的力量,采取符合各国不同国情的斗争手段,才能取得革命的胜利。

在资本主义发展到帝国主义阶段的新的历史条件下,无产阶级的革命斗争必然要同世界被压迫民族的解放斗争联合起来。这就有可能使无产阶级突破帝国主义体系的薄弱环节,在资本主义不发达的国家首先取得无产阶级社会主义革命的胜利。俄国十月革命以及中国和其他一些国家社会主义革命的胜利,使无产阶级的革命进入了一个新的历史时代,从而发展了无产阶级革命的理论,丰富了无产阶级革命的实践。

(四)关于无产阶级专政理论

无产阶级专政,是指无产阶级的政治领导和政治统治。无产阶级专政的阶级实质是无产阶级的政治统治,无产阶级掌握国家政权的领导权,必须同农民阶级结成联盟,联合其他劳动者和革命的阶级、阶层、社会团体参加对国家的管理。无产阶级专政的本质是劳动人民对剥削者实行专政，是多数人对少数人的专政，而对广大劳动人民实行民主。在无产阶级专政的国家里，劳动人民当家作主，享有管理国家事务和社会事务的一切权力。

无产阶级专政的历史任务，是镇压阶级敌人和打击各种反社会主义分子的捣乱和破坏，防止和抵御外部敌人的侵略和颠覆；完成生产资料私有制的社会主义改造，消灭阶级、消灭剥削，建立社会主义生产资料的公有制；领导和组织社会主义经济、政治和精神文明建设；组织管理整个社会，逐步消灭三大差别，消灭社会不平等现象，为向共产主义过渡创造物质的和精神的条件。

无产阶级专政，在从资本主义到共产主义社会之间的整个历史时期都是必要的。在共产主义社会，随着阶级的消灭，无产阶级专政的国家政权也会自行消亡。

（五）关于社会主义的本质特征和基本原则

无产阶级领导和团结广大劳动人民推翻资产阶级的统治，用无产阶级专政或人民民主专政代替资产阶级专政，巩固和发展工农联盟，建立广泛的统一战线，在人民内部逐步建设高度的民主，对占人口极少数的剥削阶级进行反抗和敌对势力实行专政。社会主义的本质是解放生产力，发展生产力，消灭剥削，消除内部分化，最终达到共同富裕。社会主义的基本原则是建立以公有制为主体的社会主义所有制关系，有步骤地用社会主义生产资料公有制代替资本主义私有制；建立以按劳分配为主体的社会主义分配制度，有步骤地用按劳分配制度代替一切体现剥削关系的分配制度，实现劳动人民的共同富裕；以经济建设为中心任务，发展社会主义的商品经济，把计划调节和市场经济结合起来，改变生产的无政府状态，不断提高社会生产力和劳动生产率，提高全体人民的物质和文化生活水平；确立马克思主义在意识形态领域的指导地位，继承和发展人类所创造的一切优秀文化成果，不断提高全体人民的思想道德和科学文化素质，建设社会主义精神文明；实行民族平等和民族团结，反对民族歧视和民族压迫；坚持独立自主的和平外交原则，反对侵略战争，反对霸权主义和强权政治，支持被压迫民族和被压迫人民的正义斗争，维护世界和平；社会主义制度的建立、巩固和发展，必须依靠以马克思主义理论为武装的、按照民主集中制原则组织起来的、密切联系群众的、实行批评和自我批评的工人阶级先锋队——共产党的领导来实现。

社会主义制度的这些本质特征和基本原则的实现，要有一个相当长的历史过程，而且在不同的国家和不同的发展阶段实现的形式和程度会有不同。坚持和发展这些本质特征和基本原则，就是坚持和发展科学社会主义，就能够使社会主义制度的优越性更充分地显示出来。

（六）关于社会主义经济建设理论

社会主义制度建立后，必须有一个相当长的社会主义建设时期。在社会主义建设中，经济建设是非常重要的。

社会主义的物质基础是高度现代化的大生产，建立和发展现代化的大生产是社会主义发展的客观要求。只有建立现代化大生产的物质基础，才能不断完善并最终建成社会主义；只有建立现代化大生产的物质基础，发展社会主义经济，才能巩固无产阶级的政治统治，坚持无产阶级专政；只有建立现代化大生产的物质基础，才能创造高于资本主义的劳动生产率，充分显示社会主义制度的优越性，最终战胜资本主义制度；只有建立现代化大生产的物质基础，才能为消灭阶级、消灭三大差别，为过渡到共产主义准备必要的物质条件。无产阶级及其政党，应该顺应这个历史趋势，把党的工作重点转移到经济建设上来，领导人民实现这一客观目标。

社会主义经济建设的根本途径，就是要在坚持社会主义方向的前提下，集中力量发展社会生产力，改革与经济发展不相适应的经济体制，坚持在独立自主、自力更生的基础上实行对外开放政策。这是加快社会主义现代化建设需要长期坚持的一项基本国策。

（七）关于社会主义民主政治建设理论

无产阶级革命胜利后，建立了无产阶级专政，推动了民主制度的发展。

无产阶级建立的民主制度，就是无产阶级和劳动人民的政治统治。这种民主的本质，是无产阶级和劳动人民享有管理国家的最高权力。

这种民主是最高类型的民主，是新型的民主。在社会主义时期，就是社会主义民主。就国家性质来说，工人阶级和人民群众是国家和社会的主人，享有当家作主和管理国家的权利；就政权的组织形式来说，社会主义民主是按照民主集中制原则建立起来的，是民主制度的进一步完善和发展，是社会主义的国家制度。

在社会主义建设时期，建设社会主义高度的民主，是巩固和完善社会主义制度的要求。只有建设高度的社会主义民主，才会有完全的、充分发展的社会主义；只有建设高度的社会主义民主，才能充分发挥人民群众的社会主义积极性和创造性，保证社会主义物质文明和精神文明的建设，从而发展社会主义；只有建设高度的社会主义民主，才能巩固和加强工人阶级所领导的国家政权；只有建设高度的社会主义民主，才能为向共产主义过渡、实现国家的消亡创造条件。

建设高度的社会主义民主，就是为了实现共产主义，是社会主义建设的根本目标和根本任务之一。所以，人民民主是社会主义的生命。

建设高度社会主义民主的根本途径，是改革和完善国家政治体制，发展民主政治，依法治国，建设社会主义法制国家。

（八）关于无产阶级执政党的建设

无产阶级夺取政权后，无产阶级和广大劳动人民成了国家和社会的主人，无产阶级政党的地位发生了根本性的变化，无产阶级政党掌握了国家政权，在人民群众中有较高的威信。执政党的地位对执政党的建设提出了新的要求，因此，加强执政党的建设是非常必要的。执政党是领导全国政权的党，是社会主义建设的领导核心。党的领导是否正确，不仅关系着党本身的存在和发展；而且直接关系到国家的命运。执政党所担负的历史任务是领导人民进行社会主义建设，不仅要制定出正确的方针、政策、路线，而且要掌握现代化的科学技术，学会管理现代化的大生产。

无产阶级执政党的建设，要求做到思想上政治上保持高度一致，这是社会主义建设取得胜利的根本保证。执政党是代表人民群众利益的，党的任务就是为人民谋利益，必须坚持全心全意为人民服务的宗旨。坚持民主集中制，发扬党内民主，健全党内生活，是实现党的正确领导的组织保证。

(九)关于国际主义与爱国主义的结合

无产阶级的解放是国际性的事业,它只能在各国无产阶级和人民群众的联合斗争中实现。全世界无产者联合起来,全世界无产者和一切被压迫民族、被压迫人民联合起来,这是无产阶级的行动口号。但是,各国无产阶级的解放斗争又是在本民族、本国的具体历史条件下进行的,无产阶级及其政党必须成为本国人民利益的代表,成为本国人民的领导力量。他们必须把马克思主义的普遍真理同本国的具体实际结合起来,主要依靠本国人民的力量和实践经验,才能取得本国革命和建设的成功。只有把本国的革命和建设搞好了,才有可能对国际无产阶级和被压迫人民和被压迫民族的解放斗争做出应有的贡献。坚持国际主义与爱国主义结合,是科学社会主义的一项根本原则。无产阶级只有把国际主义和爱国主义结合起来,才能完成自己的历史使命。

(十)关于实现共产主义社会制度

共产主义指无产阶级的思想体系,是共产主义运动和共产主义社会制度的统一。共产主义思想体系,它既是共产主义运动的理论表现,又是共产主义运动的指导思想。没有共产主义思想体系,就没有共产主义运动。共产主义运动,是科学社会主义与工人运动相结合的结果,是无产阶级在科学社会主义理论指导下,以实现共产主义社会制度为目的的革命斗争。共产主义社会制度,是在科学社会主义理论指导之下,无产阶级团结广大人民群众,通过革命斗争而建立起来的,是人类历史上最进步、最理想、最美好的社会制度。

共产主义社会的基本特征是:社会生产力高度发展,劳动生产率极大提高;生产资料的全民所有;个人消费品实行“各尽所能,按需分配”的原则;三大差别和旧的社会分工被彻底消除;阶级彻底消灭,国家完全消亡;全体社会成员具有高度的共产主义觉悟和道德品质。

共产主义社会是人类最理想的社会制度,是人类社会发展的必然趋势。在马克思主义学说中,社会主义是共产主义社会形态的第一阶段,两者是社会经济、政治、思想文化和社会生活等各方面成熟程度不同的两个阶段,实现共产主义的物质基础就在现实中。因此,在我国社会主义初级阶段,要坚持以经济建设为中心,通过改革开放,大力发展社会生产力,不断完善社会主义的经济制度和政治制度,在全面建设小康社会的进程中,把中国特色社会主义不断推向更高阶段。

第三节　学习科学社会主义的意义和方法

一、学习与研究科学社会主义的意义

科学社会主义是关于无产阶级解放运动发展规律的科学,是无产阶级解放运动的经验总结,是无产阶级解放运动的行动指南。学习科学社会主义理论与实践,可以把握科学社会主义的理论,了解社会主义的发展历史进程。江泽民同志在全国思想政治工作会议

上提出，当前思想政治工作所要解决的主要问题，是如何认识社会主义发展的历史进程，如何认识资本主义发展的历史进程，如何认识我国社会主义改革实践过程对人们思想的影响，如何认识当今国际环境和国际政治斗争带来的影响。学习科学社会主义有助于解决这四个“如何认识”，特别是有利于正确认识社会主义发展的历史进程。

(一)学习科学社会主义，有利于我们坚定社会主义、共产主义理想和信念

从中国革命的历史看，树立了共产主义理想、信念的革命者，为中国人民的解放事业做出了突出贡献。从中国社会主义建设的现实来看，树立了共产主义理想、信念的人，在建设中国特色社会主义的事业中建功立业。当代青年应该认真学习科学社会主义，正确认识社会主义发展的历史进程，坚定共产主义理想、信念，做无产阶级事业可靠的接班人。

马克思主义是社会主义国家和共产主义政党的指导思想，是无产阶级和全人类解放的科学理论。青年一代是未来社会主义事业的骨干力量，在学校学习期间应该牢固地树立马克思主义的科学世界观和为人民服务、为社会主义服务的人生观，走上社会之后更要坚持不懈地为人民大众、为社会主义奋斗到底。科学社会主义是整个马克思主义的核心，是依据人类社会发展规律指明社会发展方向的科学理论。中外古今众多仁人志士，为探索和实现人类理想社会而呕心沥血，前仆后继。只有到近现代，科学技术和社会生产力获得新发展和大发展，才可能消灭剥削和压迫，真正实现生产资料公有制和劳动人民当家作主。科学社会主义是世界近现代探索人类理想社会最有科学根据、最有生命力、最有群众影响的改造社会的理论。认真学习科学社会主义，全面掌握科学社会主义，能为我们树立科学世界观和革命人生观打下坚实的基础，使我们终生不迷航，坚定不移地为推进社会主义，为造福人民大众而竭力奉献。一个人活在世上为了什么，只为个人的荣华富贵、幸福享乐是渺小的、卑微的，只有为无产阶级和全人类的解放才是伟大的、崇高的。在当今时代，个人的命运与集体、与国家、与全世界的发展更紧密地联系在一起。只有祖国富强、世界进步，个人的境遇才会好转。越接近理想社会，个人的幸福才越有保证。所以，为探索和实现理想奉献自己的青春和才能，才是人生的最大价值。从这一点来看，认真学习科学社会主义、全面掌握科学社会主义是修身养性、安身立命的基础。

(二)学习科学社会主义有助于我们学好各门具体科学和专业学科

改变旧世界、建设新世界，是千头万绪的社会系统工程，是千秋万代的宏伟大业，需要许许多多门类科学为之服务，需要培养出大批各行各业的专家。其中，科学社会主义是从宏观上指导我国社会主义建设和世界社会主义运动的一门科学。在我国，学习各门具体科学的专业工作者，都需要全面掌握科学社会主义的基本原理和实践经验，这样不仅能够通晓实现社会主义的一般规律和建设中国特色社会主义的特殊规律，能够从宏观上把握世界和中国社会主义发展的态势，而且能够在科学社会主义的指导下，在明确社会主义的性质、目标和道路的前提下，弄清各门具体科学和专业学科在建设社会主义宏伟事业中的地位和作用，找到自己的坐标和参照系，使各门具体科学和专业学科更有针对性地为社会主义事业服务。况且，各门社会科学、人文科学以及自然科学、技术科学的交叉科学，都与社会发展、社会管理、社会运转息息相关。全面掌握科学社会主义，无疑对于学好这些具体科学和专业学科都有直接的指导意义，便于把这些具体科学和专业学科纳入社会主义建设的大系统,进一步探索各个子系统与大系统之间以及各个子系统之间的内在联系。

(三)学习科学社会主义有助于深化对社会主义的认识,更好地为实现我国的社会主义现代化而贡献自己的力量

我国经历了两千多年的封建社会,19世纪中叶科学社会主义在西欧创立之时,我国正逐步沦落为半封建、半殖民地国家。我国历史上多次要走资本主义道路,但由于强大的封建势力和外国资本主义列强的压力而没有走通。在世界社会主义潮流推动和中国工人阶级及其政党领导下,我国最终经过新民主主义革命走上了社会主义道路。五十多年来,我国的社会主义建设取得了重大成就,也走过了曲折的道路。起初由于缺少经验基本上照搬苏联模式,1957年以后又受到“左”的思想的干扰,急于向共产主义过渡,以阶级斗争为纲,使经济建设大受挫折。1978年,党的十一届三中全会总结了经验教训,确定了正确的思想、政治和组织路线,随后明确了我国还处于社会主义初级阶段,必须以经济建设为中心,坚持四项基本原则,坚持改革开放,为建设富强、民主、文明、和谐的社会主义现代化国家而奋斗,为建设中国特色社会主义而奋斗。我国加入了世界社会主义改革洪流之后,也正在为科学社会主义思想认识的第三次历史性飞跃和社会主义理论的新发展做出自己独立的贡献。

深入学习科学社会主义,将会加深我们对党的纲领、路线、方针、政策的理解,激发我们投身社会主义改革和社会主义建设的热忱,尤其是在苏联解体和东欧剧变之后,更要认真总结它们社会主义改革失败的经验教训,全面掌握科学社会主义,以中国特色社会主义理论为指导,全力推进我国的社会主义改革开放事业取得更大的成就。

(四)学习科学社会主义有利于坚定社会主义在全世界必胜的信念

以电子信息为先导的新科技革命,虽然给资本主义世界带来了多方面的新变化,但是资本主义私有制与社会化大生产的矛盾以及资产阶级与无产阶级的矛盾、发达国家与发展中国家的矛盾依然存在,而且正在深化。资本主义社会的各种固有弊病如经济危机、政治倾轧、军事侵略、文化畸形、思想空虚、社会犯罪等无法根治。我们不能被发达资本主义国家生产有所发展、生活有所改善的表面现象所迷惑,而要深入考察其社会基本矛盾和固有弊病。当今资本主义社会的众多有识之士都认为,解决资本主义矛盾、消除资本主义弊病的唯一出路在于社会主义。当今有越来越多的社会主义派别出现,竞相探索走向社会主义的新道路和新模式。只要共产党人善于把科学社会主义与当代发达资本主义国家以及发展中国家的实际相结合,创造性地运用历史经验,把工人运动与和平运动、生态运动、女权运动、青年运动等社会运动联合起来,只要共产党人善于把各种批判资本主义的社会力量联合起来,就必能逐步走向社会主义。

(五)学习科学社会主义有助于我们认清当代世界社会主义与世界资本主义的关系,明确我们在改革开放中对世界资本主义应采取的方针,洞察今后世界发展的趋势

帝国主义国家多次武装入侵都未能用热战对抗和摧毁社会主义国家,在冷战对峙中也吓不倒社会主义国家。在新科技革命的条件下,它们有可能转向与社会主义国家和平共处,因为社会主义国家的广大市场对于西方资产阶级是有吸引力的。这样,它们便力图推行和平演变战略,从经济、政治、文化、思想等渠道,在双方交往中进行渗透,对社会主义国家施加影响，培植亲西方的社会势力，妄图使社会主义国家和平演变为资本主义国家。社会主义国家要自力更生，但是也要改变以往闭关锁国、自我封闭的方针，要向西方开放，善于同当代发达资本主义国家和平共处、协作、竞争，并且善于与之斗争，既要借鉴、吸取当代资本主义在科技、管理、民主、文化等各方面的积极成果，又要有效抵制资本主义的糟粕，防止其武装入侵，战胜其和平演变。要促使世界社会主义同世界资本主义从对立、对抗、对峙转向对话、谈判、交往。两种社会制度是有根本区别的，但并非一定要通过战争来解决其矛盾，而是要争取两种社会制度的国家长期和平共处。社会主义国家通过改革和建设愈益显示出社会主义优越性，这会对资本主义国家的广大人民产生重大影响，会促使他们向往、归向社会主义，会促使他们奋起改变自己的社会制度。全世界都要走向社会主义，这就是未来世界的发展趋向。

二、学习与研究科学社会主义的基本方法

学习科学社会主义要运用正确的方法。马克思主义的唯物辩证法为我们正确认识世界提供了科学的世界观与方法论。一切从实际出发，实事求是，确立实践是检验真理的唯一标准，解放思想，破除迷信，反对教条主义和思想僵化，这些都是我们依据唯物辩证法学习科学社会主义应该遵循的基本原则。本书在学习与研究科学社会主义的方法问题上特别注意五点：理论联系实际，世界联系中国，成功联系挫折，现实联系历史，现在联系未来。

（一）理论联系实际

这是最基本、最重要的方法。深刻的理论来源于丰富的实际，又用以指导活生生的实际，但是客观存在的事物不可能自发地转化为、上升为理论，总要通过人们有意识的主观实践活动，取得认识和改造客观世界的实践经验，再通过抽象思维、理性思考把它系统化、条理化，才能形成科学理论。历史上最先形成的空想社会主义只是人们最初实践、认识的产物。科学社会主义思想认识的三次历史性飞跃是基于人们的伟大实践，经过一些社会主义思想家的主观努力才得以实现的，才使科学社会主义的理论与时俱进，不断向前发展。社会主义思想家当时所处的世情、国情及其个人的经历、素质和特点，在很大程度上决定了他们的社会主义理论含有多大的科学成分。只有了解了当时的实际情况，才能准确地评价当时形成的社会主义理论。西欧19世纪40年代以前的历史条件和实际，只能产生空想社会主义理论。至于他们之间每个人社会主义理论的特点与科学性的量的差别，则是与每个人的主观条件有关。19世纪40年代以后欧洲和国际资本主义、工人运动的新发展，为创立科学社会主义创造了客观条件。经过马克思、恩格斯这样伟大思想家的主观努力，创立了科学社会主义，为无产阶级和全人类的解放指明了方向。20世纪，苏联的社会主义实践和理论由于各方面的条件的限制发生了较大的偏差。科学社会主义理论，有待社会主义各国在改革开放中不断丰富和完善，以得到新的更大的发展。

（二）世界联系中国

各种社会主义思潮在20世纪初传入中国。中国无产阶级排斥了空想社会主义和各种非科学社会主义，自觉地选择了科学社会主义。中国共产党以科学社会主义为指导，结合中国实际创造性地发展了科学社会主义，领导中国人民经过新民主主义革命在社会主

义道路上取得了重大成就。在20世纪50年代的世界社会主义背景下,中国不能不受苏联模式社会主义的深刻影响,1957年以后因受“左”的思想影响,更加深了苏联模式的弊病。十一届三中全会以来,我们借鉴世界社会主义的正反面经验,推进改革开放,同时也对世界社会主义做出了自己独特的贡献。20世纪的历史实践证明:没有世界社会主义,也就不会有中国社会主义;中国社会主义的发展不能不受世界社会主义的影响;要了解中国应该如何建设社会主义,首先就要深入研究世界社会主义的经验教训;要立足中国,了解外国,借鉴世界;要争取社会主义的中国能够在多方面为推进世界社会主义的发展做出自己的贡献,不能脱离中国,孤立地去研究科学社会主义在世界的实现与发展。

(三)成就联系挫折

从世界到中国,实现科学社会主义的历程都不是一帆风顺的,而是波浪式的迂回前进的。总的看来,成就越来越大,挫折只是暂时的、局部的。“吃一堑,长一智”,只要我们善于从挫折中认真总结并真正吸取经验教训,社会主义从理论到实践就会重新取得重大成就。正是在空想社会主义试验屡遭失败之时,科学社会主义应运而生。凡是科学社会主义的理论正确反映客观实际,社会主义政党经过努力,制定正确的纲领、路线、方针、政策,指导广大人民群众正确地开展斗争,科学社会主义就能取得成功。20世纪许多国家革命的胜利和改革的成就使社会主义从理论变为实际,就是生动的例证。凡是主观和客观相脱节,就要遭受挫折。苏联模式的社会主义在长期实践中的失误就是值得吸取的深刻教训。如果不能从挫折中真正吸取经验教训,加快改革开放,就难以摆脱困境,难以在社会主义理论与实践方面取得更大的成就。有的社会主义国家在改革开放方面还没有迈出大步,或者摇摇摆摆,时进时退,或者急剧右转,丧失社会主义成果,主要原因就在于长期以来对“左”的错误缺乏深刻认识,改正不力。有的挫折是内部和外部多方面原因造成的,如果不善于总结和改正,那就可能遇到更大的挫折。总之,掌握成功与挫折互相联系的辩证法,是观察社会主义理论与实践变化的一个重要方法。

(四)现实联系历史

社会主义理论与实践发展到当今这个态势,是社会主义历史长期发展的合乎规律的产物。要深入了解社会主义的现实,就必须认真联系社会主义的历史进行系统的考察。西欧历史上在资本主义不发达的条件下产生的空想社会主义,在另外一些国家类似的条件下又可能部分地再现。所以不发达国家在实现社会主义过程中某些空想因素的再现是有社会历史根源的。科学社会主义之所以未能首先在发达资本主义国家取得胜利,也是有历史根源的。这些国家的资产阶级拥有从海外掠夺的大量超额利润,富于统治经验,善于及时采取对付危机的措施,善于用军事镇压、行政强制、法律治理、经济收买、政治妥协、文化毒害、组织渗透、思想腐蚀等手段对付革命的无产阶级,所以每一次危机和革命风暴都被它躲避过去了,而无产阶级通往社会主义的切实可行的道路至今还在探索之中。反之,不发达国家在社会主义革命的客观条件方面尽管不是十分成熟,但是由于众多社会矛盾的集聚,加上世界大战促使社会矛盾激化,而只有无产阶级及其政党才有力量解决这些矛盾,多种历史因素推动这些国家首先走上社会主义道路。然而,不发达国家沉重的封建主义历史包袱,加上险恶的国际环境,又使其难以在短期内建成典型的社会主义。正是历史的惰性成为社会主义发展的阻滞因素,正是历史的非线性造成了社会主义发展的曲折性,又正是历史的必然性促使社会主义波浪式地滚滚不息,向前迈进。

(五)现在联系未来

社会主义发展到当今,虽然只是在不发达国家取得了胜利,并且面临着资本主义世界汪洋大海般的包围,但它已经不再是孤岛。改革开放的社会主义中国的综合国力迅速攀升,更是大大增强了世界社会主义的力量。从世界历史的发展进程来看,社会主义还处于幼年时期:世界从封建主义过渡到资本主义,经历了大约500年,即从16世纪到20世纪;而从资本主义过渡到社会主义,从十月革命起,迄今还不到100年。人类历史上每一次重大的科学技术革命,总要引起并加速社会制度的变革。当今的社会主义国家,只要加快体制改革,在发展新科技方面奋起直追,迎头赶上,就能更充分体现社会主义的优越性。放眼世界,我们还要看到,当今资本主义世界正在悄悄地发生重大的新变化。只要无产阶级及其政党善于总结历史经验,把握现实特点,采取正确对策,通往社会主义之路比之过去就会更加宽广通畅。只要现在联系未来,就能开阔视野、豁达胸怀,更加明了世界社会主义今后发展的方向。

思考题:

1. 怎样把握“科学社会主义的理论与实践”这门课程的基本特点和主要线索?
2. 怎样理解科学社会主义的研究对象和学科特点?
3. 你准备怎样学习“科学社会主义的理论与实践”这门课?

第二章 社会主义从空想到科学的发展

空想社会主义是欧洲早期的社会主义思想的主要代表。空想社会主义产生于16世纪资本主义资本原始积累时期，到19世纪初的产业革命阶段形成。空想社会主义在欧洲延续和传播了三个多世纪。空想社会主义，尤其是19世纪的空想社会主义，为科学社会主义的创立提供了思想条件。马克思、恩格斯的科学社会主义学说就是在直接吸收三大空想社会主义者思想成果的基础上形成和发展起来的。

第一节 空想社会主义的产生和发展

一、空想社会主义产生的社会历史背景

14世纪到15世纪，西欧社会进入资本主义原始积累时期，开始出现按资本主义方式经营的手工工场。16世纪到17世纪，资本主义生产方式迅猛地发展起来。经过资产阶级革命和工业革命，到19世纪，资本主义的经济和政治制度已基本上在西欧确立起来。资本主义制度的建立及其发展，是人类历史的巨大进步。它创造了空前巨大的生产力，积累了空前的社会物质财富；它开辟了世界市场，不断把世界上各个孤立地区联系起来；它使得民主共和的观念深入人心，使得民主、平等、自由等成了人类社会所追求的共同理想与信念的不可或缺的构成要素；它创造了政治文明，使得民主共和制度为世界所认同；它促进了科学和技术的飞速发展，极大地改变了人类的生活质量和社会价值观念。

但是，资本主义生产方式迅速扩展的过程，是一个充满着血与火的过程，资本主义所取得的巨大成就是以同样巨大的社会代价换来的。在它的早期，资本原始积累具有极大的野蛮性与残酷性。在欧洲社会资本主义化的进程中，有所谓“羊吃人”的圈地运动，有血腥的贩卖黑奴与对印第安人的种族灭绝式的屠杀，有侵略战争，有贫富两极分化和成千上万的失业大军，还有周期性的经济危机和持续不断的政治动荡等。资产阶级的启蒙思想

家们曾经为资本主义制度的确立热情地欢呼，认为一个真正的理性王国已经到来：随着这个理性王国的出现，过去时代所存在着的一切"迷信、非正义、特权和压迫，必将为永恒的真理，为永恒的正义，为基于自然的平等和不可剥夺的人权所取代"。① 然而，随着资本主义制度逐渐露出它的本性，人们发现，"不论它较之旧制度如何合理，却决不是绝对合乎理性的"，②"同启蒙学者的华美诺言比起来，由'理性的胜利'建立起来的社会制度和政治制度竟是一幅令人极度失望的讽刺画"。马克思一针见血地指出："资本来到世间，从头到脚，每个毛孔都滴着血和肮脏的东西。"③ 资本主义取代封建主义虽然是一个历史进步，但这个进步是以对内的残酷剥削和对外的野蛮掠夺为代价的，这段历史是"用血和火的文字载入人类编年史的"。④

资本主义的发展是以高扬个性解放和自由平等的面目出现的，因此，资本主义的发展也往往被当作个人主义与自由主义恶性膨胀的结果。大量出现的社会问题必须由社会自身来解决。于是，作为资本主义制度的一种否定形式，社会主义思潮就产生了。资本主义生产方式的每一步发展，也必然会推动社会主义思潮和社会主义运动的发展。19 世纪中叶之前，欧洲资本主义的发展还很不充分，所以，这一时期社会主义的发展也只能处于不成熟的阶段，也就是被后来人们称为的"空想社会主义"阶段。

社会主义思想是无产者反对资产者的理论表现，而空想社会主义则是早期无产者的理论先声，它反映的是早期无产者对资本主义剥削方式的抗议和对理想社会的憧憬。资本主义生产关系的发展，加速了手工业者和农民这两大社会群体内部的两极分化，社会逐渐分裂为两大对立的阶级，即近代的资产阶级和无产阶级。在资产阶级反封建的斗争中，广大雇佣工人、贫苦农民和其他劳动者阶层，与资产阶级所追求的目标并不相同。他们要求取得自己的阶级利益，甚至明确提出了消灭剥削、消灭压迫、消灭私有制的要求。但是，这些无产阶级的先驱者，还只是一个自在的、没有自觉的阶级意识的受压迫的阶层，还没有形成一支独立的、成熟的社会政治力量，所以他们为争取本阶级利益的尝试不可避免遭到失败，他们所提出的理论也表现为空想的成分。

二、空想社会主义发展的三个历史阶段

(一)16～17 世纪的早期空想社会主义

16～17 世纪，西欧主要国家正处于资本主义萌芽和资本原始积累时期。在英国，经过 14 世纪末大规模的农民起义，封建经济遭到严重的打击，日趋崩溃。15 世纪末，资本主义手工业工场已经出现；到 16 世纪，手工工场有了很大的发展。资本的原始积累首先在英国普遍展开，采取的主要形式就是"圈地运动"。资本原始积累的发展，更进一步促进了资本主义生产的兴起和早期资产者和无产者的形成。这一时期，虽然资本主义的各种

① 《马克思恩格斯选集》，第 3 卷，第 720 页。

② 《马克思恩格斯选集》，第 3 卷，第 720 页。

③ 《马克思恩格斯选集》，第 3 卷，第 722－723 页。

④ 《马克思恩格斯选集》，第 2 卷，第 261 页。

矛盾还没有明显地暴露出来,无产阶级的意识也还很薄弱,但由于资本原始积累过程中资本主义剥削的残酷性、不合理性,贫富两极对立已初步显现。早期的空想社会主义就是在这样的历史条件下形成的。

这一阶段的主要代表人物是英国的托马斯·莫尔、德国的托马斯·闵采尔、意大利的托马斯·康帕内拉,这三位"托马斯"的社会主义思想被称作早期空想社会主义思想。

托马斯·莫尔(1478—1535),英国人文主义思想家,空想社会主义的创始人。莫尔出身于伦敦的一个贵族家庭。1492年,托马斯·莫尔进入牛津大学研读古典文学,并受到文艺复兴时代人文主义思潮的影响,后来在父亲的迫使下,转入新法学院学习,毕业后成了著名的律师。托马斯·莫尔作为著名的律师,曾受英王的委托出使荷兰等国调解商务纠纷,从而大大丰富了他对西欧社会制度的认识。他的代表作《乌托邦》就是在这一基础上写成的。

莫尔生活的年代,正是英国资本原始积累初期,他亲眼目睹了当时"羊吃人"的悲惨情景,十分同情劳动大众的不幸遭遇,于1516年出版了他的《乌托邦》(全名叫《关于最完美的国家制度和乌托邦新岛的既有益又有趣的全书》)。《乌托邦》是简称,是希腊词的音译,意思是"没有的地方"。这本书在社会主义史上第一次系统阐述了空想社会主义的基本思想,是空想社会主义诞生的标志。

莫尔的《乌托邦》分为两部分。在第一部分中,莫尔对欧洲发展到顶点的君主封建专制制度和刚刚开始产生的资本主义剥削进行了批评,尖锐地反映了广大农民因圈地运动而丧失了生产资料和生活资料的过程。他把英国资产阶级化的贵族为了养羊赚钱而用暴力剥夺农民土地的圈地运动称为"羊吃人"的惨剧,痛斥那些强制失去土地的农民接受资本主义剥削的血腥立法的残酷性和不合理性。莫尔指出:"你们的羊,一向是那么驯服,那么容易喂饱,据说现在变得很贪婪、很凶蛮,以至于吃人,并把你们的田地、家园、城市蹂躏成废墟。"① 从而,他揭露了英国社会贫富两极的对立和资本主义国家的本质。莫尔深刻地指出,造成贫富对立的总祸根是私有制,消灭私有制是保证人人过幸福生活的唯一途径。他说:"如不彻底废除私有制,产品不可能公平分配,人类不可能获得幸福。私有制存在一天,人类中最大的一部分也是最优秀的将始终背上沉重而甩不掉的贫困灾难的担子。"②

对于应该过什么样的幸福生活的问题,在第二部分中,莫尔详尽地描写了乌托邦岛上的美好生活——一个没有私有制,没有剥削压迫,没有城乡、工农、脑体对立,人人参加劳动,实行按需分配,人人过着富足而幸福生活的理想社会。但是,莫尔在书中并没有论述人们应该怎样去消灭旧制度,实现这一理想社会的问题,只是设计了一个未来理想社会的方案。不过,这一方案对以后的许多空想社会主义者都有着深远的影响。因此,人们称他为空想社会主义的奠基人,"乌托邦"则成为空想社会主义的同义语。

托马斯·康帕内拉(1568—1639)比莫尔大约要晚一个世纪,意大利的早期空想社会主

① [英]托马斯·莫尔:《乌托邦》,北京,商务印书馆,1982,第21页。

② [英]托马斯·莫尔:《乌托邦》,北京,商务印书馆,1982,第44页。

义者,与莫尔和闵采尔齐名。他出身于贫苦的农民家庭,31 岁时因为反对西班牙占领者,被捕坐牢长达 28 年之久。在狱中,他始终保持旺盛的斗志,撰写了《论西班牙君主国》、《太阳城》等许多优美的诗篇。托马斯·康帕内拉的代表作《太阳城》,是与《乌托邦》称为姐妹篇的又一部描写未来理想社会的著作。在《太阳城》中,康帕内拉对社会的不平等、贫富对立等制度性弊病进行了批判,认为私有制是万恶之源,构想出了一个理想的"太阳国"。不过,他不仅没有简单重复莫尔的方案,而且表现出了比莫尔更激进的思想。例如打破家庭界限,由社会组织生产分配,彻底消灭阶级,各尽所能按需分配,劳动成为人们的第一需要等。托马斯·康帕内拉力图建立一个社会财富全民所有、社会组织生产与劳动人人平等的理想社会。不过,和莫尔一样,他也只是虚构了一个未来理想社会的美妙图画,并没有指出改造现存社会制度的现实道路。尽管如此,他在这一理想社会中提出的十分明确的共产主义原则,也对后来的空想社会主义的发展产生了很大的影响。

托马斯·闵采尔(1489—1525)是与莫尔同时代的德国空想社会主义者。他在空想社会主义史上独树一帜的是将其社会主义思想付诸社会革命实践,直接投身革命运动,在实际斗争中通过发表演讲与散发小册子的方式表达自己的政治主张。他主张举行武装起义,用暴力的方式推翻不合理的社会制度,在人间建立早期基督教教徒所向往的"千年王国"。而他所谓的"千年王国",实际上是一个"不再有阶级差别、不再有私有财产、不再有对社会成员而言是独立的和异己的国家政权"。① 就其实质而言,他的政治主张反映的是早期无产者群众对自身解放的预见。托马斯·闵采尔被称为"职业革命家"。从他开始,空想社会主义史上形成了两种模式。

(二)18 世纪的"平均空想社会主义"和"直接共产主义"

17 世纪中叶到 18 世纪末,英法爆发了资产阶级革命,但这时只有英国发生了产业革命,大多数资本主义国家还处在资本主义的手工工场时期。这一时期资产阶级政治经济力量不断壮大,而随同资产阶级一起进行反封建斗争的城乡无产者却在革命中收获甚微,他们要求将革命进一步引向深入,于是便出现了革命期间的英国"平等派运动"和以法国的巴贝夫为代表的"作为现代的无产阶级的发展程度不同的先驱者的那个阶级的独立运动",以及与这些革命运动相应的理论表现形态,即以 18 世纪法国空想社会主义者摩莱里和马布利的学说为代表的空想社会主义理论——"直接共产主义理论"。②

1. 平均空想社会主义

1789 年的法国大革命推翻了封建王朝的统治,建立了资产阶级专政的国家。但无产者和社会下层民众的利益诉求却没有得到满足,于是他们揭竿而起,为了本阶级的利益而斗争。巴贝夫便是这一革命斗争中的杰出领袖。

弗朗索瓦·诺埃尔·巴贝夫(1760—1797)是法国大革命时代领导平等派运动的革命家和思想家。他出身贫苦,亲身体验到法国劳动群众的疾苦。为了寻找真理,他刻苦自学,深受摩莱里《自然法典》的影响。1789 年,法国大革命爆发,巴贝夫随即投入革命洪流。

① 《马克思恩格斯全集》,第 10 卷,第 495 页。

② 《马克思恩格斯选集》,第 3 卷,第 721 页。

1794年,大资产阶级实行热月政变,他看清了其反人民的本质,创办了《人民论坛报》,后被捕。1796年获释后,巴贝夫与战友建立了平等派密谋组织,准备领导人民进行武装起义,推翻剥削制度,建立平等共和国。平等派运动是当时正在形成中的早期无产阶级的独立革命运动。巴贝夫的平均共产主义学说是平等派运动的理论表现,它不仅反映了当时法国无产阶级和广大劳动群众对资产阶级革命结果的普遍失望和强烈不满,而且在很大程度上克服了先前空想社会主义者的许多局限,明确提出了通过暴力革命消灭私有制和建立劳动人民政权的思想,并通过平等派组织来努力实践这一理论,促使"一个完全不同的、保证满足群众福利的制度的实现",① 逐步建立理想的"平等共和国",这就是空想社会主义史上具有划时代意义的巴贝夫主义。巴贝夫的主要功绩在于他把共产主义作为实践问题提了出来,其实践性和革命性都是过去空想社会主义学说所不能比拟的。

2.直接共产主义

18世纪的法国是一个思想大解放、社会大动荡的时代。随着资本主义生产方式的发展,资产阶级逐渐控制了国家的经济命脉,并进一步要求冲破封建专制制度的束缚。与此同时,无产者队伍也日益壮大,他们也开始为了自身的利益而积极投身反对封建主义和反对资本主义剥削的独立运动中。为了适应斗争的需要,资产阶级思想家发动了一场波澜壮阔的启蒙运动。在启蒙运动的过程中,一股反映无产者利益和要求的空想社会主义思潮涌现出来。

摩莱里(1720—1780)、马布利(1709—1785)和梅叶(1664—1729)就是在这个时期最具代表性的空想社会主义思想家。他们的学说代表和反映了广大劳苦大众特别是城乡无产者的利益和要求。在他们的著作中,已经不再限于对未来理想社会的简单描写,而是进一步从理论上论证了从私有制过渡到公有制的历史必然性,对英国资产阶级革命胜利后蓬勃兴起的资本主义生产方式有了比较深入的批判,并且幻想通过公正的法律方式建立起理想的社会制度。摩莱里最著名的著作是1755年出版的《自然法典》,马布利的代表作是1776年和1789年出版的《论法制和法律的原则》、《论公民的权利和义务》。他们以理论性的思想武器阐述了自己的空想社会主义学说,提出了规定未来社会的基本原则的基本法和各种具体的法律。总之,他们都提出了许多有价值的思想,特别是摩莱里,是把莫尔、康帕内拉同巴贝夫以及19世纪三大空想社会主义者的学说连接起来的第一人,起到了继往开来的作用,在科学社会主义思想史上占有重要的地位。但是他们从抽象的理论出发,不了解社会发展规律,不仅有明显的平均主义和禁欲主义的倾向,而且依旧没有找到并提出改造旧世界的现实道路。

(三)19世纪的批判的空想社会主义

18世纪中后期从英国开始的产业革命,到19世纪上半期已在欧洲大陆蔓延开来。产业革命深刻影响了欧洲社会,使资本主义生产关系和政治统治进一步加强。与此同时,资本主义所带来的一系列社会问题也日益严重。产业革命推动了现代无产阶级队伍的迅速壮大,壮大起来的无产阶级日益明确地意识到自己的政治经济权利,更加具有阶级独立

① 《巴贝夫文集》,北京,商务印书馆,1962,第45页。

性,他们起而与资产阶级进行斗争。在这样的历史背景下,欧洲社会“出现了三个伟大的空想社会主义者:圣西门、傅立叶和欧文”。① 他们揭露并批判资本主义制度所表现出来的弊病,幻想消除这些弊病并设计了建设新的理想社会的方案,各自发明了一套自己认为最完美的新社会制度,并企图通过宣传和典型示范,把它们从外部强加给社会,从而把空想社会主义学说推进到最高、最重要的阶段。

克劳德·昂利·圣西门(1760—1825),19世纪初法国伟大的空想社会主义者,是19世纪初期批判的空想社会主义的最早代表。他出身于法国一个贵族家庭,青少年时代曾受过著名的启蒙学家达兰贝尔的教育,深受法国18世纪唯物论和启蒙思想的影响。圣西门17岁入伍,19岁远涉重洋参加北美独立战争。战争结束后,他装着一脑子宏伟计划去游历欧美,先后在墨西哥、荷兰、西班牙进行游说。1789年,法国大革命爆发,他很快从西班牙回到自己的家乡投身革命,并积极宣传政治平等和自由的思想,要求废除僧侣和贵族的一切特权。圣西门还正式声明放弃伯爵头衔和贵族称号,并改名字为“公民包诺因”。但是,由于他害怕民众的暴力行动,又退出革命,改行经商,在经历了一段时间的富裕后破产,过着贫困的生活,这使他和劳动人民接近了。同时,法国大革命后出现的社会矛盾引起了圣西门的深思和探索,吸引他专心从事社会问题的研究,从而促使他最终转变为空想社会主义者。

圣西门的著作很多,主要有《一个日内瓦居民给当代人的信》、《人类科学概论》、《论万有引力》、《论财产和法制》、《论实业制度》、《实业家问答》、《论文学、哲学和实业》、《新基督教》等。在这些著作中,圣西门一方面表达了自己的世界观,认为整个人类社会犹如整个宇宙一样是有规律的,是一个连续的、上升的和进步的过程。在这一过程的每一阶段,都包含着“正在消逝的过去的残余和正在成长的未来的萌芽”,② 新旧因素斗争的结果则是旧制度的灭亡和新制度的产生。另一方面,圣西门论述了他对法国大革命的看法和对资本主义制度的揭露与批判。他肯定了法国大革命“抹去了封建制度和神权政治的最后痕迹”,但同时指出,“这一争取自由的伟大事业只是产生了新的奴役形式”。③

“实业制度”是圣西门在考察和批判现实制度的基础上为克服其弊病而设计的一种理想社会。在《论实业制度》一书中,圣西门全面系统地论述了他的空想社会主义的基本思想。他认为,“实业制度”是按照历史发展规律必然要出现的、建立在现代化大生产基础之上的社会制度。在实业制度里,“一切人都应当劳动”,④ 整个社会则按照分工协作的原则有计划地组织起来。“在新的政治制度下,社会组织的惟一而长远的目的,应当是尽善尽美地运用科学、艺术和工艺的现有知识来满足人们的需要,传播、改进和尽量丰富这些知识。”⑤ 恩格斯对圣西门曾给予了高度评价:“我们在圣西门那里发现了天才的远大眼

① 《马克思恩格斯选集》,第3卷,第721页。

② 《圣西门选集》,第1卷,北京,商务印书馆,1979,第265页。

③ 《圣西门选集》,第1卷,北京,商务印书馆,1979,第181页。

④ 《圣西门选集》,第1卷,北京,商务印书馆,1979,第24页。

⑤ 《圣西门选集》,第1卷,北京,商务印书馆,1979,第243页。

光,由于他有这种眼光,后来的社会主义者的几乎所有并非严格意义上的经济学思想都以萌芽状态包含在他的思想中了。"① 圣西门特别关心"人数最多和最贫困的阶级"的命运,并且还直接以工人阶级发言人的姿态出现,宣告他努力的最后目的是工人阶级的解放。因此,马克思称赞圣西门是"工人阶级的代言人"。

弗朗索瓦·马利·沙尔·傅立叶(1772—1837),19 世纪初法国又一位伟大的空想社会主义者。傅立叶出身于法国一个商人家庭,中学毕业就弃学经商,开始了经商生涯,但他十分喜欢读书、学习,不到而立之年已成为博学的思想家。傅立叶热衷于社会问题的研究,根据自己多年了解到的资本主义商业内幕,无情地揭露了资产阶级世界在物质和道德上的贫困,把资产阶级道德的虚伪性、欺骗性和反动性揭露得淋漓尽致。

傅立叶的著作很多,主要有《关于四种运动和普遍命运的理论》、《论家务农业协作社》、《工业和协作的新世界》、《论商业》等。其学说的核心是对资本主义制度的批判和对未来理想制度的论证。他把资本主义制度称为"复活的奴隶制",② 断言"所谓臻于完善境界的文明制度只不过是一种人间地狱"。③ 恩格斯认为,傅立叶是"自古以来最伟大的讽刺家之一"。④

在《工业和协作的新世界》一书中,傅立叶最全面、系统地阐明了自己的理想制度。他把自己的理想制度叫做"和谐制度"。傅立叶认为,一种社会制度是否合理,就看人们的情欲是否得到满足。资本主义制度之所以不合理,就是因为这个社会使穷人连起码的情欲也不能满足,而富人的精神情欲也是十分空虚。只有在和谐制度的社会里,才能使人类的各种情欲得到满足。他认为,人类要想建立和谐制度,必须具备两个基本条件:第一,创造大规模的生产、高度发展的科学和艺术;第二,发明一个与分散经营相反的协作结构。在他看来,第一个条件已经具备,而他的任务就是要努力创造出第二个条件。那么,如何创造这一条件呢?他认为,只要组织一些试验性的"法郎吉"(和谐制度的基层组织),使人们看到这种组织的优越性,就会群起而效仿,从而迅速在全世界建立起和谐制度。那么,靠谁来搞法郎吉的试验呢?傅立叶认为要搞这一试验,必须靠有权和有钱的人支持和赞助,他称这些人为"候选人"。为此,他一再向社会的上层人物呼吁,并在报纸上刊登广告,说他每天 12 点在家恭候打算出资创办法郎吉的"候选人",可是,等了许多年,从来没有这样的"候选人"来访问过他。1832 年,傅立叶和他的信徒们在离巴黎 65 千米的一个叫凡格尔的地方,按照他设计的蓝图进行了建立法郎吉的试验,但不到一年就宣告失败了。可见,幻想依靠统治阶级进行示范、试验来达到和平改造社会的目的,是行不通的。

罗伯特·欧文(1771—1858),19 世纪英国杰出的空想社会主义思想家和实践家。欧文和圣西门、傅立叶属于同一时代、同一类型的思想家,但由于他生活在工业革命最先完成、资本主义更为发展的英国,他的学说和活动就具有鲜明的实践性质。欧文的主要著作

---

① 《马克思恩格斯选集》,第 3 卷,第 726 - 727 页。

② 《傅立叶选集》,1979,第 117 页。

③ 《傅立叶选集》,1982,第 266 页。

④ 《马克思恩格斯选集》,第 3 卷,第 727 页。

有《新社会观》、《致纳拉克郡的报告》、《人类思想和实践的革命》等。在《致纳拉克郡的报告》中,欧文系统地论证了他的共产主义思想和建立劳动公社制度等问题。

欧文出身于英国一个手工艺人家庭,20岁时任曼彻斯特一家大公司的经理,在英国实业界崭露头角。在英国产业革命蓬勃发展的岁月里,欧文认为这是改造社会的好机会。1800年,欧文担任了新纳拉克大棉纺厂的经理,他以改良家和慈善家的身份,本着既有利于厂主,又有利于工人,既能为厂主获得较高的利润,又能为工人谋取较多的福利的原则,对企业进行了一系列的改革。这些改革不仅没有使企业利润减少,反而使生产的产值倍增,并使新纳拉克的面貌为之一新,成为一个模范移民区。于是欧文名声大震,成为欧洲最有名望的"慈善家"。

欧文从经营工厂的实践中领悟到资本主义生产的秘密——利润来自于对工人的剥削,认识到产业革命涌现的新的强大的生产力是劳动阶级创造的,应当作为大家的共同财产,为共同利益服务。于是,他提出了自己的共产主义理论,主张用共产主义原则改造整个社会,并无情地揭露了工业革命所造成的贫富两极对立。欧文认为"三位一体"(宗教、资本主义的婚姻制度和私有制)是改造社会的三大障碍,而私有制是产生资本主义一切弊端的根本原因,所以,必须消灭私有制,建立一种理性的社会制度。这样,欧文就从一个"慈善家",转变为一个空想社会主义者。

从"慈善家"转变为空想社会主义者,这是欧文一生中重要的转折点。他因此丧失了自己既得的社会地位和名誉,遭到了资产阶级和反动僧侣的攻击和迫害,并被逐出了上层社会。但是他没有屈服,决心试验他的理想社会——"合作公社"。欧文设想的劳动公社是根据"联合劳动、联合消费、联合保有财产和特权均等的原则建立起来的"。① 每个公社都"像一个独立共和国或国家一样实行自决,由自己的成员依照神圣法则进行管理";同时,每个公社又都是"由农、工、商、学结合起来的大家庭",② 是城乡和谐的整体。欧文设想,经过试验和示范,公社制度和公社联盟将逐渐"普及整个欧洲,随后再普及世界其他各洲,最后把全世界联合成为一个只被共同的利益联系起来的伟大的共和国"。③ 于是,1824年,欧文和他的四个儿子以及他的一些门徒来到美国,购买了三万英亩土地,建立了名为"新和谐"的共产主义公社。然而这个公社只办了四个年头就失败了,参加活动的一千多人,都淹没在资本主义的汪洋大海之中。1829年,欧文一贫如洗回到英国,直接投入到合作社运动和工人运动中,并创办理论刊物《危机》宣传自己的学说。后来,他还组织了"和谐大厦"和"皇后林新村"公社的试验,但都失败了。马克思曾对欧文坚持不懈地为自己的共产主义事业奋斗的精神给予了极高的评价,称赞他是一个真正坚强的人,他"一经踏上革命的道路,即使遇到失败,也总是能从中吸取新的力量,而且在历史的洪流中漂流得愈久,就变得愈坚决"。④

---

① 《欧文选集》,第1卷,北京,商务印书馆,1979,第327页。

② 《欧文选集》,第2卷,北京,商务印书馆,第153、131页。

③ 《欧文选集》,第2卷,北京,商务印书馆,第150页。

④ 《马克思恩格斯全集》,第30卷,第522页。

三、空想社会主义的贡献和历史局限性

(一)空想社会主义的贡献

空想社会主义的发展过程是一个逐步减少空想色彩和增加现实因素的过程。每一个空想社会主义者都是他们那个时代杰出的社会改革家和革命家,特别是三大空想社会主义者,他们把空想社会主义思想发展到了最高形态。在他们的学说中,已经包含了科学社会主义萌芽,他们为科学社会主义的创立做出了重要的贡献。

1.空想社会主义深刻地揭露和批判了资本主义社会的弊端

资本主义制度为人类社会的进步做出了巨大的贡献,但这不能掩盖它的弊端。恩格斯曾经一针见血地指出:"鄙俗的贪欲是文明时代从它存在的第一日起直至今日的起推动作用的灵魂;财富,财富,第三还是财富——不是社会财富,而是这个微不足道的单个的个人的财富,这就是文明时代唯一的、具有决定意义的目的。如果说在文明时代的怀抱中科学曾经日益发展,艺术高度繁荣的时期曾经一度出现,那也不过是因为在积累财富方面的现代的一切积聚财富的成就不这样就不可能获得罢了。"① 对待资本主义制度,要坚持历史唯物主义的基本态度,即既要看到它在人类社会历史进步方面做出的贡献,取得的成就,也要看到它的弊端,承认取得成就所付出的高昂代价。空想社会主义家们从资本主义原始积累看到了资本主义的弊端,对其展开了批判。托马斯·莫尔指出:"佃农从地上被撵走,为的是一种确是为害本国的贪食无厌者,可以用一条栏栅把成千上万亩地圈上。有些佃农则是在欺诈和暴力手段之下被剥夺了自己的所有,或是受尽冤屈损害而不得不卖掉本人的一切。这些不幸的人在各种逼迫之下非离开家不可。"② 空想社会主义学者们通过对历史的真实记录,对贫苦民众的描写,表达自己对于贫苦民众的同情和对资本主义制度弊端的不满和批判。

空想社会主义是伴随着资本主义的发展,伴随着资本主义自身矛盾的发展而发展的。它对资本主义的认识经历了由浅入深的过程,对资本主义的批判也有一个不断深入的过程。空想社会主义者从批判资本原始积累开始,进而批判资本主义的商业和金融业,直至全面批判资本主义的经济体系,指出资本主义私有制是资本主义社会所有罪恶之源,并相应批判了资本主义的政治制度和道德观念,揭示了资产阶级所宣扬的自由、平等、民主、博爱的欺骗性,揭露了利己主义导致资本主义社会道德沦丧的实质,从而全面而深刻地批判了整个资本主义制度。

2.空想社会主义是科学社会主义的重要思想来源

空想社会主义者在分析和研究人类社会发展的过程中,在设想和论证未来社会的基本原则的过程中,萌发了许多进步的、引导人类历史发展方向的思想。这些思想的萌芽,既是科学社会主义理论的重要思想来源,也是人类思想史的宝贵财富。这些"突破幻想的

---

① 《马克思恩格斯全集》,第4卷,第177页。

② [英]托马斯·莫尔:《乌托邦》,北京,商务印书馆,1982,第21-22页。

外壳而显露出来的天才的思想萌芽和天才的思想”,① 主要有以下一些方面:

第一,关于社会发展规律的思想。空想社会主义发展到圣西门、傅立叶和欧文时期,三大空想家已经开始把人类历史看成是一个有规律的前进过程,并已认识到每一新的社会制度的出现都是过去全部历史发展的必然结果,每一社会都包含着前一社会制度的残余以及未来社会的萌芽。正是基于这种认识,他们得出了资本主义社会不过是旧的封建制度和未来社会制度之间的一个“中间的和过渡的体系”的结论。② 不仅如此,在圣西门那里,“经济状况是政治制度的基础”的思想也已经“以萌芽状态表现出来”,③ 欧文更是敏锐地注意到了机器大生产与资本主义制度之间的根本性矛盾与冲突。

第二,关于废除私有制和雇佣劳动制度的思想。不少空想社会主义者在设计未来社会的时候,都提出了废除私有制和雇佣劳动制度,消灭阶级对立和阶级差别,建立一个以公有制为基础的新社会的主张。在这个理想社会里,人人参加劳动,实行“各尽所能”,“按劳分配”或“按需分配”;劳动不再是一种谋生的手段,而是人的一种本能和需要;劳动没有贵贱之分,无论什么工作,都同样会受到尊敬。“谁也不会认为在食堂和厨房工作或照顾病人等等工作是一些不体面的工作”,④ 这样,劳动与享受的同一性在这里得到了完全的实现。劳动也因而恢复了它的本来面目,“成为一种享受”。⑤ 在理想社会里,人们已经摆脱了自私自利的思想,人人都热爱社会,关心集体生活,相互关心和帮助,这是一个自由和谐的新社会。

第三,关于劳动光荣与劳动改造的思想。废除雇佣劳动制度几乎是所有的空想社会主义者的共识,但对于劳动与劳动权的认识,空想社会主义思想史上却存在着两种截然不同甚至相互对立的观点。以莫尔、温斯坦莱等为代表的空想社会主义者,在强调理想社会人人都应当参加劳动的同时,又把劳动视为一种惩戒手段。他们认为,对于那些犯有过错或罪行的人,强迫他们劳动比把他们处死将更有益于社会,因为这既可以惩戒当事人,又可以警示他人,还可以通过劳动把当事人改造成新人:“这些人干的是重活”,为的是“使他们成为共和国的有用的人”。⑥ 而以康帕内拉、摩莱里等人为代表的空想社会主义者把劳动视为公民的一种不可剥夺的权利,并提出了“劳动光荣”的思想。在康帕内拉的太阳城里,“每个人无论分配他做什么工作,都能把它看作是最光荣的任务去完成”。⑦ 摩莱里把劳动看成是符合“自然意图”的社会里每个公民的权利和事业,不仅如此,摩莱里还把暂时停止或剥夺公民的劳动和娱乐权作为惩罚犯轻微过失的公民和罪犯的手段。不是把劳动作为惩罚手段,而是把不能劳动作为惩罚手段,这是摩莱里的独创,它同莫尔一派的“劳动惩罚论”形成了鲜明的对照。

---

① 《马克思恩格斯选集》,第 3 卷,第 724 页。

② 《圣西门选集》,第 1 卷,第 252 页。

③ 《马克思恩格斯选集》,第 3 卷,第 726 页。

④ [意]托马斯·康帕内拉:《太阳城》,北京,商务印书馆,1980,第 23 页。

⑤ 《马克思恩格斯全集》,第 1 卷,第 578 页。

⑥ 《温斯坦莱文选》,商务印书馆,1982,第 203 页。

⑦ [意]托马斯·康帕内拉:《太阳城》,北京,商务印书馆,1982,第 23 页。

第四,关于有计划地组织社会生产的思想。几乎所有的空想社会主义者都注意到了资本主义生产的无政府状态给社会造成的危害,因此,在设计未来社会的生产模式时都强调了有计划地组织社会生产的重要性,其目的就是希望借此克服生产无政府状态所造成的人力、物力的浪费,以便人尽其才,物尽其用,促进生产力的发展和物质财富的生产,最大限度地满足人们的需要。同时,他们还设想妥善地组织社会生活,实现生活的社会化。

第五,关于通过普及教育、大力发展科学、繁荣艺术来促进人的全面发展的思想。大多数空想社会主义者都把人的全面发展作为未来理想社会的一块基石。正因为如此,他们都很强调科学、艺术、教育的重要性,很重视培养人的各方面技能以及人的优良品德。

在莫尔的乌托邦里,人们"勤勉好学","无论男女,总是把体力劳动后的剩余时间一辈子花在学习上",进行"学术探讨",追求"精神上的自由及开拓"。这样,乌托邦的人民都是富有"高度文化和教养的人",他们把追求精神的和物质的快乐看成是"人类的全部或主要幸福"及人们"全部行为的目标"。而为了达到这一目标,就需要人与人之间相互帮助、团结友爱,因为"为了自己得到快乐而使他人失去快乐"是"有失公平的",① 也是违反人们所共同追求的幸福目标的。康帕内拉、维拉斯、摩莱里等人对此也都有不同程度的论述。大力发展科学、繁荣艺术以促进人的全面发展的思想到圣西门、傅立叶和欧文那里得到了更充分和全面的阐述。圣西门认为,人们只有得到物质和精神的双重快乐,满足身心两方面的需要后,才能成为幸福的人。为此,就必须充分发展科学、艺术和工业,生产出丰富的物质财富和精神财富。傅立叶认为,科学和艺术"在劳动引力制度下将具有生产的意义",② "是共同发财致富的手段"。③ 欧文也认为,新社会教育的目的就是要培养德、智、体等各方面全面发展的人,使得人们不仅有高尚的道德修养,而且也有丰富的科学文化知识和才能。马克思认为,在欧文那里,"从工厂制度中萌发出了未来教育的幼芽,未来教育对所有已满一定年龄的儿童来说,就是生产劳动同智育和体育相结合,它不仅是提高社会生产的一种方法,而且是造就全面发展的人的唯一方法"。④

第六,关于消灭城市和乡村、工业和农业、脑力劳动和体力劳动之间的对立和差别的思想。早在莫尔的乌托邦里,就已有了消除城乡对立的设想。这一思想到了傅立叶、欧文那里已发展得相当完善和成熟。傅立叶的法郎吉就是一种城乡结合、工农业生产结合、脑力劳动与体力劳动结合、教育与生产劳动结合、生产与消费结合的新型协作组织,其目的就是要把农业劳动、工业劳动、商业劳动、家务劳动、教育劳动、科学劳动、艺术劳动统统组织起来,形成一个协调生产和经营的整体。欧文提出了消灭脑力劳动和体力劳动对立的问题,他设想的劳动公社是一个城乡和谐的有机整体,一个教育与生产劳动相结合、体力劳动与脑力劳动相结合、消灭了阶级特权和阶级差别的共产主义联合体。

第七,关于新社会分配制度的思想。对于未来社会的分配制度,大致存在三种主张。

---

① [英]托马斯·莫尔:《乌托邦》,第 82、71、60、50、74、75 页。

② 《傅立叶选集》,第 3 卷,第 307 页。

③ 《傅立叶选集》,第 1 卷,第 135 页。

④ 《马克思恩格斯全集》,第 23 卷,第 530 页。

其一,按需分配。这是大多数空想社会主义者的共同主张。莫尔、康帕内拉、维拉斯、温斯坦莱、摩莱里、马布利、欧文、卡贝、德萨米等对此都有详细论述。实行这种分配原则一般需要的条件是:社会产品极大丰富,“超过了他们全部需求,以致任何个人积累的欲望都将完全消失”,① 从而使得财富分配成了一切生活问题中最简单的问题。同时,人们又有很高的觉悟,这不仅保证了每个人都将勤奋劳动,而且也会保证任何人取其所需的自觉和公平性,从而杜绝不必要的浪费。其二,按比例分配或均衡分配。这一思想在圣西门和傅立叶那里表现得最为典型。圣西门认为,在实业制度下,应该贯彻按才能和贡献分配的原则,即个人的收入应同他的才能和贡献成正比,这样才能体现分配上的平等原则。圣西门的按比例分配思想里孕育着按劳分配的萌芽。傅立叶比圣西门表现得更为彻底,设计得也更为具体。傅立叶认为:“最巨大的财富如果没有一种分配制度来保证,那么这笔财富将是虚幻的。这种分配制度应该保证按比例分配,并且使贫困阶级能分得这种不断增加的收入。”② 为此,傅立叶提出了按资本、劳动和才能的一定比例进行分配的均衡分配原则,并强调,如果分配的均衡遭到破坏,如果使资本、劳动或才能的某一方面的报酬过于微薄,法郎吉就会陷于危险的境地,整个和谐制度也将会解体。其三,按劳分配。早在圣西门那里已有按劳分配思想的萌芽。圣西门提出了“按能力计报酬,按工效定能力”的分配原则。

第八,关于民主政治和法制建设的思想。不少空想社会主义者的理想社会都是民主共和制度。那里实行民主政治,权力受到有效的制约;公职人员由人民定期选举产生,并可以随时撤换,滥用职权者会及时受到惩罚;管理者不享受任何特权,他们只是人民利益的代表者。莫尔的乌托邦、康帕内拉的太阳城、温斯坦莱的自由共和国、圣西门的实业制度、欧文的共产主义劳动公社等都明确提出了民主管理社会的主张。关于法制建设的思想,在莫尔的乌托邦里,人人精通法律,人人遵守法律。乌托邦颁布一切法律都是为了更好地保障人民的利益和民主权利。太阳城的法律也是民族精神和人民权益的体现,简明的法律条文就悬挂在神殿的柱子上,人们一清二楚。温斯坦莱更明确地指出,法律是人民意志的体现。人们选举代表组成议会来制定法律,而政府的真正使命就是认真执行法律。摩莱里也阐述了用法律维护社会公益、保护公民权利,以及在法律面前人人平等的法制思想。

第九,关于实现理想制度的方法与途径的思想。对于如何实现理想制度这一问题,空想社会主义者们产生了分歧,大致可分为两类:其一主张通过革命、战争的办法用暴力推翻旧制度,重新建立起一个崭新的世界。代表人物是闵采尔、马布利、巴贝夫。他们把自己的理论与革命实践相结合,在实践中宣传自己的理想,希望通过激进的革命方式来实现自己构想的宏伟蓝图。其二是主张通过社会改革消除现存社会的弊病,最终实现理想的社会目标。摩莱里、温斯坦莱、圣西门、傅立叶、欧文都持这样的观点。他们主张通过自上而下的改革或通过典型示范,向全社会推广的办法来改变社会状况,实现自己的理想目

① 《欧文选集》,第1卷,第355页。

② 《傅立叶选集》,第1卷,第84页。

标。

第十，关于国家消亡的思想与未来社会管理的思想。在大多数空想社会主义者那里，国家在未来社会的管理职能都大大消弱了。圣西门提出“国家消亡理论”，认为在理想社会里，国家权力的主要职能将不再是“以人力作用于人”，而是“把人力作用于物”，即将由对人的统治变成对物的管理和对生产过程的领导。这就需要也有可能“按照最有利于生产的方式组织起来”，① 充分发展生产，为整个人类造福。圣西门的这一思想曾受到恩格斯的高度评价：“圣西门宣布政治是关于生产的科学，并且预言政治将完全溶化在经济中。如果说经济状况是政治制度的基础，这样的认识在这里仅仅以萌芽状态表现出来，那么对人的政治统治应当变成对物的管理和对生产过程的领导这种思想，即最近纷纷议论的‘废除国家’的思想，已经明白地表达出来了。”② 在傅立叶和欧文那里，未来社会实际上也都不再存在国家政权。

第十一，关于妇女解放的思想。在空想社会主义史上，最明确、最全面地阐述妇女解放思想的是傅立叶。傅立叶把妇女地位的历史演变视为考察社会制度性质的一个重要特征。在对历史进行详细考察后，傅立叶得出结论说：“一切社会灾难的源泉，如蒙昧制、野蛮制、文明制，都只能有一个轴心即奴役妇女。而社会幸福之源泉，除了逐步解放妇女之外，没有别的轴心，也没有别的指南针。”③ 对于傅立叶的这一思想，恩格斯曾予以高度评价，认为傅立叶“第一个表述了这样的思想：在任何社会中，妇女解放的程度是衡量普遍解放的天然尺度”。④

(二)空想社会主义的历史局限性

在充分肯定空想社会主义的积极贡献的同时，我们还应该清醒地认识空想社会主义的历史局限性。

1.空想社会主义者的设想和实践充满幻想的色彩

空想社会主义者对于现实制度弊病的批判，以及消除这些弊病的手段和未来理想方案的设计，都不是在生产的现存物质基础和现实的阶级斗争中根据历史发展的客观规律研究出来的，而只是凭着对人类理性的认识，凭着头脑的空想，凭着对现实制度的厌恶和愤怒，凭着对广大人民群众生存状况的同情和忧虑“发明出来”的。他们没有认识到阶级斗争是历史发展的动力，甚至对阶级斗争和暴力革命持厌恶和排斥的态度，因此，最终还是走上了鼓吹阶级合作的道路。马克思曾指出，“这种乌托邦，这种空论的社会主义”，“主要是幻想借助小小的花招和巨大的感伤情怀来消除阶级的革命斗争及其必要性；这种空论的社会主义实质上只是把现代社会理想化，描绘出一幅没有阴暗面的现代社会的图画，并且不顾这个社会的现实而力求实现自己的理想”。⑤

---

① 《圣西门选集》，第 2 卷，第 307 页。

② 《马克思恩格斯选集》，第 3 卷，第 726 页。

③ 《傅立叶选集》，第 1 卷，第 71 页。

④ 《马克思恩格斯选集》，第 3 卷，第 727 页。

⑤ 《马克思恩格斯选集》，第 3 卷，第 461－462 页。

2.空想社会主义者否认历史发展的必然性，宣扬天才论和英雄史观

大多数空想社会主义都把改造现实社会的历史责任赋予了某个天才人物。圣西门等人虽然认识到了历史发展的规律性，并在一定程度上承认人民群众的作用，但总体上看，他对广大无产者是持否定态度的。就空想社会主义者的历史观来看，不管其中包含多少积极的成分，但沿着他们的思维逻辑走到终点，几乎无一不是指向天才论和英雄史观。在他们看来，"天才人物是在现在出现，真理正是在现在被认识到，这并不是历史发展的进程所必然产生的、不可避免的事情，而纯粹是一种侥幸的偶然现象。这种天才人物在500年前也同样可能诞生，这样他就能使人类免去500年的迷误、斗争和痛苦"。①

3.空想社会主义者的思想中还保留着许多消极成分

空想社会主义者由于其所处的社会历史环境的局限性，加之没有充分的理论依据，因而他们的思想中难免存在一些消极的成分。例如，保留奴隶制度和奴隶劳动的思想；保留殖民地和进行殖民统治的思想；公开倡导平均主义和禁欲主义；对社会生产劳动存在偏见，潜藏着劳动不平等的思想；保留着最高领导人的职务终身制，保留着事实上的不平等，甚至保留某些特权；一些空想社会主义者歧视妇女，甚至主张实行公妻制；一些空想社会主义者思想中包含着某种宗教神秘主义的因素等。

(三)对空想社会主义的基本评价

虽然空想社会主义包含着无数幻想的成分，但是，对于后人而言，"判断历史的功绩，不是根据历史活动家没有提供现代所要求的东西，而是根据他们比他们的前辈提供了新的东西"。② 这应该成为我们评价空想社会主义历史地位的首要的和基本的标准。

1.空想社会主义是早期无产阶级的世界观，是现代无产阶级先驱者思想的理论表现

马克思和恩格斯指出："德国的理论上的社会主义永远不会忘记，它是站在圣西门、傅立叶和欧文这三个人的肩上的。虽然这三个人的学说含有十分虚幻和空想的性质，但他们终究是属于一切时代最伟大的智士之列的，他们天才地预示了我们现在已经科学地证明了其正确性的无数真理。"③ 在空想社会主义的学说中，已经包含着科学社会主义的思想萌芽，这些思想萌芽为马克思、恩格创立科学社会主义提供了重要的和直接的思想材料。

2.空想社会主义的发展历史体现了社会主义思想与时俱进的品格

空想社会主义的发展是一个从低级到高级，也是一个从萌芽、生长不断走向成熟的过程，其基本趋势是科学因素不断增加而幻想越来越少。空想社会主义在各个时期都在某种程度上代表着或预示着历史前进的总体方向，都是该时期时代精神的组成部分或时代精神的激进表现。总体上看，空想社会主义经历了一个由原始基督教的"平等"、"公有"观念到抽象的自然法观念，再到比较科学的历史观的过程。从空想社会主义发展的历史进程来看，它以其所处时代最先进的思想为理论武器，体现了与时俱进的品格。当空想社会

① 《马克思恩格斯选集》，第3卷，第722页。

② 《列宁全集》，第2卷，第154页。

③ 《马克思恩格斯选集》，第2卷，第635－636页。

主义随着时代发展而不断丰富和发展自己的时候,它在三百多年的历程中,终于从共产主义思想的微光经由直接的共产主义思想发展成为本来意义的社会主义和共产主义的体系,从而为科学社会主义的诞生准备了条件。

3. 空想社会主义自身的局限性,同历史的发展逐渐相背离

空想社会主义者们对资本主义社会弊端的揭露和抨击只是道德上的,无法了解社会发展的客观规律和资本主义的本质;他们对于未来社会的预见局限于价值判断上,把社会主义看成理性、正义的体现,而不能从人类社会发展规律和资本主义社会基本矛盾运动中发现必然性;他们看不到广大人民群众对于革命的巨大推动作用,因而无法进行有效的革命实践。这些自身的局限性,使得空想社会主义者无法找到实现他们宏伟蓝图的途径和方法,逐渐与历史的发展相背离。当空想社会主义丢掉了与时俱进的品质,不再随着社会的发展而发展自己的时候,它便不可避免地成了时代的落伍者。那些依然坚持着空想社会主义学说的思想家们,也逐渐堕落成了反动的或保守的社会主义者,从无产阶级的立场退到了小资产阶级乃至资产阶级的立场上去了。马克思指出:"批判的空想的社会主义和共产主义的意义,是同历史的发展成反比的。"①

第二节 科学社会主义产生的历史必然性

一、科学社会主义产生的社会历史条件

(一)科学社会主义产生的社会经济条件

18 世纪 60 年代,产业革命首先在英国开始。牛顿创立的力学运动定律以及其他科学研究成果,为产业革命奠定了科技基础。飞梭和纺纱机的发明,推动了棉纺工业的革命。瓦特发明的蒸汽机被直接运用于工业生产,带动了整个资本主义大工业的建立。到 19 世纪 30 年代,英国已经基本完成了产业革命,机器工业在工业主要部门取代了手工劳动。在英国之后,法国、德国和欧洲大陆其他国家,也相继开始了产业革命的进程。到 19 世纪上半叶,西欧几个主要资本主义国家相继完成了产业革命,经济上取得了巨大的发展。产业革命的推进,使欧洲社会发生了几个明显变化:

社会生产得到了巨大发展,生产的社会化程度日益提高。马克思、恩格斯在《共产党宣言》中指出:"资产阶级在它的不到一百年的阶级统治中所创造的生产力,比过去一切时代创造的全部生产力还要多,还要大"。②

产业革命的兴起,也带来了资本主义世界市场的拓展,使整个资本主义迅速发展,完成了由工场手工业向机器大工业的过渡。资本主义生产方式完全确立起来了。产业革命

---

① 《马克思恩格斯选集》,第 1 卷,第 304 页。

② 《马克思恩格斯选集》,第 1 卷,第 277 页。

促使了世界市场的开拓，加强了世界各国之间的经济、政治、文化联系，“过去那种地方的和民族的自给自足和闭关自守状态，被各民族的各方面的相互往来和各方面的相互依赖所代替了”。① 人类的历史逐渐由“区域史”、“民族史”转向了“世界史”。

产业革命的发生、发展，也使资本主义的基本矛盾即生产的社会化与生产资料私人占有之间的矛盾日益尖锐，并引起了资本主义经济危机的周期性爆发。1825 年，英国爆发了资本主义世界第一次经济危机，以后每隔 8～10 年就有一次经济危机爆发。继 1836 年英法经济危机后，1847 年的经济危机几乎遍及欧洲各国。经济危机给无产阶级和劳动人民带来了巨大痛苦，也对资本主义社会生产力造成巨大破坏。经济危机的周期性爆发，暴露了资本主义制度弊端的根源所在，表明资本主义的生产关系在促进生产力发展的同时，开始出现阻碍生产力发展的问题。

(二)科学社会主义产生的阶级基础

产业革命在确立工业资产阶级统治地位的同时，也促进了现代无产阶级的形成和壮大。

随着资本主义大工业的发展，工厂主对工人的剥削也越发残酷，不仅大量使用童工和女工，而且大幅度压低工资待遇。工人生产、生活环境极其恶劣。由生产的社会化与生产资料私人占有之间的尖锐矛盾引发的资本主义周期性的经济危机，使得大量工人失业，生活难以维持。这一方面使得无产阶级的数量迅速增加，另一方面也使得无产阶级的革命性和斗争性更强。

现代无产阶级从一开始就为了自身的生存与资产阶级展开了斗争。这种斗争最初是以自发的形式出现的。18 世纪末至 19 世纪初席卷整个欧洲的“卢德运动”就是这种斗争的典型表现形式。约在 1779 年，由英国人卢德首先发动了一场自发的工人抗争。参加者起先是一部分工人，然后是某一工厂的工人，再后来是某一地方的某一劳动部门的工人，与直接剥削他们的个别资本家做斗争。这一时期，工人们主要是攻击生产工具本身，他们捣毁机器，烧毁工厂，毁坏外国商品。在这个阶段，工人们还是分散在全国各地，没有走向联合，进行的是自发的斗争。

19 世纪 30～40 年代，无产阶级在欧洲已经形成了一支人数众多、力量强大的队伍，并同资产阶级展开了全面的斗争。在斗争中，无产阶级由一个自在的阶级逐步成长为一个自为的阶级，西欧的工人运动已从产业革命初期破坏机器的自发斗争，发展成了有组织、大规模的政治罢工和武装起义。其中最著名的是 1831 年和 1834 年法国里昂纺织工人起义、1836 年至 1848 年英国工人的宪章运动以及 1844 年德国西里西亚纺织工人起义。

1831 年和 1834 年，法国里昂丝织工人举行了两次起义。工人们在“工作不能生活，不如战斗而死”的口号下，举行了起义。起义者一度控制了城市，拘押了省长，并筹备成立新的国民自卫军。里昂起义标志着法国工人开始走上政治斗争的道路。1836 年，英国工人掀起了声势浩大的宪章运动，工人为争取普选权而斗争。宪章运动持续了 12 年之久，

① 《马克思恩格斯选集》，第 1 卷，第 276 页。

最多时有五百多万人投入斗争。虽然宪章运动失败了,但列宁称它是"世界上第一次广泛的、真正群众性的、政治性的无产阶级革命运动"。① 19世纪40年代,德国工人运动也发展起来。1844年6月,西里西亚纺织工人为反抗资本家残酷剥削,捣毁企业主的住宅,同军警展开英勇搏斗。虽然起义被镇压,但是这次起义直接反对私有制和剥削,所以马克思说:"法国和英国的工人起义没有一次像西里西亚纺织工人起义那样具有如此的理论性和自觉性……那就是意识到无产阶级的本质。"②

三大工人运动表明,无产阶级已经作为一支独立的政治力量登上了历史舞台,欧洲的现代工人运动进入了一个新的独立的政治运动时期。这为科学社会主义理论的诞生奠定了阶级基础。

二、科学社会主义产生的理论来源

任何思想体系的产生,都必然建立在继承前人已经取得的成就的基础之上。科学社会主义是在吸收德国的古典哲学、英国的古典政治经济学和三大空想社会主义者的优秀成果的基础上形成的。

德国古典哲学产生于18世纪末到19世纪初,是德国新兴资产阶级的哲学,主要代表人物是黑格尔和费尔巴哈。黑格尔(1770—1831)是德国伟大的唯心主义哲学家。他以唯心主义形式,系统地阐述了辩证法的基本规律。他认为矛盾是普遍存在的;自然、历史和精神世界都是一个永远运动、变化和发展的过程;事物内在矛盾的斗争是运动发展的源泉。恩格斯高度评价黑格尔的这些思想,指出:"黑格尔第一次——这是他的巨大功绩——把整个自然的、历史的和精神的世界描写为一个过程,即把它描写为处在不断地运动、变化、转变和发展中,并企图揭示这种运动和发展的内在联系。"③ 费尔巴哈(1804—1872)是德国伟大的机械唯物主义哲学家。他的主要功绩在于批评了黑格尔的唯心主义,恢复了唯物主义的权威。他认为世界是物质的,自然界不依赖于意识而独立存在,人和自然是统一的,人的意识和思维都是物质的,即人脑的产物,物质不是精神的产物,而精神却是物质的产物。费尔巴哈论证了物质第一性、思维第二性的原理,正确地解决了物质和精神的关系这一哲学的根本问题。

英国古典政治经济学产生于资产阶级革命时期,完成于19世纪初,是新兴资产阶级的政治经济学。古典政治经济学的创始人是威廉·配第(1623—1687),由亚当·斯密(1723—1790)予以发展,完成者是大卫·李嘉图(1772—1823)。他们最积极的成果是提出并论证了劳动价值论,科学地说明了商品的价值是由生产商品的劳动量(时间)决定的,劳动是价值的源泉,劳动所创造的价值是工资、利润和地租的源泉。他们比较正确地指出了资本主义社会的阶级结构,认为与工人、地主和资本家三大基本阶级相应的三种基本收入,即工资、地租和利润中,只有工资是劳动收入。他们的学说为人们研究资本主义经济规律,揭露资本主义剥削的秘密提供了有益的资料,为研究剩余价值的来源提供了宝贵的

① 《列宁全集》,第29卷,第276页。

② 《马克思恩格斯全集》,第1卷,第483页。

③ 《马克思恩格斯选集》,第3卷,第63页。

思想。

以法国的圣西门、傅立叶和英国的欧文为杰出代表的19世纪初的空想社会主义，是空想社会主义学说的最高阶段。他们的社会历史观中有相当丰富的唯物史观的思想萌芽，对资本主义制度作了前所未有的揭露和批判，还天才地预测了未来社会的许多特征和原则。他们的历史功绩受到马克思、恩格斯的高度评价，认为“德国理论上的社会主义永远不会忘记，它是依靠圣西门、傅立叶和欧文这三位思想家而确立起来的”。19世纪的空想社会主义是科学社会主义的直接思想来源。

科学社会主义理论同时也吸收了19世纪上半叶自然科学领域里的许多重大发现和成果。能量转化学说、细胞学说和进化论这三大发现，对科学社会主义的产生起了重要的作用。这些自然科学的伟大成就，有力地打击了唯心主义和形而上学，有利于人们吸收德国的古典哲学的优秀成果，为创立辩证唯物主义和历史唯物主义，进而为确立科学社会主义奠定了科学的基础。

三、科学社会主义产生的主观条件

科学社会主义理论的创立离不开马克思、恩格斯的主观努力。

卡尔·马克思于1818年5月5日出生于德国莱茵省特利尔城的一个律师家庭，中学毕业后，进入波恩大学法律系，一年后转入柏林大学学习。在大学期间，马克思参加了青年黑格尔运动，逐步掌握了黑格尔的辩证法观点，从而为自己思想的进一步发展奠定了良好的基础。他把对哲学的研究同现实斗争结合起来，积极从事反对宗教和封建专制制度的理论斗争，成为一名坚定的革命民主主义者。

弗里德里希·恩格斯于1820年11月28日出生于德国莱茵省巴门市一个纺织工厂主家庭，中学还没毕业就迫于父命辍学经商，但他利用业余时间刻苦自学。1841—1842年，恩格斯到柏林服兵役期间经常到柏林大学旁听。他参加了青年黑格尔运动，并积极参加青年黑格尔派批判宗教和封建专制制度的斗争，初步确立了革命民主主义立场。

1842—1844年，是马克思、恩格斯一生中的一个重要发展阶段。在这段时期内，他们各自通过不同的道路完成了从唯心主义者向唯物主义者，从革命民主主义者向共产主义者的转变。马克思大学毕业后，由于普鲁士国王加强了思想控制，国内政治形势发生激烈变化，他放弃了到波恩大学任教的设想，转向为报刊撰稿和从事编辑工作。1842年4月，马克思开始为《莱茵报》撰稿，同年10月，马克思被聘为该报主编。在《莱茵报》任职期间，马克思广泛地接触社会现实，猛烈地抨击德国封建君主制度，坚决维护被压迫人民的利益。斗争的实践需要推动马克思转向研究经济关系，他的世界观也转向唯物主义。1843年10月，马克思侨居巴黎。这时的巴黎，既是革命运动的中心，又是各种社会主义学说传播的中心。在这里，马克思深入工人群众，同他们密切交往，经常参加他们的集会。与此同时，马克思从事广泛的科学研究，系统地研究了政治经济学、空想社会主义，终于由一个革命民主主义者转变为一个坚定的共产主义者。

1842年，恩格斯去英国曼彻斯特经商，亲眼目睹英国资本主义高度发展带来的后果。在此期间，他利用所有的空闲时间深入工厂和工人住宅，参加工人集会，调查英国工人阶级状况,并研究了古典政治经济学和空想社会主义学说,完成了向共产主义者的伟大转变。

马克思、恩格斯几乎在相同的时间内,通过各自的艰苦探索,把科学研究与革命实践有机地结合起来,完成了从唯心主义者到唯物主义者、从革命民主主义者到共产主义者、从资产阶级知识分子到无产阶级知识分子的转变,为科学社会主义的创立准备了主观条件。

四、马克思、恩格斯的两大理论使社会主义从空想变成科学

(一)唯物史观与科学社会主义

在1844—1846年间,马克思、恩格斯合写了《神圣家族》和《德意志意识形态》,分别撰写了《关于费尔巴哈的提纲》和《英国工人阶级状况》等著作,系统地阐述了社会存在决定社会意识、生产力决定生产关系,一定的生产力和生产关系的统一构成一定的生产方式,生产方式内部矛盾运动即生产力和生产关系的矛盾是社会发展的根本动力,经济基础和上层建筑的相互关系,社会历史发展的动力等唯物史观的一些基本原理。马克思在1859年写的《政治经济学批判》序言中,为唯物史观作了一个经典的表述:"人们在自己生活的社会生产中发生一定的、必然的、不以他们的意志为转移的关系,即同他们的物质生产力的一定发展阶段相适合的生产关系。这些生产关系的总和构成社会的经济结构,即有法律的和政治上层建筑竖立其上并有一定的社会意识形式与之相适应的现实基础。物质生活的生产方式制约着整个社会生活、政治生活和精神生活的过程。不是人们的意识决定人们的存在,相反,是人们的社会存在决定人们的意识。社会的物质生产力发展到一定阶段,便同它们一直在其中活动的现存生产关系或财产关系(这只是生产关系的法律用语)发生矛盾。于是这些关系便由生产力发展形式变成生产力的桎梏。那时社会革命的时代就到来了。随着经济基础的变更,全部庞大的上层建筑也或慢或快地发生变革。"① 马克思、恩格斯创立的唯物史观,揭示了人类社会发展的客观规律。

第一,唯物史观阐述了社会存在决定社会意识的理论,指出"物质生活的生产方式制约着整个社会生活、政治生活和精神生活的过程"。② 从而认为人类社会变化发展的根源,应当存在于社会生产方式中,而不应从人们的思想活动中去寻找。这就克服了空想社会主义认为社会历史发展的根本原因是"人类理性"和"永恒正义"的根本缺陷,摆脱了空想社会主义的唯心史观,使社会主义建立在坚实的科学基础之上。

第二,唯物史观认为,在阶级社会,阶级斗争是社会发展的直接动力。社会主义是无产阶级与资产阶级之间斗争的必然产物。在资本主义社会,通过和平示范和有产者恩赐实现社会主义的方式是根本不可能实现的。

第三,唯物史观认为,生产力与生产关系、经济基础与上层建筑之间的矛盾运动,推动着社会形态的变革,这是人类社会发展的普遍规律。马克思运用唯物史观具体分析了资

① 《马克思恩格斯选集》,第2卷,第82-83页。

② 《马克思恩格斯全集》,第2卷,第82页。

本主义社会,以严密的逻辑论证再现了资本义生产方式的产生、发展、变化的历史过程及其趋势,揭示出生产力和生产关系的矛盾运动导致资本主义必然灭亡、社会主义必然胜利的客观规律。

第四,唯物史观认为,人民群众是历史的创造者,是推动社会前进和实现社会变革的决定性力量。在资本主义社会,无产阶级是最先进、最革命的阶级,担负着推翻资本主义、建设社会主义、实现共产主义的伟大历史使命。这就克服了空想社会主义"英雄史观"的根本缺陷,找到了实现社会主义的阶级力量。

(二)剩余价值学说与科学社会主义

剩余价值的发现揭示了资本主义生产方式和通过这种生产方式对工人进行剥削的秘密所在。马克思对资本主义社会的研究是从分析商品开始的。首先,马克思区分了商品的两个因素:使用价值和价值。然后,他进一步分析了体现在商品中的劳动二重性即具体劳动和抽象劳动。前者形成商品的使用价值,后者形成商品的价值。其次,在资本主义社会中,劳动力成为商品,这一商品具有特殊的性质。它在生产过程中被消费的同时,能把一个比自身价值更大的价值加到其他商品中去,而它自身的价值则由维持和再生产它的抽象的社会必要劳动决定。在这里,关键是区分劳动与劳动力的概念。资本家购买的是工人的劳动力,劳动力是有价格的,但使用的却是工人的劳动。马克思又用"必要劳动"和"剩余劳动"概念来概括劳动力商品的这一特殊性。"必要劳动"主要维持劳动力的总量,剩余劳动是剩余价值的源泉。剩余价值被生产条件的所有者占有,部分被他们消费,部分被当作资本积累起来。通过这一分析可以看出,资本主义经济的另一显著特征,就是在资本主义社会中,剩余价值的榨取(剥削)或多或少是作为一种纯粹的经济过程发生的。相反,以前以奴隶或农奴劳动为基础的社会形式中,却需要某种超经济的强制。

剩余价值学说的提出,启迪了工人的觉悟,使其意识到自己在资本主义社会中始终处于被剥削、受压迫的地位。要改善自己的处境,就必须从事阶级斗争,推翻资产阶级统治,消灭私有制,建立社会主义制度。这也就从根本上否定了空想社会主义者鼓吹的通过教育、示范和理性的作用等途径实现理想社会的空想。

唯物史观和剩余价值学说这两大理论,把社会主义置于客观的历史规律和现实的经济基础之上,从而推动了社会主义从空想变为科学,实现了社会主义发展史上的第一次伟大飞跃。

五、科学社会主义产生的历史意义

(一)科学社会主义把社会主义建立在对社会发展规律的科学认识上

唯物史观和剩余价值学说这两个伟大的科学论述,使人们对社会主义的认识产生了质的飞跃。马克思、恩格斯从"社会存在决定社会意识"这一历史唯物主义最基本的原理出发,提出人类的生产活动是社会存在和发展的基础,社会运动不是以人们的主观意志为转移的"自然历史过程",而是客观规律作用的结果,任何思想学说都是由物质资料的生产方式所决定并受其制约的。因此,"一切社会变迁和政治变革的终极原因,不应当在人们的头脑中,在人们对永恒的真理和正义的日益增进的认识中去寻找,而应当在生产方式和交换方式的变更中去寻找”。① 因此，资本主义必然发展到社会主义，决不是理性作用的结果和人性的需要，而是资本主义内部矛盾运动的结果，是现代化大生产发展的必然结果。这是社会发展的客观规律。

（二）科学社会主义揭示了实现社会主义的正确道路

科学社会主义与空想社会主义的根本不同点，就在于社会主义“不再被看作某个天才头脑的偶然发现，而被看作两个历史的产生的阶级——无产阶级和资产阶级间斗争的必然产物”。② 马克思、恩格斯第一次科学地揭示了阶级斗争在社会发展中的历史作用，指出阶级斗争是阶级社会发展的直接动力，阶级社会的历史是阶级斗争的历史。马克思和恩格斯进一步考察了国家的起源和国家的阶级实质。他们指出，国家“是一个阶级反对另一个阶级的联合”，③ 现代国家不外是资产者为了在国内外保护自己的财产和利益所必然要采取的一种组织形式，它完全被掌握着经济命脉的资产阶级所操纵。所以，无产阶级“要消灭整个旧的社会形态和一切统治”，使“资产阶级的整个国家和社会的建筑物将连同它的基础一同倾覆”，④ 就必须通过社会革命，首先夺取政权，建立无产阶级的统治。

（三）科学社会主义指明了实现社会主义的阶级力量

马克思主义的唯物史观和剩余价值学说，充分地肯定了人民群众创造历史的伟大作用，认为“历史活动是群众的事业，随着历史活动的深入，必将是群众队伍的扩大”。⑤ 同时对无产阶级的历史地位和伟大历史使命作了科学分析：揭露了资本主义剥削的秘密，指出了资产阶级和无产阶级是剥削和被剥削的关系，认为这一切都是资本主义生产方式的必然产物；发现无产阶级是先进生产力的代表，它随着产业革命的发展而形成和壮大，无产阶级的解放同社会发展规律相一致。无产阶级受剥削、受压迫的地位，以及在反抗资产阶级的严酷斗争中意识到“他们是有自己的利益和原则、有自己的世界观的独立的阶级，是和一切有产阶级相对立的阶级，同时，也是国家力量所系并能推动国家向前发展的阶级”。⑥ 无产阶级是资产阶级的掘墓人和社会主义、共产主义的创造者。

科学社会主义的创立，科学社会主义理论与工人运动相结合，使无产阶级具备了科学的世界观，掌握了改造旧世界、建设新世界的强大的思想武器。从此，无产阶级由自在的阶级变为自为的阶级，由自发斗争进入自觉斗争阶段，开创了无产阶级解放运动的新纪元。因此，社会主义由空想发展为科学，在人类思想史上具有划时代的伟大意义。

---

① 《马克思恩格斯选集》，第3卷，第425页。
② 《马克思恩格斯选集》，第3卷，第423页。
③ 《马克思恩格斯选集》，第1卷，第82页。
④ 《马克思恩格斯全集》，第2卷，第58页。
⑤ 《马克思恩格斯全集》，第2卷，第104页。
⑥ 《马克思恩格斯全集》，第2卷，第529页。

第三节 马克思恩格斯的社会主义理论

一、《共产党宣言》的发表，标志着科学社会主义理论的初步创立

1847年，马克思、恩格斯参加了第一个国际工人革命团体"正义者同盟"，并从思想上、组织上把它改造为第一个国际无产阶级政党——共产主义者同盟。1847年底，"共产主义者同盟"在伦敦召开第二次代表大会。大会委托马克思、恩格斯以宣言形式起草同盟的纲领。1848年1月，马克思、恩格斯完成了《共产党宣言》的写作。1848年2月，《共产党宣言》在伦敦正式发表。《共产党宣言》(以下简称《宣言》)是无产阶级共产主义政党的第一个公开的、周详的纲领性文献，它第一次完整地阐述了科学社会主义的基本原理。它的发表，标志着科学社会主义理论的初步创立。

(一)坚持以唯物主义历史观为核心思想

贯穿《宣言》的基本思想是唯物主义历史观。《宣言》通篇都是围绕着这一基本思想展开的。恩格斯后来曾不止一次地表明过这一观点。按照恩格斯的表述，贯穿《宣言》的基本思想是："每一历史时代的经济生产以及必然由此产生的社会结构，是该时代政治的和精神的历史所赖以确立的基础，并且只有从这一基础出发，这一历史才能得到说明；因此人类的全部历史(从土地公有的原始氏族解体以来)都是阶级斗争的历史，即社会发展各个阶段上被剥削阶级和剥削阶级之间、被统治阶级和统治阶级之间斗争的历史。这个阶级斗争的历史包括有一系列发展阶段，现在已经达到这样一个阶段，即被剥削被压迫的阶级(无产阶级)，如果不同时使整个社会一劳永逸地摆脱剥削、压迫以及阶级差别和阶级斗争，就不再能使自己从剥削它压迫它的那个阶级(资产阶级)的控制下解放出来。"①

(二)科学地论证了资本主义必然灭亡、共产主义必然胜利的规律

《宣言》运用唯物主义的历史观考察了资本主义产生、发展的历史，认为现代资产阶级是"生产方式和交换方式的一系列变革的产物"，"资产阶级在历史上曾经起过非常革命的作用"。② 当封建社会的生产关系不适应资本主义生产力发展的要求时，资产阶级就推翻了封建制度，建立了资本主义的经济制度和政治制度。随着生产力的发展，社会化大生产和资本主义生产资料私人占有之间的矛盾日益尖锐，必然导致周期性经济危机的爆发和无产阶级同资产阶级矛盾的激化。这表明："资产阶级的关系已经太狭窄了，再容纳不了它本身所造成的财富了。"③ "资产阶级用来推翻封建制度的武器，现在却对准资产阶级

① 《马克思恩格斯选集》，第1卷，第237页。

② 《马克思恩格斯选集》，第1卷，第253页。

③ 《马克思恩格斯选集》，第1卷，第257页。

自己了。"① 因此,根据生产关系一定要适应生产力性质的这一客观规律的要求,资产阶级的灭亡和无产阶级的胜利是同样不可避免的。

(三)深刻地阐明了无产阶级的历史使命和无产阶级解放的根本道路

《宣言》指出:"资产阶级不仅锻造了置自身于死地的武器,同时它还造就了将运用这种武器的人——现代的工人,即无产者。"② 无产阶级是大工业的产物,它是先进生产力的代表,是最有前途的阶级,最富有革命的彻底性、坚定性和组织纪律性。"在当前同资产阶级对立的一切阶级中,只有无产阶级是真正革命的阶级",③ 因而是一切被剥削、被压迫阶级的代表和领袖。因此,无产阶级能够成为资本主义的掘墓人和共产主义的建设者,能够完成历史赋予它的使命。根据阶级斗争在人类历史中的作用和无产阶级反对资产阶级斗争的经验,无产阶级要实现自己的历史使命,在当时的社会历史条件下必须用暴力革命推翻资产阶级,建立无产阶级的政治统治。《宣言》明确指出:"工人革命的第一步就是使无产阶级上升为统治阶级,争得民主。"④ 这是无产阶级获得彻底解放的根本道路。

(四)系统地论述了关于无产阶级政党的学说

共产党是无产阶级的政党,"他们没有任何同整个无产阶级的利益不同的利益"。⑤共产党是无产阶级中最先进的领导。"在实践方面,共产党人是各国工人政党中最坚决的、始终推动运动前进的部分;在理论方面,他们比其余的无产阶级群众优越的地方在于他们了解无产阶级运动的条件、进程和一般的结果。"⑥ 共产党的最近目的是"使无产阶级形成的阶级,推翻资产阶级的统治,由无产阶级夺取政权"。⑦ 最终目的是消灭私有制,建立共产主义社会。无产阶级只有在斗争中建立自己的政党,才能取得革命的胜利。无产阶级政党应根据各国的具体情况,把共产党人的长远利益和目前利益结合起来,"在当前的运动中同时代表运动的未来"。⑧

(五)对无产阶级解放和人的解放的前景作了精辟的概括

马克思、恩格斯在《宣言》中预言,当阶级差别已经消灭,而全部生产集中在联合起来的个人手里的时候,公众的权力将失去政治性质。"代替那存在着阶级和阶级对立的资产阶级旧社会的,将是这样一个联合体,在那里,每个人的自由发展是一切人的自由发展的条件。"⑨ 最后,《宣言》提出了充满无产阶级国际主义精神的伟大口号:"全世界无产者,联合起来!"《共产党宣言》是一部具有划时代意义的著作,它所阐述的科学社会主义的基本原理,为国际无产阶级提供了科学的理论指导,开创了无产阶级解放运动的新时代,从

① 《马克思恩格斯选集》,第1卷,第264页。
② 《马克思恩格斯选集》,第1卷,第285页。
③ 《马克思恩格斯选集》,第1卷,第278页。
④ 《马克思恩格斯选集》,第1卷,第293页。
⑤ 《马克思恩格斯选集》,第1卷,第285页。
⑥ 《马克思恩格斯选集》,第1卷,第285页。
⑦ 《马克思恩格斯选集》,第1卷,第285页。
⑧ 《马克思恩格斯选集》,第1卷,第285页。
⑨ 《马克思恩格斯选集》,第1卷,第294页。

此,科学社会主义进入理论与实践相结合,并相互推进的新时代。

二、科学社会主义在实践中的丰富和发展

科学社会主义理论创立后,马克思和恩格斯始终同世界社会主义运动和国际工人运动保持着密切联系,支持并亲自参加许多革命实践活动,认真研究19世纪后半期世界资本主义发展的新情况,总结工人运动和社会主义运动的新经验,使科学社会主义理论在实践中不断发展。从1848年欧洲革命到1895年8月5日恩格斯逝世,科学社会主义理论的发展可分为三个时期。

第一阶段,从1848年2月欧洲革命爆发到1867年《资本论》第一卷出版和其他各卷手稿完成,这是科学社会主义从诞生到走向成熟阶段。在这个阶段,科学社会主义理论经受了1848年欧洲革命实践的检验。在1850—1852年间,马克思、恩格斯相继写了《1848年至1850年的法兰西阶级斗争》、《中央委员会告共产主义者同盟书》、《路易·波拿巴的雾月十八日》、《德国的革命和反革命》等一系列重要著作,全面、深刻地总结了1848年欧洲革命的经验教训。在德国革命失败后,马克思、恩格斯流亡伦敦,在极其艰苦的条件下从事政治经济学的研究,并于1867年出版了《资本论》第一卷。这一系列革命活动和理论研究工作,进一步丰富和发展了科学社会主义的基本理论。

1. 第一次提出打碎旧的国家机器和建立无产阶级专政的命题

在总结1848年欧洲工人革命的经验时,马克思明确提出无产阶级革命必须用暴力打碎资产阶级国家机器,建立无产阶级专政的命题。

在《路易·波拿巴的雾月十八日》这篇著作中,马克思深入地研究了法国资产阶级国家建立和演化的历史进程,特别是具体考察了1848—1852年间法国资产阶级国家机器的演变的历史,指出资产阶级国家无论是采取君主制、共和制还是波拿巴的帝制,都是资产阶级压迫和奴役无产阶级的工具,而拥有官僚机构和军事机构的行政权力则是资产阶级国家机器中最主要的、最有决定意义的因素,是这个资产阶级国家机器中的强力部分。它是资产阶级镇压无产阶级的直接的暴力工具。无产阶级革命则完全不同,它不是以一种新的压迫制度代替旧的压迫制度,而是要从根本上消灭一切剥削制度、压迫制度。它"不应该再像以前那样把官僚军事机器从一些人的手里转到另一些人的手里,而应该把它打碎,这正是大陆上任何一次真正的人民革命的先决条件"。① 与打碎旧的国家机器的论断相联系,马克思、恩格斯明确地使用无产阶级专政这一概念。无产阶级专政意味着无产阶级领导国家政权,并代表农民和其他劳动人民的利益。只有建立无产阶级专政才能凭借革命的手段粉碎敌人的反抗,巩固自己的统治。

后来,在总结巴黎公社革命的经验教训时,马克思把这一思想明确地概括为:"工人阶级不能简单地掌握现成的国家机器,并运用它来达到自己的目的。"马克思进一步把这一概括作为对《共产党宣言》的重大的修改和补充写进了《共产党宣言》1872年德文版序言。

---

① 《马克思恩格斯选集》,第4卷,第599页。

2. 系统地论述了工农联盟的问题

1848年革命充分表明工农联盟对无产阶级革命的极端重要性。马克思指出,巴黎无产者六月起义失败的原因之一在于,二月革命后,资产阶级采取多种方式挑拨农民同工人间的关系,从而使无产阶级在革命中失去了农民的支持。德国三月革命的经验同样证明了工农联盟的重要性。在三月革命中,农民运动没有能同城市的民主运动结合起来,这是导致三月革命失败的重要原因。马克思认为,在农民人口占多数的国度里,无产阶级能否争取到农民作为自己的同盟军,关系到革命的成败。无产阶级如果能够争取到农民的支持,那么,"无产阶级革命就会得到合唱","若没有这种合唱,它在一切农民国度中的独唱是不免要变成孤鸿哀鸣的"。① 巴黎公社的实践再次证明了没有农民的支持,工人阶级就不能取得胜利这一论断的正确性。

马克思、恩格斯不仅论述了工农联盟的重要性,而且还通过对西欧国家小农阶级特点的研究,阐明了建立工农联盟的可能性。随着资本的剥削日益渗透到社会各个领域,小农经济在资本的强大攻势面前必将无法立足。结果,农民所受的剥削和工业无产阶级所受的剥削,只是形式上的不同,而实际上,剥削者是同一个:资本。随着资本主义对农民剥削的加重,"农民就把负有推翻资产阶级制度使命的城市无产阶级看作自己的天然同盟者和领导者"。② 这就使农民和无产阶级联合起来,建立工农联盟成为可能。

3. 明确提出"不断革命"的口号和思想

马克思和恩格斯的"不断革命"思想的含义是:无产阶级必须把资产阶级民主革命进行到底并不停顿地过渡到社会主义革命;无产阶级取得政权后,仍然需要不断地把革命推向前进,必须利用自己的阶级专政对社会进行彻底改造,直到新的社会制度,即社会主义、共产主义制度建立为止。这一思想反映了无产阶级革命的特点,同时也是对小资产阶级民主派的改良主义和革命不彻底性的批判,是特定历史条件下的策略思想。

4. 必须坚决支持被压迫民族和被压迫人民的正义斗争

马克思、恩格斯把被压迫民族和被压迫人民争取独立解放的斗争看作无产阶级革命运动的一个重要组成部分。他们在1848年革命中就提出"任何民族当它还在压迫别的民族时,不能成为自由的民族"这一著名论断,③ 但当时他们把被压迫民族解放的希望更多地寄托在压迫民族工人阶级的胜利上。到19世纪50年代至60年代,马克思、恩格斯及时总结欧洲和亚洲民族解放斗争的经验,对被压迫民族解放运动和无产阶级革命的关系作出了新的论述,提出民族解放运动的高涨是无产阶级革命的重要前提。民族解放运动的高涨必然给资本主义统治以致命的打击。压迫民族的无产阶级必须坚决支持被压迫民族的解放运动,这不仅是无产阶级国际主义的要求,也是无产阶级自身解放的先决条件。这些思想是对马克思主义关于民族殖民地理论的重要发展。

第二阶段,从1867年《资本论》第一卷出版到巴黎公社革命的实践,在这个阶段,马克

① 《马克思恩格斯选集》,第1卷,第699页。

② 《马克思恩格斯选集》,第1卷,第697页。

③ 《马克思恩格斯选集》,第1卷,第288页。

思、恩格斯在总结巴黎公社正反两方面经验的基础上，把无产阶级专政理论推进到一个新的高度。巴黎公社革命的伟大实践是丰富和发展科学社会主义的重要源泉。打碎旧的国家机器，建立无产阶级专政，是马克思在总结1848年欧洲革命经验时得出的一个重要结论。但是，在打碎旧国家机器之后，如何建立无产阶级专政的国家政权、采取何种政治形式来代替被打碎的旧的国家机器的问题，成为摆在革命导师面前的亟需解决的理论课题。巴黎公社革命，不仅实践了马克思关于用暴力打碎旧的国家机器、建立无产阶级专政的科学结论，而且还建立了新的国家政权——巴黎公社来代替被打碎的国家机器，并进行了民主政治的伟大尝试，为马克思在关于打碎旧的国家机器之后，代之以什么样的政治形式的国家政权的探索提供了可供借鉴的经验。

1. 无产阶级专政的社会主义国家应该采取民主共和国的组织形式

无产阶级专政的社会主义国家应该采取民主共和国的组织形式。民主政治的最好的、最彻底的形式是共和国。马克思在批判资产阶级民主制度的虚伪性时，并没有把共和国形式一起否定掉。他认为，“资产阶级统治的真正形式是共和国”，① 而“共和国只有公开宣布为社会共和国才可能存在”，② 无产阶级在推翻资产阶级统治之后，应该把资产阶级共和国变成社会主义共和国。这种共和国，不仅要消灭阶级统治的君主制形式，而且要消灭阶级统治本身。

2. 用武装的人民代替资产阶级的常备军

巴黎公社在进行新制度的伟大实践中，一个重要的经验就是用武装的人民代替资产阶级的常备军。“公社的第一个法令就是废除常备军而用武装的人民来代替它。”③ 马克思非常重视巴黎公社的这一经验，认为这是打碎资产阶级国家机器的一个重要标志。资产阶级的常备军和警察机构是资产阶级国家机器的强力部分，是镇压人民群众的直接暴力工具。而废除常备军，则真正实现了打碎旧的国家机器的目标。这样，“政府的真正镇压力量和控制社会的权威会随着它的纯粹压迫性机构的废除而被摧毁”。④ 更重要的是，这是建立无产阶级专政的首要条件。在纪念国际成立七周年的谈话中，马克思指出：“必须实行无产阶级专政……而无产阶级专政的首要条件就是无产阶级的军队。工人阶级必须在战场上争得自身解放的权利。”⑤

3. 一切公职人员都由人民选举产生，接受人民监督，并随时可以罢免

对于如何建立无产阶级专政的国家政权问题，马克思认为要实行彻底的普选制。公社规定，一切公职人员均应由人民选举产生，对选民负责，并随时可以罢免。马克思指出，以前，普选权一直被滥用，只是让人民每隔几年行使一次来批准议会的阶级统治，而公社则把它应用于真正的目的，选举人民自己的行政的和创制法律的公职人员。这种按照真

① 《马克思恩格斯选集》，第1卷，第425页。

② 《马克思恩格斯选集》，第2卷，第422页。

③ 《马克思恩格斯选集》，第2卷，第493页。

④ 《马克思恩格斯选集》，第2卷，第439页。

⑤ 《马克思恩格斯选集》，第2卷，第443页。

正的民主精神加以改造的普选制，能够真正实现人民当家作主、执掌政权。

只有经过彻底的普选制，才能把旧政府权力的合法职能从妄图凌驾于社会之上的权力那里夺取过来，交给对社会负责的公仆。为了防止国家和国家机关的社会公仆变为社会主人，公社采取了两个办法。第一，它规定一切官员都由人民选举产生，可以罢免，向人民负责并汇报工作。第二，它对所有公职人员，不论职位高低，都只付给与其他工人同样的工资。马克思认为，公社实行的这些措施，把人民选举、监督、罢免三种权力统一起来，真正体现了政权的人民性。社会主义国家应该坚持一切公职人员都由人民选举产生，改革由上面任命官员的等级授职制。马克思强调："用等级授职制去代替普选制是根本违背公社的精神的。"①

4. 社会主义国家要建立新的政权形式

现代资产阶级国家的政治体制，体现在议会和政府这两大机构上。它是按照资产阶级"三权分立"的原则建立起来的，是实行阶级统治的工具。社会主义国家，不能套用资产阶级议会式的旧公式，不应采用资产阶级议会制共和国的模式，而是要建立新的政权组织形式。公社的实践证明，"公社不应当是议会式的，而应当是同时兼管行政和立法的工作机关"。② 由民主选举产生的公社委员会既是立法机关，又是执行机关。公社还行使最高司法审判机关的职能。公社实行的这种高度集权的政治形式，使它更能体现"一切权力属于人民"这一社会主义原则。因为，公社是由人民选举并随时可以撤换的人员组成的，是对选民负责并受选民监督的组织机构。公社与人民群众有着密切的联系。马克思曾指出，无产阶级专政的最合理的形式不是议会制共和国，而是巴黎公社类型的政治组织。

第三阶段，从巴黎公社失败后到 1895 年恩格斯逝世。在这一时期，马克思、恩格斯根据 19 世纪末期资本主义发展的新情况，对科学社会主义进行系统阐述和补充发挥，形成了完整的理论体系。

巴黎公社失败后，资本主义处于相对和平时期，西欧资产阶级民主革命已经结束，而东方还没有成熟到进行资产阶级革命的程度。这时欧美工人运动的主要任务是在各国建立群众性的社会主义政党，教育和组织工人队伍，为未来的无产阶级革命做准备。同时，还要反对工人运动中的小资产阶级社会主义和机会主义思潮，确立和巩固科学社会主义在工人运动中的统治地位。在解决这些任务的过程中，马克思、恩格斯写了《哥达纲领批判》、《反杜林论》、《法德农民问题》、《〈1848 年至 1850 年的法兰西阶级斗争〉导言》等著作，总结各国社会主义运动的新鲜经验，对科学社会主义进行系统阐述和重要补充，把科学社会主义提高到一个新的水平，使之更加成熟、完善。

1. 系统地研究了无产阶级夺取政权后的社会发展阶段问题

首先，深化和发展了关于过渡时期与无产阶级专政的理论。马克思、恩格斯明确提出："在资本主义社会和共产主义社会之间，有一个从前者变为后者的革命转变时期。同这个时期相适应的也有一个政治上的过渡时期，这个时期的国家只能是无产阶级的革命

① 《马克思恩格斯选集》，第 2 卷，第 376 页。

② 《马克思恩格斯选集》，第 2 卷，第 375 页。

专政。"① 这个论断阐明了过渡时期同无产阶级专政国家不可分割的联系,标志着过渡时期学说的正式形成。其次,第一次明确提出共产主义社会划分为第一阶段(列宁的社会主义)和更高级阶段的观点,对共产主义第一阶段的分配制度进行了系统论述,完成了社会主义按劳分配的理论,并对共产主义更高级阶段的基本特征进行了论证,从而把马克思主义关于共产主义社会形态的学说推进到一个新的高度。

2. 对科学社会主义理论进行了系统的论述

在《社会主义从空想到科学的发展》和《反杜林论》中,恩格斯把马克思主义三个组成部分作为一个完整的理论体系进行论证,揭示了科学社会主义与唯物史观、剩余价值理论的内在联系,系统地总结了社会主义从空想变为科学的历史进程,阐明了科学社会主义的产生条件和理论基础。他第一次明确指出,由于"唯物主义历史观和通过剩余价值揭破资本主义生产的秘密","这两个伟大的发现"使社会主义由空想变为科学。② 恩格斯还阐明了科学社会主义的基本内容、实质和任务,分析了资本主义的基本矛盾和发展趋势,阐述了社会主义的基本特征,提出科学社会主义是马克思主义的一个核心问题。这一系列的论述确定了科学社会主义在马克思主义中的地位。

3. 全面阐述农业社会主义改造的理论和政策

无产阶级夺取政权后,为了继续巩固和发展工农联盟,党对农民的根本政策是引导农民走合作化的道路。恩格斯指出,作为无产阶级政党的纲领,在对待农民的土地问题上,应明确提出"必须以无产阶级所有的一切手段来为生产资料转归公共占有而斗争"。③ 这是社会主义的基本原则。引导农民加入生产合作社,必须坚持自愿原则,采用示范的办法引导农民走社会主义道路。为了帮助小农走上社会主义道路,无产阶级国家必须从各方面予以支持。实行农业社会主义改造,必须根据不同的情况采取不同的措施。

三、科学社会主义的基本原理及马克思、恩格斯对未来社会的预测

(一)科学社会主义的基本原理

显而易见,科学社会主义理论并不是一成不变的教条,它在实践中是不断丰富和发展的。马克思、恩格斯在1848年创立的、经过19世纪后半期欧洲工人运动和社会主义运动实践进一步丰富和发展的科学社会主义的基本原理主要有以下一些内容:

1. 社会主义代替资本主义的历史必然性

马克思通过对资本主义生产过程的分析,揭示了无产阶级同资产阶级对立的经济根源,阐明了无产阶级在整个资本主义制度中的真正地位,总结了无产阶级反抗资本主义剥削制度的斗争史,阐明了资本主义生产方式必然灭亡的历史趋势。马克思指出,资本主义某一个时期的经济繁荣并不能从根本上消除它自身所固有的基本矛盾,这个矛盾最终会导致资本主义对自身的否定。资本主义自身的发展使资本主义的基本矛盾,即社会化大

① 《马克思恩格斯选集》,第3卷,第21页。

② 《马克思恩格斯选集》,第3卷,第67页。

③ 《马克思恩格斯选集》,第4卷,第302页。

生产和资本主义私人占有形式之间的矛盾越来越激化。“生产资料的集中和劳动的社会化,达到了同它们的资本主义外壳不能相容的地步。这个外壳就要炸毁了。资本主义私有制的丧钟就要响了。剥夺者就要被剥夺了。”①

在马克思那里,经济的社会发展形态被理解为“一种自然史的过程”。在认真分析了欧洲的经济和社会现实之后,马克思明确表示:“新的革命,只有在新的危机之后才可能发生。但它正如新的危机一样肯定会来临。”② 但他同时指出:“无论哪一个社会形态,在它所能容纳的全部生产力发挥出来以前,是决不会灭亡的;而新的更高的生产关系,在它的物质存在条件在旧社会的胎胞里成熟以前,是决不会出现的。”③ 马克思还指出,资本主义的股份企业和合作工厂都是资本主义生产方式转化为社会主义生产方式的“过渡形式,只不过在前者那里,对立是消极地扬弃的,而在后者那里,对立是积极地扬弃的”。④

马克思所阐述的两个“决不会”和两种资本主义扬弃的思想,是对他以前所阐述的两个“必然”(即资本主义必然灭亡和社会主义必然胜利)思想的重要补充和重大发展。正是基于这种认识,马克思、恩格斯在揭露和批判资产阶级经济学家散布的关于资产阶级社会的经济危机已经永远消除的种种观点的同时,也批判了革命队伍中存在的那种无视社会革命的客观规律,企图人为地制造革命的冒险主义倾向。

2. 无产阶级的伟大历史使命是变革资本主义旧制度,建设共产主义新制度

首先,无产阶级是先进生产力的代表,是最有前途的阶级。它的产生和发展是和大生产相联系的,代表着社会历史发展的方向。其次,无产阶级最富于革命的彻底性和坚定性。无产阶级除了自己的劳动力之外,一无所有,处在社会的最下层。无产阶级只有解放全人类才能最后解放自己。这就决定了它能够代表全体被压迫人民的根本利益,是唯一能代表其他劳动人民前进的阶级。最后,无产阶级是最有组织纪律性的阶级。无产阶级所具有的这些特点使它能够成为资本主义的掘墓人和共产主义的建设者。

3. 无产阶级要同其他劳动者结成联盟,建立统一战线

无产阶级要完成推翻资本主义、建设共产主义的历史使命,单靠自己的力量是不够的,必须尽可能争取广大同盟军。无产阶级首先要把广大劳动农民争取到自己方面来,结成巩固的工农联盟。工农联盟是无产阶级革命胜利的基本条件。建立工农联盟不仅是可能的,而且是必要的。工农联盟必须由无产阶级领导。总之,无产阶级要善于联合广大中间阶级,争取一切可以团结的力量,建立最广泛的统一战线,无产阶级革命就能够取得胜利。

4. 坚持无产阶级国际主义,号召全世界无产者联合起来,同被压迫民族和被压迫人民团结合作,互相支援

在马克思、恩格斯看来,随着资本主义的发展,资本主义国际市场的形成,使资本的统

① 《马克思恩格斯选集》,第2卷,第269页。
② 《马克思恩格斯选集》,第1卷,第471页。
③ 《马克思恩格斯选集》,第2卷,第33页。
④ 《马克思恩格斯选集》,第2卷,第520页。

治成为一种国际势力。资产阶级总是联合起来反对各国的无产阶级。正是由于资本的统治是国际性的,各国无产阶级的地位、利益和奋斗目标也是相同的。无产阶级就其本性来说国际主义的,各国无产阶级只有团结起来进行反对国际资本的共同斗争,才能取得胜利。因此,无产阶级国际主义是无产阶级解放的首要条件之一,是共产主义胜利的源泉。《共产党宣言》中提出的"全世界无产者,联合起来"的口号,就凝结着无产阶级国际主义的精神。

5. 坚持共产主义政党的正确领导,是无产阶级革命胜利的保证

共产主义政党是以科学社会主义理论为指导思想的无产阶级革命政党,是无产阶级中的先进部队。马克思指出:"工人阶级这样组织成为政党是必要的,为的是要保证社会革命获得胜利和实现这一革命的最终目标——消灭阶级。"① 只有共产主义政党才能按照社会发展的客观规律,制定正确的路线、方针和政策,给无产阶级斗争指明方向,率领广大群众,经过长期的艰苦奋斗,推翻资产阶级的统治,实现共产主义的伟大理想。为了保持党的先进性和党的正确领导,必须遵循党的原则:(1)无产阶级政党必须制定一个正确的理论纲领,才能担负起自己的历史使命;(2)无产阶级政党要坚持唯物主义的思想路线,实事求是,一切从实际出发,各国党制定纲领和策略时,应把理论原则与各国的具体实际相结合;(3)无产阶级政党只有坚持民主制原则,充分发扬党内民主,才能发挥自己的领导作用。恩格斯明确指出,这个"组织本身是完全民主的,它的各委员会由选举产生并随时可以罢免,仅这一点就已堵塞了任何要求独裁的密谋狂的道路","一切都按照这样的民主制度进行"。② 应按时召开党的代表大会,党的代表大会要实行年会制,坚持集体领导,避免个人专制;(4)党的团结和统一是有原则的,决不能拿原则做交易。

6. 通过各种革命斗争推翻资产阶级统治,建立无产阶级政权

社会主义制度不可能在资本主义社会内部产生。无产阶级只有摧毁一切剥削制度,才能获得解放。马克思、恩格斯认为,社会主义的建立必须以无产阶级夺取政权、执掌政权为前提,具体的斗争形式则应由不同历史时期阶级力量对比的状况和资产阶级用什么手段反抗以及反抗的激烈程度而定,必须考虑各国的制度、风俗和传统。因此,无产阶级必须充分利用各种斗争形式,包括暴力的、和平的、非法的与合法的,为夺取政权而奋斗。总之,马克思、恩格斯从来就主张严格按照历史条件和阶级斗争形势的新变化来确定无产阶级革命斗争的策略。正如恩格斯指出的:"工人总有一天必须夺取政权,以便建立一个新的劳动组织……但是,我们从来没有断言,为了达到这一目的,到处都应该采取同样的手段。"③ 显然,那种只主张通过暴力或只主张通过议会斗争这种单一手段进行革命斗争的认识是不符合马克思主义的。

7. 依靠无产阶级政权实行社会主义生产资料社会公有制,逐步改造和消灭私有制,大力发展社会主义经济、文化,达到消灭阶级和阶级差别,最终建成共产主义

① 《马克思恩格斯全集》,第 18 卷,第 165 页。

② 《马克思恩格斯选集》,第 4 卷,第 200 页。

③ 《马克思恩格斯全集》,第 18 卷,第 179 页。

无产阶级推翻资产阶级统治之后,必须建立自己的统治。无产阶级专政的国家政权建设必须实行民主原则:实现真正民主的普选制,保证人民按照自己的意志选出各级代表和国家领导人;选民对各级领导人和公职人员拥有充分的监督权和罢免权;反对特权;实行民主制和集体领导原则,要有必要的集中,坚决反对个人专断。总之,人民群众当家作主是无产阶级专政国家政权的出发点,也是社会主义社会的显著特征。无产阶级必须依靠自己的政权完成其历史任务。通过社会主义改造,消灭资本主义私有制,实行生产资料的社会主义公有制,大力发展社会生产力,促进经济、文化的发展,达到消灭阶级和阶级差别,最终建成共产主义社会"自由人的联合体"。

上述这些理论观点是马克思、恩格斯根据社会发展的客观规律,总结欧洲工人运动和社会主义运动的实践经验得出的科学结论,对其他国家的无产阶级革命和社会主义运动产生了重大的影响。20 世纪各国无产阶级革命的成功正是因为各国共产党人把马克思主义的基本原理应用到各国的具体实际中所取得的,而且,上述理论在各国的实践中不断得到丰富和发展。

(二)马克思、恩格斯对未来社会的预测

在马克思主义的科学社会主义理论中,不仅对无产阶级革命的理论进行了系统的论述,这些理论,如前所述,对各国的无产阶级革命产生了巨大的影响,为各国无产阶级革命的胜利提供了科学的理论指导,而且,在科学社会主义理论中,马克思、恩格斯对无产阶级革命将在什么条件下胜利,首先在哪里发生也做了设想和预测,即对未来社会主义、共产主义社会的实现也做了设想和预测。这些设想和预测大致如下:

1. 关于社会主义革命在发达国家"同时发生"的设想

马克思、恩格斯认为,共产主义①是比资本主义更高级的社会形态。它将在资本主义发展成熟并走向衰亡的条件下,取代资本主义。因此,无产阶级革命将首先在资本主义比较成熟的国家并且是在几个国家同时发生,即社会主义革命不可能在一个国家内取得胜利。在《德意志意识形态》一书中,马克思、恩格斯就开始提出:"共产主义只有作为占统治地位的各民族'一下子'同时发生的行动,在经验上才是可能的,而这是以生产力的普遍发展和与此相联系的世界交往为前提的"。② 1847 年,恩格斯又在《共产主义原理》中重申:"共产主义革命将不是仅仅一个国家的革命,而是将在一切文明国家里,至少在英国、美国、法国、德国同时发生的革命",③ 然后再扩大到其他各国。马克思在《1848 年至 1850 年的法兰西阶级斗争》中也指出,可以预料,"只要法国发生任何一次新的无产阶级起义,都必然会引起世界战争。新的法国革命将被迫立刻越出本国范围去夺取欧洲的地区,因

① 在马克思恩格斯著作中"共产主义"和"社会主义"一般是按同一词使用的,在《哥达纲领批判》中,提出共产主义社会分两个阶段,第一阶段和更高级阶段,第一阶段和高级阶段同属于共产主义社会形态,只是后来,列宁把共产主义第一阶段称为"社会主义",即我们现在用的社会主义。因此,在马克思那里科学社会主义和科学共产主义是同一个范畴。(作者注)

② 《马克思恩格斯选集》,第 1 卷,第 86 页。

③ 《马克思恩格斯选集》,第 1 卷,第 241 页。

为只有在这里才能够实现19世纪的社会革命”。① 斯大林后来也曾肯定地指出，马克思、恩格斯在研究帝国主义以前的资本主义时曾得出结论说：“社会主义革命不可能在单独一个国家内获得胜利，它只有在一切或大多数文明国家同时举行进攻的条件下才能获得胜利。”②

马克思、恩格斯之所以把实现共产主义的设想放在欧、美资本主义比较发达的国家，并提出革命“同时发生”的设想，其原因主要是：

首先，马克思、恩格斯在探讨社会主义代替资本主义的一般规律时，很重视生产力因素，他们从生产力和生产关系的矛盾运动是推动人类社会发展的根本动力这一基本观点出发，认为“共产主义革命发展得较快或较慢，要看这个国家是否工业较发达，财富积累较多，以及生产力较高而定”。③ 因此，对当时资本主义最发达、无产阶级数量最多的英国、法国、德国、美国寄予最大的希望。

其次，马克思和恩格斯所处的时代决定了他们提出社会主义应当在发达国家“同时发生”。他们生活在资本主义自由竞争占统治地位的时代，当时，资本主义大工业和世界市场、自由贸易把各国紧密地联系起来，各国资产阶级结成了反革命联盟，相约一旦出现“欧洲动荡”即采取共同行动，这种状况使这些国家发生的社会主义革命必然带有国际的性质，一个国家发生革命，可能引发许多国家的革命同时发生，而且如果革命不“同时发生”，就会遭到资产阶级的联合镇压或各个击破。欧洲各国的历史联系、经济发展水平、交通便利等条件使各国的革命相互影响。所以，马克思、恩格斯认为革命“同时发生”不仅是必要的，而且是可能的。当然，不能把“同时发生”理解为社会主义革命在某年某月某日在各地同时爆发，应理解为是在某一历史时期、在一些资本主义发达国家大体上同时发生。

最后，马克思、恩格斯的这种设想，是与欧洲工人阶级的斗争和胜利联系在一起的。因为资本主义大工业的发展，“使所有文明国家的社会发展大致相同，以致在所有这些国家，资产阶级和无产阶级都成了社会上两个起决定作用的阶级，它们之间的斗争成了当前的主要斗争”。④ 而“欧洲工人阶级的胜利，不是仅仅取决于英国。至少需要英、法、德三国的共同努力，才能保证胜利”。⑤

2. 关于经济文化落后国家发生社会主义革命的可能性问题

马克思、恩格斯设想把实现共产主义的着眼点放在西欧发达的资本主义国家，但并没有把它作为普遍适用于世界上一切地区、一切国家和民族所必须遵循的固定不变的道路。他们在研究这个问题时，注意到历史发展进程的复杂性。19世纪70年代后，鉴于西欧各国社会主义运动的衰退和沉寂，他们逐渐把视线和研究重点转向了革命运动方兴未艾的东方国家，进而提出这类国家有可能走与西方不同的发展道路的新思路。

① 《马克思恩格斯选集》，第1卷，第401页。
② 《斯大林选集》，下卷，第617页。
③ 《马克思恩格斯选集》，第1卷，第221页。
④ 《马克思恩格斯选集》，第1卷，第241页。
⑤ 《马克思恩格斯选集》，第3卷，第718页。

马克思经过研究发现,东方社会具有不同于西方社会的特点,存在着所谓的"亚细亚生产方式的基本特征"。①这使得东方社会在某种程度上偏离了马克思原先所归纳的人类社会的一般规律。如东方社会很少有古希腊、罗马那种典型的奴隶制形态,奴隶制与封建制度的区别不太明显。再如,由于土地公有和中央集权的制约,农民脱离土地的自然进程极其艰难,致使资本主义的发展相当缓慢,结果是西欧已经普遍实现了早期资本主义的工业化,而东方社会仍处于前资本主义形态。马克思为了揭示东方社会发展的历史方向,进行了大量艰苦的研究工作,留下了一批极有价值的历史学笔记。

马克思指出,人类历史的发展进程是多线条的,是多样性的统一,反对别人把自己关于西欧资本主义起源的历史概述变成一般发展道路的历史哲学,对自己过去的研究成果做了严格限定。马克思指出:"极为相似的事变发生在不同的历史环境中就引起了完全不同的结果。如果把这些演变中的每一个都分别加以研究,然后再把它们加以比较,我们就会很容易找到理解这种现象的钥匙;但是,使用一般历史哲学理论这一把万能钥匙,那是永远达不到这种目的的。"② 在1877年在写给俄国《祖国纪事》杂志编辑部的信中,马克思明确表示,不同意把他在《资本论》中关于资本主义产生的必然性的分析原封不动地移到东方社会。他说,如果有人"一定要把我关于西欧资本主义起源的历史概述彻底变成一般发展道路的历史哲学理论,一切民族,不管它们所处的历史环境如何,都注定要走这条道路",那么,"我要请他原谅。他这样做,会给我过多的荣誉,同时也会给我过多的侮辱"。③ 1881年,马克思在致俄国革命家查苏利奇的信中,他再次明确表示,《资本论》对资本主义产生的历史性的分析"明确地限于西欧各国"。④

东方社会,特别是俄国存在着两种发展的可能性。马克思借给俄国《祖国纪事》杂志和俄国革命家查苏利奇复信之机,阐述了俄国村社的可能前景,以及俄国资本主义的历史前途问题。马克思深入剖析了俄国村社的二重性质,认为俄国的发展存在着两种前途:"或者是它所包含的私有制因素战胜集体因素,或者是后者战胜前者。先验地说,两种结局都是可能的,但是,对于其中任何一种,显然都必须有完全不同的历史环境。一切都取决于它所处的历史环境。"⑤

马克思说:"如果俄国继续走它在1861年所开始走的道路,那它将会失去当时历史所能提供给一个民族的最好的机会,而遭受资本主义制度所带来的一切灾难性的波折。"⑥马克思同时指出,俄国历史的发展确实还存在着另一种可能性:在俄国,由于各种情况的独特结合,至今在全国范围内还存在着的农村公社能够逐渐摆脱其原始特征,并直接作为集体生产的因素在全国范围内发展起来。所以,这"就使俄国可以不通过资本主义制度的

① 东方民族大都集居于大河流域,由于灌溉和兴修水利的需要,那里普遍存在着土地公有制度,并在此基础上形成了强大的中央集权,这就是所谓的亚细亚生产方式的基本特征。(作者注)

② 《马克思恩格斯选集》,第3卷,第342页。

③ 《马克思恩格斯选集》,第3卷,第341-342页。

④ 《马克思恩格斯选集》,第3卷,第774页。

⑤ 《马克思恩格斯选集》,第3卷,第765页。

⑥ 《马克思恩格斯选集》,第3卷,第340页。

卡夫丁峡谷,而把资本主义制度所创造的一切积极的成果用到公社中来”。① 马克思认为,俄国独特的农村公社确实“是俄国社会新生的支点。可是要使它能发挥这种作用,首先必须排除从各方面向它袭来的破坏性影响,然后保证它具备自然发展的正常条件”。② 而要免除这些“破坏性影响”,就必须进行俄国革命。对于这一点,恩格斯说得更明白,在俄国资本主义的发展越来越快的情况下,“要想保全这个残存的公社,就必须首先推翻沙皇专制制度,必须在俄国进行革命”。俄国革命不仅会把大部分的俄国农民从封闭的狭隘的天地里解放出来,同时它也“会给西方的工人运动以新的推动,为它创造新的更好的斗争条件,从而加速现代工业无产阶级的胜利”。假如“没有这种胜利,目前的俄国无论从公社那里还是从资本主义那里,都不可能达到社会主义的改造”。③ 恩格斯到了晚年仍然坚持这一观点。他在《＜论俄国的社会问题＞跋》中说:“西欧人民的无产阶级取得胜利和生产资料转归公有之后”,像俄国这样刚刚踏上资本主义发展道路而仍然保全了氏族制度的国家,是可以避免资本主义发展的大部分苦难和斗争的。而且他还说:“这不仅适用于俄国,而且适用于处在资本主义以前的发展阶段的一切国家。”④ 可见,马克思、恩格斯直到他们晚年,是仍然坚持社会主义必须首先在西方资本主义发达国家共同胜利的观点的。

从上述分析不难看出,首先,马克思、恩格斯确实探索了像俄国这样资本主义经济不发达的国家,在特定的历史环境下有可能超越资本主义发展阶段,免除资本主义制度所必然带来的灾难而直接走向共产主义的问题。这些事实说明,他们认为通往共产主义的道路,并不一定要走西方的道路。他们的这一思想,与共产主义必然代替资本主义的原理既是一致的,又是对它的补充和深化。其次,马克思、恩格斯对俄国直接走向共产主义的可能性所提出的条件说明,他们当时把实现共产主义的着眼点放在西欧发达的资本主义国家首先取得无产阶级革命胜利,然后再扩大到其他国家。处于资本主义以前的发展阶段的国家,只有在发达资本主义国家的无产阶级在战胜资产阶级方面做出榜样和支持,只有从实例中看到怎样“把现代工业的生产力作为社会财富为整个社会服务的时候”,这些落后国家才能走上这种缩短的发展过程的道路。因此,马克思、恩格斯没有提出经济文化比较落后国家有可能先于资本主义发达国家实现社会主义的论断。而且,马克思、恩格斯当时对俄国客观发展趋势的分析不只是一种可能性,既估计到走向共产主义的可能性,又估计到有可能发生民主革命的可能性,最后认定,俄国还没有达到进行社会主义革命的程度。因此,有人认为马克思、恩格斯有了社会主义首先在不发达国家胜利的观点,并且已经系统地解决了经济不发达国家实现社会主义的问题。这是不符合马克思、恩格斯思想的原意的。事实上,当资本主义发展到帝国主义阶段,是列宁从理论和实践上解决了这个问题。

---

① 《马克思恩格斯选集》,第 3 卷,第 765 页。

② 《马克思恩格斯选集》,第 3 卷,第 775 页。

③ 《马克思恩格斯选集》,第 4 卷,第 450－451 页。

④ 《马克思恩格斯全集》,第 22 卷,第 502－503 页。

3. 关于过渡时期的理论

在马克思、恩格斯看来，由于资本主义社会和共产主义社会是两个根本不同的社会形态，共产主义社会不可能在资本主义社会内部产生，也不可能在推翻资产阶级统治以后立即实现，所以，无产阶级在夺取政权后，必须经过一个特殊的革命转变时期。马克思在《哥达纲领批判》中写到："在资本主义社会和共产主义社会之间，有一个从前者变为后者的革命转变时期。同这个时期相适应的也有一个政治上的过渡时期，这个时期的国家只能是无产阶级的革命专政。"① 这是马克思对过渡时期理论的经典表述。之所以要有一个过渡时期，而且，这个时期的国家只能是无产阶级专政，这是由社会主义改造和经济建设的需要决定的。同时，无产阶级只有建立自己的革命专政，才能镇压资产阶级和一切剥削阶级的反抗，这样才能实现共产主义。

这里需要指出的是，马克思所讲的过渡时期，是指从资本主义社会到共产主义第一阶段之间的时期，在马克思《哥达纲领批判》这篇著作中，共产主义社会的发展将会出现第一阶段和高级阶段，因此，这里的"共产主义社会"是作为包括第一阶段和高级阶段的完整的共产主义社会出现的。由此说明，过渡时期和无产阶级专政的国家，自然是指在资本主义社会和共产主义社会第一阶段之间的时期和国家了。至于到了共产主义社会，将出现什么样的社会发展阶段以及国家制度将会发生哪些变化，它们不属于过渡时期的问题。因此，不能把过渡时期和共产主义社会发展阶段混为一谈。

4. 关于共产主义社会发展阶段及其特征的理论

马克思在《1844 年经济学哲学手稿》中开始提出这个思想，后来在《资本论》等著作中又探讨了未来新社会的发展问题，到 1875 年完成的《哥达纲领批判》中明确地论证了未来共产主义社会发展阶段理论。在这里，马克思、恩格斯是以资本主义发展的实际为依据，运用唯物主义辩证法的发展理论，认为过渡时期结束后就进入共产主义社会。共产主义社会可划分为第一阶段和高级阶段，共产主义社会两个阶段同属于一个社会形态，它们的区别是成熟程度不同。

共产主义第一阶段是刚刚从资本主义社会中产生出来的，因此它在各方面都还带着它脱胎出来的那个旧社会的痕迹，其基本特征是：第一，消灭了资本主义私有制，建立了生活资料社会所有制。这是共产主义社会第一阶段的最基本的特征。第二，社会生产将有计划地进行，不存在商品生产、货币和市场。恩格斯就指出，社会主义社会是一个"按照统一的总计划协调地安排自己生产力的那种社会"，② 以有计划的自觉组织代替资本主义生产的无政府状态。马克思、恩格斯进而认为，"一旦社会占有了生产资料，商品生产就将被消除"，③ "生产者并不交换自己的产品；耗费在产品生产上的劳动，在这里也不表现为这些产品的价值"。④ 第三，实行按劳分配的原则。第四，已经消灭了阶级，国家将逐步消

① 《马克思恩格斯选集》，第 3 卷，第 21 页。

② 《马克思恩格斯选集》，第 3 卷，第 335 页。

③ 《马克思恩格斯选集》，第 3 卷，第 441 页。

④ 《马克思恩格斯选集》，第 3 卷，第 10 页。

亡。无产阶级国家镇压敌对阶级的职能已经逐步消失,而国家作为生产的组织者和领导者、保护按劳分配和保卫无产阶级国家免受外敌侵略的职能还将保留下来。

共产主义高级阶段则是在它自身基础上得到充分发展的、已经彻底消灭旧社会痕迹的、完全成熟的共产主义社会。马克思、恩格斯指出,未来共产主义社会"将是这样一个联合体,在那里,每个人的自由发展是一切人自由发展的条件"。① 建立一个自由人联合体的前提条件是每个人的全面而自由的发展:第一,在德、智、体和生产劳动相结合等方面受到良好的教育,能自觉地掌握和运用规律,成为社会和自然的真正主人;第二,劳动性质已经发生变化,劳动不再是谋生手段,而是人们生活的第一需要和真正自由的劳动;第三,随着阶级对立、阶级差别的消灭和物质财富的极大丰富,人们将实现政治上和经济上的彻底解放;第四,人们摆脱了私有观念、传统意识形态和旧文化、旧习俗的束缚和影响,具有高度的共产主义思想觉悟,成为共产主义新人,实现了思想上的彻底解放。只有这样,全体社会成员才能成为一切领域的主人,不仅是自然和社会的主人,而且成为自己的主人。"只是从这时起,人们才完全自觉地自己创造自己的历史;只是从这时起,由人们使之起作用的社会原因才在主要的方面和日益增长的程度上达到他们所预期的结果。这是人类从必然王国进入自由王国的飞跃。"②

总之,马克思、恩格斯对未来共产主义社会发展前景的分析和预测,是排除了各种具体情势的高度理论抽象,某些设想是他们理论逻辑的必然结论。1881 年,马克思在回答未来实施共产主义的步骤时,曾经指出:"这当然完全取决于人们将不得不在其中活动的那个特定的历史环境。但是,现在提出这个问题是虚无缥缈的,因而实际上是一个幻想的问题。"③ 他们多次重申不愿意为未来社会的建设提供某种模式。但是,后来的革命者大都把他们对未来的设想当作社会主义的具体蓝图而努力追求和实施。而历史的发展不是完全按照理论逻辑在运行,还有其他许多因素形成一种合力来形成历史实际运动的轨迹。因此,从数十年的社会主义实践来看,马克思、恩格斯关于社会主义的设想有不少基本点是正确的。但也有的至少不能被认为是完全科学的认识,如果简单的照抄照搬就行不通。

因此,我们必须明确,科学社会主义理论是建立在实践的唯物主义基础之上的开放的科学体系,是随着时代的发展变化而不断发展变化的,它是行动的指南,而不是教条。对于如何正确对待马克思主义理论的问题,江泽民同志在《在庆祝中国共产党成立八十周年大会上的讲话》中就作出了明确的回答:"马克思主义具有与时俱进的理论品质。如果不顾历史条件和现实情况的变化,拘泥于马克思主义经典作家在特定历史条件下、针对具体情况作出的某些个别论断和具体行动纲领,我们就会因为思想脱离实际而不能顺利前进,甚至发生失误。这就是我们为什么必须始终反对以教条主义的态度对待马克思主义理论的道理所在。"④ 因此,只有以开放的精神、发展的眼光,实事求是的态度来看待马克思主

① 《马克思恩格斯选集》,第 1 卷,第 273 页。

② 《马克思恩格斯选集》,第 3 卷,第 323 页。

③ 《马克思恩格斯全集》,第 35 卷,第 154 页。

④ 江泽民:《论"三个代表"》,北京,中央文献出版社,2001,第 165 页。

义,研究马克思主义,马克思主义才能在实践中进一步发展和完善。

思考题:

1. 如何评价空想社会主义的积极贡献及其历史局限性?

2.《共产党宣言》主要阐述了科学社会主义的哪些基本理论?

3. 怎样看待科学社会主义创立的伟大意义?

4. 如何看待马克思、恩格斯对未来社会主义、共产主义社会的设想?

5. 结合19世纪社会主义运动的实践和科学社会主义理论发展的进程,谈谈马克思主义具有与时俱进的理论品格。

第三章　社会主义从理论到实践的发展

科学社会主义创立后就与资本主义世界各国工人和广大群众运动相结合,开始了由理论到社会运动的实践。在不断发展着的科学社会主义理论指导下,1917 年俄国十月社会主义革命胜利,建立了人类历史上第一个社会主义国家,使科学社会主义从理论发展到社会制度的实践,这是继社会主义由空想发展到科学之后,社会主义思想认识的第二次历史性飞跃。

第一节　社会主义同工人运动相结合

一、共产主义者同盟的建立是科学社会主义与工人运动的初步结合

1836 年,一部分德意志政治流亡者在巴黎组成秘密的"正义者同盟",成员大多为手工业者。这个同盟的主要任务是一方面进行组织宣传,一方面进行革命的密谋活动。马克思和恩格斯同伦敦的盟员保持着经常的通讯,用各种方法来影响最主要的盟员的理论见解,促使他们抛弃手工业者的狭隘性和一些错误的理论观点。在他们的影响下,同盟成员开始转变观点,并逐步接受马克思主义。1847 年 2 月,"正义者同盟"领导人再次邀请马克思和恩格斯加入同盟。1847 年 6 月,同盟在伦敦举行第一次代表大会,恩格斯参加了这次大会。大会根据马克思和恩格斯的提议,决定将"正义者同盟"改组为"共产主义者同盟",用具有鲜明阶级性的新的战斗口号"全世界无产者,联合起来!",取代了"人人皆兄弟"的旧口号。这表明同盟的性质已经发生了根本改变。在这次大会上,恩格斯为大会草拟的《共产主义信条草案》顺利通过,为同盟的改组奠定了科学的理论基础。1847 年 11 月末到 12 月初,"共产主义者同盟"在伦敦举行第二次代表大会。马克思出席了这次大会。会上通过了恩格斯为同盟起草的章程,制定了同盟的民主集中制的组织原则,并且委托马克思、恩格斯起草宣言。1848 年 1 月,由马克思、恩格斯共同完成的为共产主义者同

盟起草的纲领《共产党宣言》问世。同年2月，《共产党宣言》在伦敦公开发表，后被译成多种文字，传遍全世界。《共产党宣言》是科学社会主义同工人运动相结合的产物，体现了科学社会主义形成时期马克思恩格斯科学研究的最高成就。“这部著作以天才的透彻而鲜明的语言描述了新的世界观，即把社会生活领域也包括在内的彻底的唯物主义，作为最全面最深刻的发展学说的辩证法，以及关于阶级斗争和共产主义新社会创造者无产阶级肩负的世界历史性的革命使命的理论。”①

二、国际工人协会是科学社会主义理论与欧洲工人运动相结合的产物

国际工人协会，即第一国际，是在19世纪中叶欧美工人运动高涨中产生的人类历史上第一个群众性的无产阶级国际组织。它高举“联合全世界的无产阶级为反对其压迫者斗争”的旗帜，在国际工人运动和共产主义运动史上占有重要地位。

1857年资本主义经济危机，成为欧洲革命运动的新起点，它把各个领域的革命斗争，重新推向高潮。各国工人之间的往来日益增多，对促进无产阶级的国际团结，起了重要作用。

1861年，美国南北战争爆发以后，美国南方的棉花输出量大幅度缩减，严重影响了英国的纺织业。英国的巴麦斯顿政府，为了维护资产阶级利益，在政治上公然表示支持南方种植园奴隶主。英国工人紧急动员，强烈反对，终于挫败了巴麦斯顿政府的反动企图，给美国北方人民提供了有力的援助。这件事在某种意义上，标志着英、美两国劳动人民在政治上的一次团结与合作。

1862年，英国伦敦举行万国博览会。这次盛会不仅引起世界各国贸易界人士的瞩目，而且也吸引着各国不同阶层的人们。当时，法国的300多工人和德国的一部分工人代表，也前往伦敦，参观这次博览会。在同英国工人的接触过程中，法、德、英三国间的工人们更加紧密地联系在一起，并为他们的相互了解提供了机会，使他们有机会、也有可能就国际团结问题进行商讨和广泛交换意见。

1863年，波兰人民要求摆脱俄国控制，要求民族独立的起义风起云涌，沙皇俄国政府进行残暴镇压和血腥屠杀。这一事件引起欧洲各国工人，特别是英国广大工人的深刻同情。同年4月和7月，英国工人在圣马丁教堂，先后两次召开会议，声援波兰起义人民，谴责沙俄政府的残暴政策，并且要求英国政府公开出面干涉。第二次会议以后，与会者更以英国工人的名义，给法国工人写信，呼吁他们加强团结，采取联合行动。

19世纪60年代初期发生的这三件大事，对增强国际无产阶级的团结，起到了促进作用。如果说在19世纪40年代末，“全世界无产者，联合起来！”还仅仅是个战斗口号的话，那么到19世纪60年代初，它已经开始为广大工人所接受、所理解，成为他们争取的政治目标了。

1864年9月28日，英、法、德、意和波兰等国的工人代表，在伦敦圣马丁教堂隆重集会，马克思应邀出席。法国工人代表在会上宣读了关于建立各国之间经常联系的计划的

① 《列宁全集》，第26卷，第50页。

报告,建议从寓居伦敦的各国工人中选出中央委员会;中央委员会设在伦敦,欧洲各国设立分会。这次大会还指定了一个委员会,负责起草即将成立的协会的章程和条例。圣马丁教堂集会从形式上宣告了第一国际的诞生。圣马丁教堂集会结束以后,马克思重新草拟了《国际工人协会成立宣言》和《临时章程》,11 月 1 日,总委员会一致通过了这两个文件。从圣马丁教堂集会到《成立宣言》和《临时章程》的通过,最终完成了"第一国际"的创建。圣马丁教堂集会,以创建第一国际的功绩而载入国际共产主义运动的史册。

三、第二国际是科学社会主义理论同工人运动结合的新阶段

马克思和恩格斯在 1876 年第一国际解散后,继续进行艰苦的工作,积极领导国际工人运动。他们认为,摆在各国无产阶级面前的迫切任务,是在各国建立自己的社会主义政党。他们在第一国际时期反对各种机会主义斗争的胜利,使马克思主义在无产阶级广大群众中得到广泛传播,为各国无产阶级政党的建立创造了条件。十九世纪七八十年代,继第一个群众性的无产阶级革命政党德国社会民主工党的成立后,欧美许多国家都成立了群众性的社会主义工人政党和组织。1870 年和 1871 年,荷兰和丹麦相继成立社会民主党。1877 年,英国成立社会主义工党。1879 年,法国各地工人在马赛召开代表大会,成立法国工人党。这些政党和组织成为无产阶级新的国际联合的基础。

马克思和恩格斯不仅关注德国党的成长和发展,纠正它的政治错误,而且密切注视其他各国工人政党和社会主义组织的建立和发展,在理论上和行动上给它们以指导和支持。1879—1880 年,马克思直接参与起草法国工人党的党纲,并口授党纲的序言部分,使法国工人党的党纲建立在科学社会主义之上。马克思和恩格斯批评英美两国的社会主义者表现出的宗派主义倾向,让他们置身于高涨的工人运动和工会运动之中,进行深入的革命组织工作和领导工作。马克思、恩格斯同时指出,英美两国的社会主义者必须重视克服工联主义的强烈影响,不要做运动的尾巴。马克思和恩格斯也非常注意俄国的革命运动,给俄国革命者提出过宝贵的意见。

工人运动的蓬勃发展,各国社会主义政党的建立,马克思主义的广泛传播,为工人阶级走向国际联合创造了条件。在恩格斯的帮助下,德国工人党的领导人行动起来,1889 年 2 月在海牙召开了预备会,并决定于同年 7 月,在巴黎举行国际社会主义者代表大会。

1889 年 7 月 14 日,是法国人民攻占巴士底监狱的一周年纪念日,国际社会主义者代表大会召开。出席代表大会的有 22 个国家的 393 名代表,会场上悬挂着红旗和马克思像,以及写着"全世界无产者,联合起来!"的大幅标语。1889 年 7 月 14～20 日,在巴黎举行的国际社会主义者代表大会,标志着第二国际的成立。巴黎大会对国际工人运动的进一步发展具有积极意义,它为各国工人政党在马克思主义旗帜下的团结奠定了基础。大会的决议大多数是符合马克思主义现点的,正确地规定了当时工人运动所面临的各项任务。

在恩格斯在世的时期,第二国际基本上执行了马克思主义的路线,团结了工人阶级队伍,进行了反对无政府主义的斗争以及反对右倾思潮的斗争,广泛地传播了马克思主义,促进了各国工人组织和工人运动的广泛发展。

四、第三国际促进科学社会主义与东方落后国家无产阶级革命运动的新结合

第二国际破产后，列宁和布尔什维克高举马克思主义的革命旗帜，为建立一个新的国际而斗争。列宁在1914年10月发表的《战争与俄国社会民主党》一文中，就发出了建立共产国际的号召。1917年，列宁在《四月提纲》中明确提出了发起建立革命的国际，建立反对社会沙文主义者、反对"中派"的国际的任务。他指出："正是我们，正是现在，应当毫不迟延地建立起革命的无产阶级的新国际。"十月革命前后，列宁在《国家与革命》、《无产阶级革命和叛徒考茨基》等著作中，对第二国际修正主义者进行了揭露和批判，帮助各国左派从理论上同机会主义者划清了界限，为建立新的国际奠定了思想基础。

列宁亲自领导了新国际的筹建工作。1919年1月，在列宁主持下，在莫斯科召开了有8个共产党和共产主义组织代表参加的筹备会议。会议决定向德国等39个共产党、左翼社会党以及团体和组织发出邀请书，邀请他们出席共产国际成立大会。邀请书指出，现在应该"建立共同战斗的机关，以保持经常的联系和对运动实行有计划的领导，共产国际中央应使每个国家的运动的利益服从国际范围内的革命的总利益"。新的国际定名为"共产国际"，"各个党将是它的支部"。①

1919年3月2日至6日，在莫斯科举行了共产国际第一次代表大会。出席大会的有来自三十多个国家政党的52名代表。列宁主持了共产国际一大，并作了《关于资产阶级民主和无产阶级专政》的报告。列宁指出，无产阶级为了获得解放，必须通过暴力革命夺取政权，用无产阶级专政代替资产阶级专政。他说："无产阶级专政作为推翻剥削者并镇压其反抗的工具是完全合理的，而且是全体劳动群众所绝对必需的。"② 大会通过了《共产国际行动纲领》和《共产国际宣言》等文件。《纲领》的主要内容包括：共产主义社会制度必然代替资本主义社会制度；无产阶级必须进行推翻资产阶级政府的革命斗争；消灭资产阶级国家，代之以新型的、苏维埃式的无产阶级国家，以保证向共产主义社会过渡。《宣言》号召"全世界的无产者，在工人苏维埃的旗帜下、在第三国际的旗帜下联合起来！"。③大会决定成立两个领导机关，由每个党选派一名代表组成执行委员会，并由该委员会推选列宁等五人组成执行局，领导共产国际的活动。季诺维也夫当选为共产国际主席。中国共产党在1922年7月正式加入共产国际，成为"国际共产党之中国支部"。④

共产国际成了全世界无产阶级团结的中心。共产国际成立后至1922年，全世界四十多个国家和地区建立了共产党组织。由于各国共产党在共产国际领导下，都以通过无产阶级革命，建立无产阶级专政，实现共产主义作为自己的纲领，这就使共产主义运动成为世界范围内的运动。

① 《共产国际有关中国革命的文献资料》，第1辑，第7页。

② 《列宁选集》，第3卷，第722页。

③ 贝拉·康恩：《共产国际文件汇编》，第1册，第93页。

④ 《中国共产党第一次至第六次全国代表大会文件汇编》，第9页。

第二节　社会主义革命率先在经济文化比较落后国家取得胜利

一、列宁的帝国主义论与社会主义在不发达国家首先胜利的理论

(一)落后国家社会主义首先胜利问题的提出

前文已经提到,马克思、恩格斯曾经预想,社会主义将首先在资本主义发达的英国、法国、德国、美国等国取得胜利。因为他们认为,社会主义的胜利,一定要在资本主义所创造的社会生产力和生产关系充分发展、无产阶级占人口大多数的国家。马克思、恩格斯虽然也承认,不发达国家走上社会主义不一定非要经过资本主义的充分发展。但是他们同时提出,这些国家要越过资本主义的发展阶段,必须要有条件,即必须在先走上社会主义道路的先进国家的带动和帮助之下,才有可能。但是历史的发展并没有按照马克思的理论逻辑发展,而是出现了新的情况。

1917年十月社会主义革命的胜利,建立了人类历史上第一个社会主义国家,使社会主义由理论开始变为现实。二战后,欧亚两洲十几个国家先后建立了人民民主政权,走上社会主义道路,这是人类历史划时代的伟大事件,开辟了人类历史新的发展时代。无论俄国、中国以及欧亚其他社会主义国家,它们都是经济相对落后的国家,社会主义在这些国家的首先胜利,客观上改变了马克思、恩格斯关于社会主义将首先在西欧北美主要资本主义国家同时发生的战略预想,这就出现了社会主义在落后国家胜利的问题。

19世纪,马克思、恩格斯创立科学社会主义后,20世纪首先把科学社会主义从理论变为社会制度实践的代表人物是列宁。列宁在19世纪末20世纪初结合当时资本主义发展和国际工人运动与俄国革命的实践,全面发展了马克思主义,形成了列宁主义。在社会主义发展进程问题上,列宁无论在理论上、实践上都有新的突破。

列宁原名弗拉基米尔·伊里奇·乌里扬诺夫(1870—1924),于1870年4月22日出生在俄国伏尔加河畔的辛比尔斯克,父亲是一位具有民主主义思想的教育活动家,哥哥亚历山大因参加谋刺沙皇而被处死。在家庭的影响下,1887年秋,列宁进入喀山大学法律系学习,然而,不久他就因为参加学生运动而被学校开除,遭到逮捕和流放。第二年,回到喀山后,他开始研究马克思的《资本论》和普列汉诺夫的著作。1892年,他又开始筹建马克思主义小组,并将《共产党宣言》译成了俄文。1895年,列宁在彼得堡创立了彼得堡工人阶级解放斗争协会。同年底,他再次被捕入狱,14个月的狱中生活后,又被流放到西伯利亚。在西伯利亚的3年中,他开始使用"列宁"这个化名,并写出了《俄国资本主义的发展》一书。1900年2月,列宁在西伯利亚的流放结束,回到彼得堡后不久转赴西欧,在德国创办了第一个俄国社会民主工党的机关报《火星报》。1903年7月30日,俄国社会民主工党在布鲁塞尔召开第二次代表大会,会上形成了以列宁为核心的布尔什维克。布尔什维

克的意思是多数派。布尔什维克及其思想体系的产生,标志着列宁主义的形成。1905 年 11 月,俄国资产阶级民主革命爆发后,列宁回到祖国直接领导革命,并提出了无产阶级政党在民主革命中的策略。12 月,莫斯科武装起义失败,列宁又开始了长达十多年的第二次流亡生活。在此期间,他写了《唯物主义和经验批判主义》、《马克思主义和修正主义》等一系列著作,使马克思主义得到了全面的发展。

第一次世界大战爆发后,列宁分析了帝国主义时代世界经济政治发展的条件,提出了社会主义发展的新战略,即社会主义不可能同时在发达资本主义国家取得胜利,而只能在经济不发达,但矛盾尖锐、具备了一定主观条件的国家取得胜利。这一论断首先在 1915 年写的《论欧洲联邦口号》一文中提出,“经济政治发展不平衡是资本主义的绝对规律。由此就应得出结论:社会主义可能首先在少数或者甚至在单独一个资本主义国家内获得胜利”。① 1916 年,列宁又在《无产阶级革命的军事纲领》一文中明确肯定:“资本主义的发展在各个国家是极不平衡的。而且在商品生产下也只能是这样。由此得出一个必然结论:社会主义不能在所有国家内同时获得胜利。它将首先在一个或者几个国家内获得胜利,而其余的国家在一段时间内将仍然是资产阶级的或资产阶级以前的国家。”② 列宁之所以提出社会主义在落后国家胜利的结论,与列宁对帝国主义的分析是密不可分的。

(二)列宁的帝国主义论

19 世纪末 20 世纪初,资本主义向垄断阶段,即帝国主义的阶段过渡。列宁运用马克思主义的观点研究了有关帝国主义的许多著作与大量资料,分析了资本主义发展到垄断阶段出现的新情况,特别是根据 20 世纪初期世界资本主义经济在国际相互关系上的总情况,在 1916 年写了《帝国主义是资本主义的最高阶段》一书,创立了帝国主义理论。列宁从生产的内部条件出发,阐明了帝国主义的经济特征与历史地位。他首先分析了帝国主义经济的五个基本特征:生产和资本的集中造成垄断组织在经济生活中起决定作用;银行资本和工业资本融合形成金融资本;与商品输出不同的资本输出有特别重要的意义;瓜分世界的资本家国际垄断同盟已经形成;最大资本主义列强已把世界上的领土分割完毕。这些特征表明资本主义已经发展到新的阶段,垄断代替了自由竞争,这是帝国主义不同于资本主义的最根本特征,是帝国主义最深厚的经济基础。列宁据此指出:“帝国主义是资本主义的垄断阶段。”帝国主义在政治上力图施用暴力和实行反动。它的特点不是工业资本而是金融资本加紧推行兼并政策;不只是力图兼并农业地区,甚至力图兼并工业发达的区域。“帝国主义的一个重要的特点是几个大国都想争夺霸权。”这些特点决定帝国主义不只是一种政策或倾向,而是资本主义发展中的一个特殊阶段,即垄断资本主义阶段。

列宁指出,垄断一方面引起帝国主义的寄生性和腐朽性、资产阶级食利阶层的增加和食利国的形成。资产阶级利用垄断高额利润收买无产阶级上层形成工人贵族,从而培植工人运动中的机会主义者;腐朽性表现为政治上走向反动与意识形态和文化生活方面的腐朽堕落。另一方面垄断与竞争并存,新兴的帝国主义能利用先进的科学技术,使自己的

① 《列宁选集》,第 2 卷,第 709 页。
② 《列宁选集》,第 2 卷,第 722 页。

经济跳跃式发展，迅速赶超老牌的帝国主义。帝国主义时期，资本主义各国经济政治发展不平衡大大加剧，从而引起帝国主义各国的实力变化。新兴的帝国主义要求重新瓜分殖民地与划分势力范围，这就导致帝国主义战争的不可避免。战争加速了垄断资本主义向国家垄断资本主义转变，加速了帝国主义国家的经济危机与政治危机，并促使革命时机成熟。列宁指出帝国主义是"过渡到社会主义去的垂死的资本主义"，"是无产阶级社会革命的前夜"。

列宁的帝国主义理论是对马克思主义政治经济学和无产阶级革命理论的新发展，根据这一理论，列宁提出了社会主义可能首先在一国或几国胜利的新结论，为俄国十月社会主义革命的胜利奠定了理论基础。

（三）列宁关于社会主义革命在经济社会落后国家首先胜利的理论

为了科学地解决俄国未来发展道路的问题，列宁不仅分析了俄国的国情，而且始终把俄国的国情以及未来发展道路置于"世界历史总进程"、"世界历史发展的总路线"这个宏大的背景中加以考察。列宁认为，只有了解世界历史的总进程并把握时代的基本特征，"才能以此为根据来估计这国或那国的更详细的特点"，进而"正确地制定自己的策略"。① 这一见解体现了马克思历史方法论的基本原则，即从生产力与交往形式矛盾运动的民族性和世界性的相互作用中去把握历史运动的内在逻辑。

19 世纪和 20 世纪之交，俄国面临着一个新的时代。从世界历史的总进程看，资本主义已由自由竞争阶段发展到垄断阶段，资本主义生产方式的内在矛盾已经呈现出激化状态，其标志就是经济危机的频繁发生。同时，资本主义在各国的发展已经呈现出不平衡的状态，世界资本主义体系矛盾四起，这是商品生产在"世界市场"背景下发展的必然结果。通过对时代的深刻分析，列宁认识到"经济政治发展的不平衡是资本主义的绝对规律"。这个绝对规律的存在，必然在整个资本主义链条上形成一个薄弱环节，"由此就应得出结论：社会主义可能首先在少数或者甚至在单独一个资本主义国家内获得胜利"。② 从俄国国内状况看，此时俄国已经走上了资本主义道路，但从整体上看，仍是一个"介于文明西欧和落后东方之间的国家"，③ "最落后的土地占有制"和"最先进的工业资本主义"同时存在。同时，俄国又被卷入到世界帝国主义战争体系，受到西欧资本主义生产方式内在矛盾的有力冲击和影响。

这种国际国内条件结合在一起，使俄国出现了一些在西欧发达国家不可能出现的特征，这就是无产阶级和资产阶级、无产阶级和封建地主阶级、资产阶级和农民、资产阶级和封建地主阶级等的矛盾交织在一起，使得俄国成为当时世界资本主义体系内矛盾的集结点和薄弱环节。这就为俄国未来发展提供了一种可能性，即缩短资本主义在俄国的历史进程，迈向社会主义的历史阶段。"历史走着奇怪的道路：领导伟大的世界运动的光荣落

① 《列宁全集》，第 21 卷，第 124 页。

② 《列宁选集》，第 2 卷，第 709 页。

③ 《列宁选集》，第 4 卷，第 690 页。

到了落后国家的身上。"① 这个"奇怪的道路"的形成正是生产力与交往形式的民族性和世界性相互作用的必然结果,"奇怪的道路"背后隐藏着的正是历史的必然性。列宁把握到了这种历史的必然性,抓住了历史提供的"最好的机会"。十月革命的胜利证明了列宁提出的落后国家社会主义首先胜利学说的正确性。

(四)列宁领导的十月革命的胜利

沙皇俄国是帝国主义各种矛盾的焦点。1900—1903 年资本主义世界的经济危机和 1904 年日俄战争,促进了矛盾的激化。1905 年 1 月 22 日(俄历 9 日),彼得格勒工人及其家属十四万多人向沙皇和平请愿。沙皇政府命令军队向请愿工人开枪,致使一千多人死亡,两千多人受伤。这标志着俄国历史上第一次资产阶级民主革命开始。革命迅速扩展到全国,工人举行抗议罢工和示威游行,农民开展反抗地主的斗争,布尔什维克在伦敦召开第三次代表大会,制定了由资产阶级民主革命转变为社会主义革命的策略。不久,列宁又写了《社会民主党在民主革命中的两种策略》,全面地阐述了党的革命策略。

在列宁的革命路线指引下,革命逐渐走向高潮,许多城市的工人举行政治总罢工,建立工人代表苏维埃。一百多个县的农民发动了起义,黑海舰队"波将金号"也举行了起义,全国陷于瘫痪状态。1905 年 12 月,莫斯科的政治总罢工发展成为武装起义,革命高潮达到顶点,工人同政府军队激战了 9 天,但由于布尔什维克主要领导人的被捕和孟什维克的投降主义,起义最终被镇压下去。1905 年革命虽然失败了,但具有重大的历史影响,它是十月革命的总演习。

1917 年 2 月 22 日,有 9 万男女工人举行政治罢工,第二天,罢工人数增加到 20 万人。全国到处都举行了革命集会。布尔什维克抓住这个时机,号召把罢工变为总政治罢工年并转为武装起义。工人们热烈响应号召。2 月 25 日清晨,工人、群众开始解除宪警武装,夺取武器库,并且深入军营与士兵联欢,进行革命鼓动。彼得格勒驻军开始转向革命。2 月 27 日是具有决定意义的一天,士兵和工人联合组成战斗队,捣毁警察局,占领政府机关,打开监狱,释放革命同志,并解除军官的武装,逮捕政府大臣。傍晚,起义士兵、工人已经控制了被得格勒所有重要据点和部门,逮捕了沙皇,推翻了沙皇政府。当天晚上,彼得格勒工兵代表苏维埃宣告成立。各地也相继摧毁了沙皇的地方政权,建立了苏维埃,统治俄国长达三百余年的罗曼诺夫王朝最终垮台。二月革命的胜利,标志着俄国资产阶级民主革命的胜利。

1917 年 4 月 16 日,列宁回到了俄国。第二天,他在布尔什维克领导工作人员会议上作了《论无产阶级在这次革命中的任务》的报告。这个报告的大纲就是著名的《四月提纲》,它提出了党领导人民从民主革命转变为社会主义革命的行动纲领。列宁分析了当时形势的特点,论证了革命转变的必然性。为了实现向社会主义革命转变,列宁提出了党的政治、经济纲领。他认为,无产阶级专政的形式不应当是一般资产阶级议会制共和国,而应当是自下而上,由全国工人、雇农和农民代表苏维埃组成的共和国。苏维埃监督社会产品的生产和分配,实现土地国有化。这些措施不是直接实现社会主义,而是向社会主义过

① 《列宁全集》,第 28 卷,第 315 页。

渡的必要步骤。

布尔什维克于7月26日至8月3日在彼得格勒秘密召开了第六次党代表大会,大会通过了武装起义夺取政权的行动方针。在布尔什维克的领导下,重新武装了工人,许多大城市的苏维埃转向布尔什维克。当时全国157个主要城市中,有118个城市的苏维埃通过布尔什维克的决议,占77%。这说明彼得格勒武装起义以前,布尔什维克的主张已获得大多数工农兵的拥护,武装起义的时机已经到来。1917年10月25日,彼得格勒武装起义取得了胜利。当晚,苏维埃第二次全国代表大会开幕。大会通过了列宁起草的《给工人、士兵和农民书》,宣告了世界上第一个无产阶级专政的苏维埃政府正式成立。彼得格勒武装起义是十月社会主义革命的开端。苏维埃政府成立以后,革命继续向全国范围扩展,开始了苏维埃政权"凯歌行进"时期。到1918年2月,全国范围内都建立了苏维埃政权。俄国无产阶级在世界六分之一的上地上,冲破了帝国主义战线,取得了伟大的十月社会主义革命的胜利。

十月革命的胜利,证明了列宁关于落后国家超越资本主义发达阶段而走向社会主义的可能性。但是,当时伯恩斯坦、考茨基以及俄国孟什维克苏哈诺夫等人攻击十月革命和苏维埃政权,认为十月革命是不成熟的"早产儿","俄国生产力还没有发展到足以实现社会主义的水平"等。为此,列宁又写了著名的《论我国革命》这篇文章予以回答。列宁写到:"你们说,为了建设社会主义就需要文明。好极了。那么,我们为什么不能首先在我国创造这种文明前提如驱逐地主,驱逐俄国资本家,然后开始走向社会主义呢?你们究竟在哪些书上看到,说通常的历史顺序是不容有或不可能有这类变化的呢?"①

二、社会主义革命由一国到多国的扩展

第二次世界大战后,欧亚一系列国家取得人民民主革命的胜利并走上了社会主义道路,进一步证明了列宁关于不发达国家可以越过资本主义发展阶段走上社会主义新论断的正确性。

20世纪的两次世界大战,对社会主义的发展起了促进作用。在第一次世界大战期间,俄国共产党人利用战争造成的帝国主义阵线薄弱环节,取得了十月社会主义革命的胜利,由此揭开了国际社会主义运动的新篇章。在第二次世界大战中,遭到法西斯侵略奴役的国家中有10多个国家的共产党站在反法西斯战争的最前线,建立了人民军队、民族统一战线和民主政权。反法西斯战争的胜利,提高了各国共产党的威信,壮大了共产党的队伍。全世界共产主义政党由战前的69个,发展到战争结束时的76个。共产党普遍争得了合法地位,有13个共产党参加了政府。1944年至1949年期间,在欧洲和亚洲先后建立了12个人民民主国家,社会主义国家由第二次世界大战前的苏联、蒙古发展到此时的14个。这些人民民主国家,是在共产党的领导下,利用法西斯势力倒台的有利国际形势,采取不同的斗争方式建立起来的。

南斯拉夫人民在第二次世界大战期间,英勇地进行了反法西斯的斗争。1941年4

① 《列宁选集》,第4卷,第692页。

月，德、意法西斯对南斯拉夫进犯，侵略者占领并瓜分了南斯拉夫国土，人民处于深重的苦难中。南斯拉夫人民在以铁托为首的南共中央领导下，在极其困难的条件下，顽强地与法西斯进行了独立奋战，经过 4 年的解放斗争，终于在 1945 年 5 月取得了祖国的解放。1945 年 11 月 29 日，南斯拉夫联邦人民共和国正式宣告成立。

阿尔巴尼亚从 1939 年 4 月被意大利法西斯占领时起，人民就开展了反法西斯的抵抗运动。1941 年 11 月，阿尔巴尼亚共产党宣告成立，抵抗运动进入了一个新阶段。1943 年 9 月，意大利投降后，德国法西斯取代意大利侵占了阿尔巴尼亚所有的大城市和港口。在共产党的领导下，阿尔巴尼亚人民又进行了反对德国侵略者的英勇斗争，终于在 1944 年 11 月解放了全国。1946 年 1 月 11 日，阿尔巴尼亚人民共和国正式宣告成立。

1939 年，捷克斯洛伐克被希特勒德国占领后，在捷共领导下，人民组织游击队开展斗争。1944 年 8 月，捷克斯洛伐克人民举行了反对希特勒法西斯的武装起义，起义迅速蔓延全国各地，解放了三分之二的国土。1945 年 5 月，捷克斯洛伐克人民在苏联红军的配合下，在布拉格举行了武装起义并取得胜利。同年，建立了以捷共为领导的联合政府。

1941 年 3 月，保加利亚反动统治集团加入德、日、意法西斯国家的行列。同年 6 月，保加利亚人民在共产党领导下开始进行游击战争。此后，共产党又把四处分散的游击队统一为人民解放起义军。到 1944 年夏，这支人民武装已发展至拥有 13 万人的强大队伍。1944 年 9 月，保加利亚人民武装在苏联红军的支援下解放了索非亚，推翻了法西斯保皇政府，成立了祖国阵线政府。1946 年 9 月 15 日，保加利亚人民共和国正式宣告成立。

二次大战期间，波兰人民在共产党的领导下，英勇地展开了反法西斯的武装斗争。1944 年 7 月，波兰组成了反法西斯统一战线的“民族解放委员会”。1945 年 1 月，根据波兰人民的意愿，“民族解放委员会”改组为临时政府。1947 年 1 月，波兰举行了战后第一届议会选举，在这次选举中，以波兰工人党为首的各民主党派联盟取得了胜利，成立了波兰人民共和国。

匈牙利在第二次世界大战期间，是希特勒德国的仆从国。在匈牙利共产党领导下，1944 年 5 月成立反法西斯阵线。1945 年 4 月，随着世界人民反法西斯战争的胜利，匈牙利人民在苏联军队的配合下解放了全境。同年 11 月，匈牙利召开国民议会。1946 年 2 月，匈牙利宣布废除君主制，成立人民共和国。

第二次世界大战期间，罗马尼亚是法西斯德国的附属。罗马尼亚的资产阶级政党和地主阶级政党，都成为法西斯的追随者，只有罗马尼亚共产党坚定不移地领导人民进行反法西斯的斗争。1943 年 1 月，在罗共倡导下建立了“爱国阵线”。1944 年 8 月，在罗共的领导下，罗马尼亚人民通过武装起义推翻了罗马尼亚法西斯政府。1947 年 12 月 30 日，罗马尼亚人民共和国成立。

1945 年 5 月，希特勒德国战败，无条件投降。苏、美、英、法四国根据波茨坦协定分区占领德国，首都柏林也由四国分区管制。苏、美、英、法组成的盟国管制委员会是当时德国境内的最高权力机关。但随着美苏战时同盟关系的破裂及战后以美苏各自为首的两大阵营对抗的日益加剧，1949 年 9 月，美、英、法把三国占领区合并，组成德意志联邦共和国。针对西方国家的这一行动，苏联于 1949 年 10 月 7 日在其占领区建立德意志民主共和国。

在亚洲,1945年8月,金日成领导的朝鲜人民抗日武装力量解放了朝鲜北部国土。1946年2月,建立了以金日成为首的"北朝鲜临时人民委员会",对北朝鲜进行了一系列民主改革。然而,朝鲜南部则由美国支持的力量控制。随着美苏对峙帷幕的拉开,1948年8月,在美国的支持下,南朝鲜当局宣布建立大韩民国。在这种情况下,北朝鲜于同年9月9日组成以金日成为内阁首相的中央政府,宣告朝鲜民主主义人民共和国成立。

1945年8月日本投降后,印度支那共产党领导越南人民举行武装起义,推翻了傀儡皇帝,起义获得成功。同年9月2日,印度支那共产党领导人胡志明在河内巴亭广场发布《越南独立宣言》,正式宣告越南民主共和国成立。

三、中国新民主主义革命的胜利

在俄国十月社会主义革命胜利的影响下,1919年,我国发生了反帝反封建的"五四"运动,中国革命从旧民主主义革命转变为新民主主义革命。"五四"运动促成了中国工人运动同马克思主义的结合,在思想上和组织上为中国共产党的成立创造了条件。1921年7月,中国共产党成立。从此,中国革命的面目焕然一新。1922年,中国共产党召开第二次全国代表大会,制定了彻底的反帝反封建的民主主义革命纲领。1923年,中国共产党第三次全国代表大会确定了党的统一战线政策,加速了中国革命的步伐。1924年,中国国民党召开了第一次全国代表大会,国共两党和各革命阶级的统一战线正式建立,中国革命进入了第一次国内革命战争时期。1926年开始的北伐战争,击溃了帝国主义走狗军阀吴佩孚和孙传芳的主力军,革命势力从珠江流域发展到长江流域。由于国民党反动集团叛变革命,特别是由于党内陈独秀右倾投降主义领导的错误,轰轰烈烈的第一次国内革命战争遭到了惨重的失败。从1919年"五四"运动到1927年7月第一次国内革命战争失败,是新民主主义革命的第一个阶段。

1927年召开的"八七"会议,确定了实行土地革命和武装斗争的总方针。会后举行了秋收起义、广州起义和其他许多地区的起义。毛泽东领导了湘赣边区秋收起义,创建了工农革命军,在井冈山建立了第一个农村革命根据地。毛泽东总结了这一伟大革命实践,从理论上阐明了中国革命必须走农村包围城市、武装夺取政权的道路。这是中国革命胜利的必由之路。1931年,由于日本帝国主义发动"九一八"事变,民族矛盾开始上升,革命形势发生重大变化,以毛泽东为首的党中央制定并实行了抗日民族统一战线政策。中国共产党领导了"一二·九"学生运动,掀起了要求停止内战、抗日救亡运动的高潮。从1927年"八一"南昌起义到1937年"七七"卢沟桥事变前夕,是新民主主义革命的第二个阶段。

卢沟桥事变爆发后,中国革命进入抗日战争时期。由于中国共产党的努力,实现了国共第二次合作,建立了抗日民族统一战线。1937年8月,党的洛川会议决定动员一切力量,争取抗战胜利。会后,八路军和新四军挺进敌后,进行独立自主的游击战争,开辟敌后战场,建立敌后抗日根据地,牵制了敌人半数以上的兵力,解放区战场成为抗日战争的主要战场。1938年10月,抗日战争进入相持阶段。1941年和1942年,是人民抗日战争最困难的时期,中国共产党领导解放区军民,克服困难,坚持抗战。1945年党的第七次全国代表大会总结了历史经验,为夺取抗日战争的最后胜利,为建立新民主主义的新中国,制定了正确的路线、方针和政策,使全党在思想上、政治上和组织上达到空前的统一和团结。1945 年 9 月 2 日,日本帝国主义投降,中国共产党领导的中国人民的八年抗日战争取得了最后的胜利。这是新民主主义革命的第三个阶段。

抗日战争胜利后,国民党反动派在美帝国主义支持下,开始了阴谋发动反共反人民的内战。1946 年 7 月,全面内战爆发,中国革命进入第三次国内革命战争时期。为了打败国民党反动派,我党决定:在政治上,团结一切可以团结的力量,建立广泛的民族民主革命统一战线;在军事上,集中优势兵力,各个歼灭敌人。以毛泽东为首的党中央抓住有利战机,从 1948 年 9 月起,先后组织了举世闻名的辽沈、淮海、平津三大战役,基本上消灭了国民党反动军队的主力,从而大大加速了人民解放战争在全国的胜利。1949 年 6 月,毛泽东发表《论人民民主专政》一文,对即将成立的人民共和国的性质,国家的前途,各阶级在国家中的地位作了说明。1949 年 9 月,中国人民政治协商会议第一次全体会议在北平隆重召开。会议制定的"共同纲领"起了临时宪法的作用。1949 年 10 月 1 日,中华人民共和国成立,标志着中国新民主主义革命的胜利结束。

第三节　社会主义建设率先在经济文化比较落后国家开展

一、列宁对社会主义建设道路的探索

不发达国家如何建设社会主义,马克思、恩格斯并没有直接给出答案,而是十月革命胜利后世界社会主义运动所提出的新课题。十月革命胜利后,落后的俄国如何建设社会主义,事实上并不是一帆风顺的。列宁作为布尔什维克的伟大领袖,在经历了战时共产主义的实践后,很快又转入实行新经济政策。在俄国社会主义建设实践基础上,列宁倾尽全力探索俄国建设社会主义的道路,提出了不发达国家建设社会主义的理论。

1918 年春到 1920 年底,苏维埃俄国开始了两年的反对帝国主义武装干涉和国内战争时期。苏俄实行了战时共产主义政策。战时共产主义政策在经济方面的主要内容是实行余粮收集制,禁止私人买卖粮食,以保证军队和城市工人的供应;禁止自由贸易,城市实行消费品定额分配,实际上取消了商品和货币流通,经济关系实物化;实行普遍义务劳动制,实行不劳者不得食的原则,迫使资产者参加体力劳动。

战时共产主义政策,把社会主义必须消灭商品经济的观点付诸实践,结果陷入了困境,出现了燃料、粮食极端缺乏,工厂停工,轻工业品严重不足局面。这种困境固然同战争破坏有关,也同布尔什维克党直接过渡思想有密切联系。列宁后来说:"我们原来打算(或许更确切些说,我们是没有充分根据地假定)直接用无产阶级国家的法令,在一个小农国

家里按共产主义原则来调整国家的生产和分配。现实生活说明我们犯了错误。"①

战时共产主义政策的深刻教训,使列宁和俄共(布)认识到必须采取另一种途径来建设社会主义。1921 年 3 月,俄共(布)十大,决定从实行战时共产主义政策向新经济政策转变。主要措施有:用实物税代替余粮收集制,允许国家调节下的贸易自由,大力振兴商业,实行租借制和租让制,在国营企业恢复计件工资和奖金制,充分利用外国资本和技术来加快经济的恢复与发展。新经济政策的实质在于通过市场、商业把社会主义工业经济和农民经济结合起来,在此基础上建立牢固的工农联盟。新经济政策的实行使遭受长期战争破坏的俄国经济很快得到恢复和发展。列宁在这个实践过程中不断总结经验,提出了一系列关于在经济文化落后国家如何建设社会主义的新的理论观点。

1. 不发达国家能够一国建设社会主义,但要充分估计向社会主义过渡的复杂性和长期性

列宁认为,十月革命后的俄国具备建设社会主义的必要条件。"国家支配着一切大生产资料,无产阶级掌握着国家权力,无产阶级和千百万小农结成联盟,无产阶级对农民的领导已有保证等,这已是建成社会主义所必需而已足够的一切。"② 但俄国是一个相对落后的国家,它从资本主义向社会主义的过渡,不仅复杂,而且漫长。列宁认为,在一个大私有制、大农业占统治地位的国家与小资产阶级占优势的俄国向社会主义过渡情形是不同的。"资本主义社会愈不发达,所需要的过渡时间就愈长。"③ 要经过许多年,经过许多小的过渡,而不可能直接过渡到社会主义。

2. 社会主义必须建立在高度社会化的生产力的基础上,必须实现社会主义工业化和电气化

列宁指出,社会主义的唯一物质基础就是农业的机器大工业。在一个农业国家里建设社会主义,必须把落后的农业国变为先进的工业国。没有高度发达的大工业生产,就根本谈不上社会主义。他说:"大机器工业及其在农业中的推广,是社会主义唯一的经济基础。"④ 列宁还把国家工业化的任务具体化为一个具有先进水平的全国电气化计划,称为党的"第二个党纲",提出"共产主义就是苏维埃政权加全国电气化"这一著名公式。为了实现工业化,列宁又及时地提出把工作重点转移到社会主义经济文化建设上来。他在《论合作制》一文中指出:"我们不得不承认我们对社会主义的整个看法根本改变了。这种根本的改变表现在:从前我们是把重心放在而且也应该放在政治斗争,革命,夺取政权等等方面,而现在重心改变了,转到和平组织'文化'工作上面了。"⑤ 列宁指出,为了实现工业化,必须采取一系列的相应措施:必须依靠广大群众,开展社会主义劳动竞赛,提高劳动生产率;必须加强劳动纪律,采用最先进的科学管理方法;要使劳动者从个人利益上去关心

① 《列宁选集》,第 4 卷,第 571 页。
② 《列宁选集》,第 4 卷,第 628 页。
③ 《列宁选集》,第 4 卷,第 183 页。
④ 《列宁全集》,第 42 卷,第 159 页。
⑤ 《列宁选集》,第 4 卷,第 687 页。

社会主义事业,实行按劳分配和奖金制度,反对分配上的平均主义,还必须掌握和运用先进的科学技术,团结和利用科学家、技术专家,充分发挥他们的作用。

3. 要充分利用商品货币关系

新经济政策的重要一环,就是用商品交易代替产品分配。在实践中,列宁逐步认识到商品货币交换的重要性。他在《论黄金在目前和在社会主义完全胜利后的作用》一文中认为,商业是千百万小农与大工业之间唯一可能的经济联系。所以,“商业正是我们无产阶级国家政权,我们居于领导地位的共产党必须全力抓住的环节。如果我们现在能紧紧抓住这个环节,那么不久的将来我们就一定能够掌握整个链条。否则我们就掌握不了整个链条,建不成社会主义社会经济关系的基础”。① 列宁称这种对商业的新认识是一个“发现”。这的确是一个重要的大发现,是对社会主义理论的重大发展。正是这一“发现”,才使列宁得以找到在俄国这样一个小农国家建设社会主义的正确途径和道路,困扰社会主义建设的一系列问题才得以很好地解决。

4. 用合作社的形式引导农民走社会主义的道路

新经济政策实施前,列宁力图推行的农业公社、劳动组合和公耕社(统称为集体农庄),与马克思、恩格斯主张的“合作社”在形式上是基本相同的。但在实践中,这种集体农庄对农民没有多大的吸引力,到1920年底,加入集体农庄的农户只占总农户的0.4%。在已经建立起来的集体农庄中,农民也没有生产积极性,甚至“处于名副其实的养老院的可怜状态”。1920年底至1921年初,列宁在总结这一时期农业社会主义改造的经验教训后,得出如下结论:“集体农庄的问题并非当务之急,个体农民的现状决定我们现在还不能设想向社会主义和集体化过渡。”② 同时,列宁在他最后的论文《论合作社》中,改变了过去把合作社看作是国家资本主义性质的看法,认为它是社会主义性质的。他认为,在政权掌握在工人阶级手里和生产资料公有制的条件下,合作社制度就是社会主义制度。

5. 正确看待和利用资本主义,特别是国家资本主义,建设社会主义

列宁认为,经济文化落后国家建设社会主义,必须充分利用资本主义为社会主义服务。在实行新经济政策以后,列宁更明确地提出,通过国家资本主义的多种形式,如租让制、合作制等,进一步发展生产,增加产量,同时作为向社会主义过渡的步骤。他强调:“我们应该利用资本主义(特别是要把它纳入国家资本主义的轨道上)作为小生产和社会主义个人之间的中间环节,作为提高生产力的手段、途径、方法和方式。”③ 列宁指出,要进行社会主义建设,必须继承、吸收资本主义有用的东西。他还明确提出:“社会主义能否实现,就取决于我们把苏维埃政权和苏维埃管理组织同资本主义最新的进步的东西结合的好坏。”④ 他甚至还提出了一个著名的公式:苏维埃政权+普鲁士铁路管理制度+美国的

---

① 《列宁全集》,第42卷,第248页。
② 《列宁全集》,第40卷,第177页。
③ 《列宁全集》,第41卷,第217页。
④ 《列宁全集》,第34卷,第171页。

技术和托拉斯组织+美国的国民教育等等等等=社会主义。①

6. 有步骤地发展社会主义民主,反对官僚主义

社会主义必须有充分的民主,这是列宁一贯的思想。列宁在十月革命前就说过:“不实行充分的民主,社会主义就不能胜利。”② 这是因为,没有民主,不动员广大人民群众参加管理,就谈不上真正的公有制,没有民主,也不能对国家机关和干部进行有效的监督,国家政权就不稳固。列宁在他的晚年,提出了两项划时代的任务:一是改组国家机关,发动群众参加管理,监督国家机关,反对官僚主义;二是进行文化建设,提高工农的文化水平。同时,提出了一系列旨在实现党和国家政治生活民主化的措施。列宁建议从工人中选拔党的中央委员,扩大中央委员会的组成,把改组的工农检察院与中央检察委员会结合起来,加强对党和国家最高领导层的监督。他要求党的领导核心实行集体领导,在扩大的中央委员会和中央检察委员会的监督下工作。

7. 加强执政党的建设,改善党的领导

在执政党的建设方面,列宁晚年提出了一系列有价值的主张。首先,列宁始终重视正确处理执政党与群众的关系。他指出,对于执政党来说,“最大最严重的危险之一,就是脱离群众,就是先锋队往前跑得太远……没有同全体劳动大军,即同大多数工农群众保持牢固的联系”。③ 其次,列宁强调党内民主,强调集体领导的重要性。坚持实行党的代表大会年会制,尽量做到决策的民主化与科学化,强调实行集体领导和个人分工负责的制度,绝对不能培植对领袖的个人崇拜。再次,列宁主张,为了适应经济建设这个中心工作,党的领导方式应该有相应的改变,党政之间应有各自的职权范围。他说:“必须十分明确地划分党(及其中央)和苏维埃政权的职责;提高苏维埃工作人员和苏维埃机关的责任心和独立负责精神,党的任务则是对所有国家机关工作进行总的领导,不是像目前那样进行过分频繁的、不正常的、往往是琐碎的干预。”④

列宁在这一时期对社会主义建设道路的探索,以及在探索中得出的一系列重要理论、结论,至今仍然有实践意义和理论魅力。

二、社会主义苏联模式的形成与历史成就

(一)社会主义苏联模式的形成

社会主义苏联模式是伴随着高速工业化、农业全盘集体化和大清洗三大运动开始的。1925年,苏联国民经济恢复时期宣告结束。基于当时的历史背景和列宁的工业化思想,同年12月召开的联共(布)第十四次代表大会,把国家工业化确定为党的总路线。1928年,斯大林从理论到实践明确地形成了一整套工业化的方针与政策。这场工业化运动的特点,一是高速度,二是优先发展重工业,三是采用行政手段。苏联用从1928年到1937

① 《列宁文稿》,第3卷,第94页。
② 《列宁全集》,第27卷,第255页。
③ 《列宁选集》,第4卷,第589页。
④ 《列宁全集》,第43卷,第64页。

年的两个五年计划的时间，实现了国家工业化目标。工业化运动在短时间内就建立起比较完整的现代工业体系的基础，同时也形成了重工业过重、农业和轻工业过轻的畸形经济结构和过度集中的指令性计划管理体制。

斯大林的农业全盘集体化运动，并不是基于农业发展本身的要求，更不是基于农民的要求，而是为配合国家工业化运动而实行的一种措施。

斯大林为解决粮食问题而采取双管齐下的措施：一是采取非常措施强制收购粮食，以解燃眉之急；二是实现农业全盘集体化，把"分散细小"的农民组织到集体农庄，想借此一劳永逸地解决粮食供应问题。1929 年初，斯大林在给布哈林等人戴上右倾反党的帽子，并对他们进行组织处理后，接着开展清党，清洗农村中"富裕党员"和同富农有"直接联系"的党员。这样就把上面和下面反对农业集体化的势力压了下去，为大规模开展农业集体化运动扫清了障碍。在这种情况下，1929 年 4 月，联共(布)十六次全国代表会议，向全党提出必须大力支持农业全盘集体化的任务。

为了积极配合工业化运动，苏联在 1929 年到 1934 年短短几年时间里就完成了农村生产关系的重大变革，其速度与规模在人类历史上都是罕见的。1929 年 11 月，斯大林发表《大转变的一年》一文，标志着全盘集体化作为改造农业生产关系的一场政治运动在全国全面铺开。斯大林提出："目前集体农庄运动中具有决定意义的新现象，就是农民已经不像从前那样一批一批地加入集体农庄，而是整村、整乡、整区、甚至整个专区地加入了。这是什么意思呢？这就是说，中农加入集体农庄了。"① 斯大林这篇文章的发表，使此前个别地区的全盘集体化发展成急风暴雨式的全国性政治运动。

随着农业全盘集体化运动的基本完成，苏联建立起了一种新的直接为国家工业化服务的农业经济体制。从所有制结构看，有国营农场、机器拖拉站、集体农庄，前两者是国家所有制，后者是集体所有制。从经济管理的形式看，主要是过度集中的计划管理体制。这种农业经济体制的主要功能是把农业纳入国家计划控制，而不是促进生产发展。

不论是工业化运动，还是农业集体化运动，都是由国家采取行政命令手段推行的，一度导致社会关系紧张，党群关系紧张，这必然引起党内外有识之士的怀疑和不满。大清洗运动就是为了压制这种不满情绪而展开的。

自 1929 年联共(布)中央批判了"布哈林右倾投降主义集团"之后，党内已经没有公开的反对派。但是，党内的不同意见和矛盾仍然存在。由于斯大林在党内斗争中采取压制措施，这些不同意见和党内矛盾无法通过正常途径加以解决，便以其他形式表现出来。这就是 30 年代政治审判事件层出不穷的真正原因。早在 1927 年开除托洛茨基派、1929 年清除布哈林派，就已经开始了政治大清洗。从 1934 年底到 1938 年秋的近 4 年时间里，苏联先后出现了两次大规模清洗的高潮。大清洗运动，表现出以下特点：它的指导思想是阶级斗争越来越尖锐；它的运作过程是脱离党的领导和撇开司法机关以及司法程序；它的主要打击对象是党政军高级干部和知识界精英。党内的季诺维也夫、加米涅夫、布哈林等列宁时期的政治局委员均被当作帝国主义特务、人民敌人处死，就连 1929 年已被逐出国门

① 《斯大林全集》，第 12 卷，第 188 页。

的托洛茨基也未能幸免，遭到苏联保安机关的暗杀。不仅如此，连一向支持斯大林方针政策的干部也成为清洗对象。例如，1934 年 1 月召开的第十七次代表大会，曾被称作是"胜利者的代表大会"。党代会的代表、中央委员、政治局委员都是按照斯大林的意图安排的，都是拥护斯大林路线的干部。然而在大清洗中，参加这次大会的 1966 名代表中有 1108 名被捕。139 名中央委员和候补委员中有 98 人被捕或被处决；11 名政治局委员中，奥尔忠尼启因抗议斯大林滥捕滥杀而被迫自杀，科西奥尔和楚巴尔被处决；6 名政治局后候补委员中，波斯蒂舍夫、曾祖塔克和埃赫等被杀。[①] 这场大清洗运动，滥用权力、破坏法制，制造了大批冤假错案，在党内外造成一种可怕的恐怖气氛，严重破坏了社会主义民主和自由，扼杀了干部和群众的创造性与积极性。

高速工业化、农业全盘集体化与大清洗这三大运动是相互配合、互相促进的，彼此有着紧密的内在联系。斯大林坚持高速度优先发展重工业，要求苏联在 10 年内跑完资本主义国家 50 年至 100 年所走的路。这对小农占优势的国家而言是非常困难的。为了解决高速工业化所需的资金问题，斯大林发动了农业全盘集体化运动，把个体农民组织成为集体农庄，实行义务交售制，将农村纳入国家指令性计划的运行轨道。而为了镇压强制推行高速工业化和全盘集体化造成的不满情绪，斯大林又发动了大清洗运动。三大运动相辅相成、紧密配合，最终催生了一个以过度集权为基本特征的斯大林体制。

(二)苏联模式形成和发展的客观历史原因

苏联模式孕育于十月社会主义革命胜利之后的特殊时期，产生于 20 年代，形成于 30 年代，在第二次世界大战后有了进一步的发展，直到斯大林逝世才终止了发展，但依然延续。

1. 苏维埃政权诞生之初内忧外患，孕育了高度集中的国家管理体制

苏维埃新政权刚刚建立，国内外反动势力就企图把它扼杀在摇篮之中。1918 年春，英、法、美等国不宣而战，侵略军进入俄国国土，同时策动国内反革命暴乱。国内白匪叛乱随之蜂拥而起，四分之三的领土沦陷。苏维埃俄国陷入了外国入侵军队和国内反革命势力的包围之中。在这种局势下，布尔什维克党宣布全国转为军营组织，把全国的经济、文化、政治生活全部纳入战时轨道。经过 3 年苦战，苏维埃新政权于 1920 年底击溃了敌人的进攻，取得了国内战争的胜利。这场战争保卫了苏维埃政权，同时也打断了苏维埃政权民主化的进程，使党和国家机关向军事化和集中化又迈进了一大步。

战时党和国家的组织形式军事化，对新生的苏维埃政权取得战争的胜利提供了组织上和行动上的保障，从而使某些人错误地认为权力越集中越有利于苏维埃政权的巩固。同时也使某些干部养成了发号施令的习惯，当形势变化的时候，他们对此仍依依不舍。强迫、命令的工作作风的延续，进一步巩固了苏联高度集权的政治体制。

2. 特殊的国际处境和战争威胁，是促使高度集中的经济管理体制和政治体制形成的直接因素

从十月革命胜利到 1945 年 6 月以前，苏联是世界上唯一的社会主义国家，长期处于

---

① 卢之超：《斯大林与社会主义》，北京，北京文献出版社，2002，第 78 页。

资本主义世界的包围之中,被称为“红色孤岛”。在资本主义世界包围中单独一国进行社会主义建设,是苏联模式孕育产生和形成时期所处的特殊的国际环境,对苏联模式的形成具有直接而重大的影响。

20 年代后期到 30 年代初期,德、日两国军事扩张的势头已经初见端倪。从意识形态和社会制度的对立来看,处在资本主义世界包围之中的苏联,成为整个资本主义世界的心腹大患,英、美、法欲借德、日之手铲除苏维埃政权。从地理位置来看苏联地跨欧、亚,被德、日两国钳夹,自然首当其冲地受到德日扩张政策的威胁。1933 年,希特勒上台后,德国仇视苏联的政策更使苏联承受着巨大的战争威胁的压力。正在形成中的苏联经济、政治体制不能不对此有着特殊的考虑:经济、政治上的高度集中,有利于应付特殊情况;文化上的高度集中有利于抵制来自四面八方的资本主义意识形态的进攻和渗透。

斯大林从当时苏联所处的国际环境出发,从战备的要求出发,认为必须尽快建立起强大的重工业。因为没有重工业,就不能建立起独立的经济体系,更不能建立起完整的国防工业和壮大国防力量,苏联就会变成世界资本主义经济体系的附庸,更可能被资本主义世界武装力量所扼杀。处在资本主义世界包围中,并受到资本主义国家武装进攻的威胁,是促使苏联优先发展重工业的直接因素。

然而,优先发展重工业,加速发展国防工业,都需要大量的投资,资本主义国家可以利用战争赔款、借贷、掠夺殖民地等手段从国外取得资金,而处在资本主义世界包围之中的唯一的社会主义国家苏联却没有这样的条件,因而只有着眼于国内。这样,国家就只能把农业经济提供的剩余产品作为筹集建设资金的一个更要来源。为此,就必须使农产品价格有计划地长期偏离价值,并由国家垄断收购,使消费品价格高于价值,以限制轻工业的发展。这一切,都必须以牺牲人民对物质生活的需要、追求和享受为代价,并且只有通过高度集中的计划经济管理体制才能实现。

高度集中的经济管理体制必然要求高度集中的政治体制。苏联的工业化、现代化的资金积累,非常性的征粮措施和农庄的集体化,都是通过国家行政强制手段来实现并维持的。行政经济体制中的指令性计划、集中的部门管理体制也必然要求政治上的高度集权,以便得以巩固和促进。在此情形下,人们不仅在经济上要依赖国家,而且在政治上也要完全服从国家的指挥和调遣,从而使国家有了绝对的权威。所以,经济上的集中管理最终必然导致政治上的集权体制。

3. 特定的历史环境造就了一党专政

由马克思所创造的“无产阶级专政”这个概念,是一个具有重大意义的理论建树。马克思在《哥达纲领批判》中指出:“在资本主义社会和共产主义社会之间,有一个从前者变为后者的革命转变时期。同这个时期相适应的也有一个政治上的过渡时期,这个时期的国家只能是无产阶级的革命专政。”①

俄国十月革命后建立了无产阶级专政,并由无产阶级的政党领导执行专政的职能。苏联把共产党单独专政等同于无产阶级专政,是与十月革命后的内战历史相联系的。由

① 《马克思主义选集》,第 3 卷,第 21 页。

于社会革命党、孟什维克等，在内战中支持白卫军和武装干涉者，对苏维埃共和国搞反革命阴谋，对苏维埃活动家和领导人搞恐怖活动，开始时，布尔什维克党采取了一定程度的忍让和克制态度。1921 年 3 月，即党的第十次代表大会前夕，社会革命党和孟什维克支持了反对苏维埃政权的喀琅施塔得反革命暴乱，迫使苏维埃政权对它们采取了镇压的措施。此后，布尔什维克党就成为苏联唯一存在的政党，并把政权集中到自已手上，逐渐形成了一党专政。

特殊的历史环境下所形成的唯一的党和用一党专政代替无产阶级专政，对后来斯大林模式的产生和形成有着重要的影响。苏联共产党单独执政并成为唯一的党，使它缺乏同盟者，并使它要完成的任务变得更加艰巨。从长远看，民主制度的建立必然受到阻碍，而社会主义事业如不能发扬民主，调动广大劳动人民群众的积极性，就难以取得最后的胜利。

4. 无产阶级的“消失”和小农阶级的广泛存在，是形成高度集中管理体制的阶级基础

经过 4 年帝国主义战争和 3 年内战之后，1920 年，苏联的大工业产值比战前的 1913 年减少了近七分之六，除了武器制造，工业丧失殆尽。与之相对应，无产阶级队伍口益涣散，人数日渐减少。1913 年，在工业中曾拥有 350 万工人，但到了 1922 年，只剩下 111.8 万。列宁在 1921 年 10 月 17 日的教育政治部门第二次代表大会上的讲话中也承认了这一点，他说：“我们的无产阶级由于战争和极端严重的破坏，已经失去阶级性，这就是说，它已经逸出自己的阶级轨道，不再作为无产阶级而存在了。所谓无产阶级，就是在资本主义大工业企业中生产物质财富的阶级。既然资本主义大工业已被破坏，工厂已经停顿，无产阶级也就不存在了。它有时在形式上仍算作无产阶级，但它已经同经济基础没有联系了。”① 农民在革命前后，都是俄国人口构成的主体。在内战结束后，农民的比重比战前更大。自给自足的小农经济以家庭为生产单位，其孤立的、分散的生产方式决定了农民在思想意识上视家长制和君主专制为天经地义。正如马克思所指出的，小农“不能代表自己，一定要别人来代表他们，他们的代表一定要同时是他们的主宰，是高高站在他们上面的权威，是不受限制的政府权力……小农的政治影响表现为行政权力支配社会”。②农民希望贤明的君主为民消灾除难，这成为集权体制滋生的肥沃土壤。

5. 封建残余和思想文化落后，为斯大林个人专权提供了适宜的气候

国家代表人民，党代表国家，期大林代表党，这一公式在斯大林掌握政权的时期长期存在。这是斯大林模式的核心特点。俄国高度集权的君主专制的历史传统和思想文化的落后，为个人迷信的滋生提供了适宜的气候。官僚主义是民主的直接对立物，它是个人专政的政治基础。专制集权在俄国历史上有着悠久的传统。俄国于 8～9 世纪进入封建社会以后，就开始建立了专制统治制度，在以后的近千年的时间里，封建专制制度得到不断的强化和完善。这种历史的惯性不会随着革命的胜利而突然中止，因而在 30 年代的肃反运动期间，还有许多无故被捕的领导干部只因自己怀疑过斯大林而深感忏悔，更有一些无

① 《列宁全集》，第 33 卷，第 46－47 页。

② 《马克思恩格斯选集》，第 1 卷，第 693 页。

故被枪决的领导干部在临刑前还在刑场上高呼“斯大林万岁”。

虽然社会主义革命在俄国取得了胜利，但思想文化的落后状况却不是一下子就可以改变的。文化状况的改变需要一定的时间，思想状况和心理素质的改变更是一个长期的潜移默化的影响过程。1920年，文盲在苏联依然占支配地位。

当时，苏联文化的落后，不只是表现在文化教育的严重不足上，还表现在农民的不开化状态上。在沙皇长期的专制统治下，小农经济的特点，农民生活的贫困与知识的贫乏等，使得农民崇拜宗教迷信。对于这一状况，列宁曾称之为“野蛮的不开化状态”。这种状况不是加强教育就可以改变的，而需要实行一种列宁称之为“文化革命”的政策。列宁在他最后时期的著作中曾多次说过，所有西方发达的资本主义大国都可以以一种文明的形式走向社会主义，而俄国的情形却不是这样。

由于长期的传统习惯，以及文化思想上的落后，要从人们的思想上和心灵上消除旧东西的影响是十分困难的。苏联模式正是产生于这样的精神基础。

综上所述，苏联模式是特定历史条件下的必然产物。恩格斯曾指出：“我们自己创造着我们的历史……我们是在十分确定的前提和条件下进行创造的。其中经济的前提和条件归根到底是决定性的。但是政治等等的前提和条件，甚至于那些存在于人们头脑中的传统，也起着一定的作用，虽然不是决定性的作用。”①

（三）社会主义苏联模式的历史成就

在20世纪20～40年代，整个世界资本主义处于大动荡之中，革命与战争连绵不断。经济文化相对落后的苏联在取得社会主义革命胜利后，它的任务是进行社会主义建设，特别是实现国家工业化，以求在被资本主义包围的国际环境中生存下来。在这样的历史条件下，斯大林体制在某些方面适应了当时国际形势的需要，满足了苏联社会发展的要求，并取得了重大的历史成就。

1. 巩固了第一个社会主义国家政权

在20世纪20～40年代，苏联处在尖锐复杂的国际、国内阶级斗争的历史环境之中。在国际上，资本主义世界在20年代末至30年代初爆发的经济危机大大加剧了国际关系中的各种矛盾。德、意、日三国的法西斯势力上台，并走上了对外扩张的战争道路，在欧洲和远东形成两个战争策源地。30年代爆发了第二次世界大战。在国内，苏联大规模的城乡社会主义改造运动导致了社会关系的重大变革。由于党的政策有明显的操之过急的倾向，遭到了城乡资产阶级的反对。总之，当时的苏联，外部遭受资本主义的包围、敌视和破坏，内部受到阶级对抗和党内斗争的困扰。同时，苏联的地域十分辽阔，各地区经济的发展极不平衡，各加盟共和国都有自己特殊的历史传统和政治经济利益，一百多个民族的文化传统和宗教信仰也差异很大，历史遗留下来的俄罗斯民族同其他少数民族的矛盾又十分尖锐，整个国家安定统一的内聚力不强等。处在这样的历史背景下的苏联，要巩固无产阶级专政的国家并进行社会主义建设，是十分困难的。因此，建立高度集中的体制有利于克服困难，有利于实现目标。

---

① 《马克思恩格斯选集》，第4卷，第477－478页。

在20世纪20～40年代的苏联，无论是社会主义改造顺利的时候，还是政策发生失误的时候，也无论是战争逼近的时候，还是进行战争的时候，整个社会都还是比较稳定的，多民族组成的党和国家也始终保持着统一。虽然一些局部地区发生过社会动荡和民族摩擦，但党和国家没有出现分裂，也没有出现全局性的社会动荡。总体上看，苏联在这一时期消灭了城市工商业资产阶级和农村富农阶级，建立了全民所有制和集体农庄所有制的社会主义公有制的经济基础，巩固了工农联盟和各民族人民联盟，社会的阶级结构发生了重大变化。世界上第一个无产阶级专政的国家政权得到了巩固，与当时动荡不安的国际形势形成鲜明的对照。社会的稳定，国家政权的巩固，为开展社会主义建设提供了保障。斯大林体制的社会主义，以建立美好幸福生活的远景为号召，激励着全体人民的建设热情，从而在较短时间内，使苏联在政治、经济、文化建设等各个方面取得了巨大的成就。工业有了高速发展，从1928年到1940年间共建成约九千个工业企业，整个工业产值增长了9倍，年平均增长16.8%。这样高的增长速度，是世界工业发展史上极为罕见的。特别是苏联在短时间内建立了完整独立的大工业体系，以及对国民经济技术改造和国防建设具有重大意义的一系列重工业部门，如汽车、拖拉机、机床、飞机、发动机、大型涡轮机和发电机等制造业。到1937年，苏联已实现机器设备的自给，并开始出口。这样短的时间里，苏联从一个落后的小农国家发展为强大的工业国，其意义是十分重大的。

2. 取得了卫国战争的伟大胜利

1941年到1945年间，苏联用4年时间和盟国一起打败了纳粹德国，成为世界反法西斯战争的主要力量。不仅战前3个五年计划的实现、工业的快速发展，使国家实力大大增强，为打败德国法西斯奠定了物质技术基础，而且千百万苏联人民保卫社会主义祖国的英雄主义精神也成了战胜法西斯势力取之不尽的力量源泉。世界反法西斯战争的胜利有着非常重要的意义，它是一场决定人类走向进步还是倒退的殊死搏斗。作为这场战争的主力军，苏联卫国战争的胜利，为人类的和平进步做出了巨大的贡献。它使得社会主义苏联的威望空前增长，使得苏联以世界两大强国之一的面目出现在世界舞台上。随着红军在欧洲的推进，东欧出现了一批新生的社会主义国家，这些国家后来组成了以苏联为首的社会主义阵营，推动了战后世界民族解放运动的高涨和世界社会主义事业的发展。

三、社会主义苏联模式的特点和弊病

(一)苏联模式的主要特点

1. 经济方面的表现

第一，生产资料所有制采取两种公有制形式的结构模式。苏联在30年代形成了生产资料公有制的两种形式，即全民所有制(国家所有制)和集体所有制。苏联宪法规定：国家所有制是社会主义所有制的基本形式，劳动者的集体所有制(主要是集体农庄)是公有制的另一种形式。十月革命后，苏联采取了无偿剥夺资本家企业的办法，建立了社会主义国家所有制。苏联的集体所有制是在大规模农业集体化的基础上建立起来的。从1929年下半年开始进行的农业全盘集体化运动，到1934年底基本完成。

第二，保证重工业高速度优先发展的经济结构模式。在经济建设上，斯大林采取优先发展重工业的工业化战略。1925 年召开的联共(布)第十四次代表大会决定把实现工业化作为全党的中心任务,作为党在当前时期的总路线。从 1926 年开始,苏联采取了重点发展重工业,力求国民经济高速增长的发展战略。斯大林提出速度决定一切,优先发展重工业是社会主义工业化的道路。在这一思想指导下,国家把资源和资金优先分配给重工业。经过十多年的发展,到 30 年代末,苏联就建立起了强大的重工业部门,形成了相当完整的国民经济体系。工业总产值占工农业总产值的四分之三左右,苏联宣布已从农业国变成了工业国。

第三,在经济管理体制上,形成了国家高度集中的计划管理体制。这种体制的特点:一是国家作为全民所有制的代表,不仅掌握着全国的经济命脉,而且是经营管理的主体(企业没有经营自主权);不仅决定国内经济,也决定对外经济。二是管理方法以行政手段为主,不注重利用经济杠杆的作用。三是整个经济活动靠国家指令性计划来指挥,排斥市场机制对经济的调节作用。国家通过层层下达计划,牢牢控制从生产领域到流通领域的经济活动过程。

2. 政治方面的表现

第一,国家政权采取立法权和行政权统一的苏维埃社会主义共和国形式。由普选产生的最高苏维埃及其主席团为最高权力机关,最高行政机构是人民委员会(1946 年改为苏联部长会议)。人民委员会对最高苏维埃负责并受其监督。但是,从苏联的实践看,苏维埃代表大会的实际权力不大,行政机关的权力却日益扩大。

第二,苏联共产党独掌政权,同时党中央长期凌驾于政府之上,党政不分,以党代政。苏联共产党不仅是唯一的执政党,而且不存在任何与之合作的政治党派,党不仅是高度集中的政治中心,而且过多地执行了政府职能,少数党的领导人集中了过多的日常行政权力。斯大林时期,把党行使政府职能、大包大揽作为体现党的领导的正常原则而肯定下来。

第三,国家最高权力高度集中于党的总书记,领导干部实行实际上的终身制。斯大林成为党的总书记,初期虽然大权独揽但毕竟不是掌控国家的全部大权。如从 1922 年到 1941 年间,斯大林只是任党的总书记,在此期间,人民委员会主席则先后由列宁、李可夫、莫洛托夫担任。但 1941 年 5 月以后,斯大林集党的总书记、人民委员会主席、国防委员会主席于一身,独揽党政军大权。

3. 文化方面的表现

与经济和政治上高度集中的管理体制相对应,文化上实行的也是高度集中的管理体制。文化上、学术上的是非,往往由党组织或党的领导人来判定。例如联共(布)党史、政治经济学等教科书,都由斯大林审定。对不同的学术观点视为异端加以排斥打击,如由斯大林亲自组织、布置的学术批判。

总之,在斯大林领导的苏联社会主义建设过程中,无论在经济、政治,抑或是文化等方面,都形成了权力高度集中于中央的管理体制。在中央的权力又高度集中于斯大林个人,从而把斯大林个人的权力推到了顶点。这些就是苏联模式(或叫斯大林模式)的基本特点。

（二）苏联体制的主要弊端和缺陷

1. 政治体制的主要弊端和缺陷

第一，实行高度集权的领导体制。苏联建立了以党为核心的无产阶级专政体系，党是这一体系的唯一力量，领导一切组织。特别是权力重心从政治局向书记处转移，最终由总书记个人独揽。20 世纪 30 年代以后，苏联党政军大权高度集中于总书记一身，从而形成以党代政，使权力机关最高苏维埃成为党中央机关的附庸品，变成通过或公布联共中央决议的表决机器和橡皮图章，使苏联部长会议成为党中央的执行机构，最后形成个人专断独裁。中央集权最盛行时，中央政治局也成了一种陪衬，重大问题均由总书记及其亲信少数人说了算。

第二，实行干部委派制和干部职务终身制。党政干部实行委派制，从上向下，层层委派，让少数领导人代替了广大公民、党员、群众行使他们享有的权利，使人民和党员的选举权、监督权、罢免权化为乌有。

第三，以人治代替法治。社会主义民主制横遭破坏，在斯大林主政时期，党章和宪法成为一纸空文。法制被践踏，民主被绞杀，党内民主在党内斗争不断加剧、不断升级中被削弱以至消失殆尽。人民的民主权利完全被剥夺、被损害。

第四，缺乏有效的人民监督体制和机制。苏联宪法没有规定必要的制度来保证人民有效地监督国家机关和领导人按照宪法行事，没有赋予人民弹劾权、罢免权等权利。在党内，监察机构也被降格削权。列宁时期，党的监察委员会由党的代表大会选举产生，地位与中央委员会并列，拥有同等的权力。斯大林在苏共十七大上，把它降格为中央委员会领导下的一个附属机构，由 1 名中央书记领导，致使监察委员会失去了参与制定和监督党的决策的权力，失去了对同级党组织的监督权。由于缺乏独立的监督体制和权力，党和国家尤其是它们的领导人失去了有效的约束，从而造成党和国家领导人处于无人监督的局面。

第五，在意识形态方面，把马克思主义当作抽象、空洞和僵化的教条，把坚持马克思主义变成一种强制性的统一的崇拜仪式。

2. 经济体制的主要弊端和缺陷

第一，追求单一的公有制形式。斯大林在理论上把公有制看成是社会主义的主要标志，不顾社会经济发展水平、生产力发展程度，不顾国家的基础和条件，更不顾农民的觉悟程度，穷过渡，超阶段，急于把两种公有制形式转变为单一的所有制形式。

第二，实行国家高度集中的计划管理体制，把计划经济绝对化，片面强调指令性计划，排斥市场机制。在苏联，整个社会经济活动都靠国家指令性计划来安排、组织、指导、管理，排斥市场机制对经济的调节作用，从而影响了社会经济活动的灵活运转，妨碍了经济的迅速发展。尤其是经济决策权高度集中于国家，国家成为经济管理的主体。由于国家计划无所不包，指令性计划相应地渗透到社会经济生活的各个方面，成为一切经济活动的目标和准则，以至一度取消了农村集市贸易，整个经济关系出现实物化倾向。后来，由于在实践上行不通，才被迫逐渐恢复农村集市贸易。

第三，中央部门管理体制过于集中，地方和基层没有自主权和积极性。国家作为全民所有制的代表，不仅掌握国家的经济命脉，而且掌握国家的一切权力。国家的代表是中央各部门,它们是经济管理的主体,直接管理企业。企业没有经营自主权,只是完成国家计划的附属物。中央部门直接控制企业的人、财、物和产、供、销,厂长由中央委派,财政由中央统收统支,物资由中央统一调拨,企业的年度计划、季度计划直至月度计划,都要报经中央有关部门审批。企业的手脚被捆绑得严严实实,没有自主选择的余地,企业和劳动者的积极性无法发挥。在中央,部门越分越细,机构越来越多,人浮于事,互相扯皮,官僚主义丛生,行政效率十分低下。

第四,以行政手段为主管理经济,政治斗争时常干扰经济运行。不是通过经济手段运用经济规律来调节,而是通过国家颁布政策、法令、决议、指示来强制执行,通过行政手段来组织、领导、管理和干预经济活动。同时,经济问题不是通过经济手段,而是用政治斗争的手段来处理,以政治斗争的需要来决定计划、经营的各种指标,用主观臆想来代替客观依据和科学预测,从而导致计划往往不符合客观经济状况。

第五,经济片面发展,国民经济比例长期严重失调。国家过分强调重工业和物质能源密集型部门,把优先高速度发展重工业作为经济发展的核心,忽视消费领域。这本来是在一定时期内,或特定历史条件下不得不采取的政策,并不是发展经济的普遍规律。由于长期坚持实行片面的工业化道路,忽视轻工业,放弃农业,使轻工业、农业不能正常发展,处于十分落后的境地,造成国民经济发展比例严重失调,结果也阻碍了重工业自身的发展。

第六,限制商品生产和货币交换,以致长期以来商品经济不发达,影响了社会主义现代化的进程。

(三)苏联模式的消极影响

苏联模式是在特定的历史条件下,在社会主义创始阶段的一种探索、试验和历史实践,自然不可能是成熟的、完善的、理想的模式。它在历史进程中已明显地表露出利弊俱存的双重性。它的弊端对于苏联和其他社会主义国家有着不可低估的消极影响,主要表现在:

1. 阻碍了社会主义优越性在不发达国家的正常发挥

由于苏联模式没有解决好生产者和生产资料紧密结合的问题,因而劳动者对生产资料的所有权、支配权和管理权并没有真正全面地实现;没有最大限度地发扬社会主义民主,使社会主义民主往往只是停留在口号上、书面上,而没有化作现实,因而使人民群众难以切实感受主人翁的地位和责任,不能充分调动人民群众的积极性;没有形成较为理想的社会主义经济运行机制,从而不能使社会主义经济更为迅速地发展。并且,这种模式的发展,使社会主义内容和形式的背离出现不断加大的趋势。

2. 阻碍了苏联社会的进一步发展

随着社会生产力水平的提高,科学技术的进步,国际国内环境的变化,尤其是长期掩盖这种模式弊病的种种因素逐渐消失之后,这种模式的低效率、不民主、缺乏活力和动力等问题就明显地暴露出来。它像一架已经生锈和过时的机器,无法创造高效率,并越来越成为经济发展和政治进步的障碍和包袱。从 50 年代开始,苏联社会中的经济和政治问题日益严重。经济上比例严重失调,农业和轻工业十分落后,粮食和日用消费品严重缺乏,人民生活得不到较大改善;政治上个人专断,一言堂,党和国家政治生活极不正常。苏联社会和党内长期积累的矛盾进一步激化，已经到了对传统的政治经济体制非改革不可的地步。

3. 影响了社会主义的声誉，削弱了社会主义应有的吸引力

苏联是世界上第一个社会主义国家，其影响之大，以至世界上的各种政治流派，各民族国家普遍把社会主义与苏联等同起来。人们对社会主义的认识和态度，主要的并不取决于理论宣传，而取决于苏联社会活生生的现实。一切进步的人们，对苏联社会主义建设所取得的成就欢欣鼓舞，对苏联社会主义模式的弊端及其所造成的后果感到疑惑与忧虑，甚至失去对社会主义的信心。特别是民主和经济两大问题，一直受到世界人民的密切关注。苏联在这两方面的严重失误和消极影响，大大降低了社会主义制度的吸引力，造成了世界社会主义的严重损失。

4. 给其他社会主义国家造成了严重的损害

由于每个国家所处的历史环境和具体条件不同，因此，在学习和借鉴时不应该直接照搬或完全效仿，更不应该把它当作唯一标准样板。然而在过去几十年中，由于人们思想认识的片面，而错误地在社会主义和苏联模式之间划上等号，特别是斯大林利用共产国际集权时期的权力把苏联模式人为地抬到社会主义最高典范、最高榜样的位置。斯大林还利用共产党情报局采取强制手段推行苏联模式，并把一切与苏联不同的意见和模式都当作异端加以排斥、打击和制裁。同时，苏联实行大党主义、大国主义，把自己的一切理论和实践都封为马列主义的正统，强迫其他社会主义国家照搬照抄。而这些都根源于斯大林错误地把苏联在特定历史条件下建设社会主义的道路和方法看作是社会主义建设的普遍规律，是社会主义国家统一的模式，谁偏离这一模式或提出不同看法，谁就背叛了社会主义原则。所以，在国际共产主义运动中，苏联模式曾长期被视为至高无上的权威，各个社会主义国家，不论自觉也好，被迫也好，或长期或短期，都曾照搬照抄了苏联模式，结果使苏联模式的弊端从一国扩散到社会主义各国，并使这些国家都相继出现了与苏联相类似的问题，先后遭到不同程度的挫折，从而延缓了社会主义的发展进程，有的国家甚至出现了剧烈的社会动荡。

总之，苏联模式导致了社会主义国家经济发展的停滞与萧条，在政治上破坏了党内民主和社会主义的正常民主生活，形成家长式统治，使社会主义的形象和声誉受到极大损害。我们不否认，斯大林模式的形成和发展有其特定的客观历史原因，在历史上曾经起过应有的积极作用，但我们也必须看到，这种模式与社会主义的本质规定是相背离的。

四、社会主义苏联模式在国际上的推广

(一)苏联模式在东欧的推广

1945 年到 1948 年，东欧国家经历了一个短暂的过渡时期，然后按照苏联模式自上而下地进行了政治经济体制改革，推广了苏联模式。但是，由于东欧大多数国家在第二次世界大战以前的资本主义发展水平比十月革命前的俄国高得多，这些国家的社会政治传统和民族特点同苏联也有很大差异，所以教条地照搬苏联模式，从一开始就遭到东欧国家党内外人士的反对。他们不赞成把苏联一党的经验作为放之四海而皆准的“共同规律”，而

主张把马列主义的普遍原理和社会主义的基本原则运用于本国的实践，制定一条符合本国情况和本民族特点的发展道路。为此，他们一次又一次地掀起改革苏联模式的社会运动，但每次都遭到苏联的干涉和镇压。

1.20世纪40年代末苏南冲突及其警告效应

战后，由于南共领导人实行了独立的外交政策，更由于南共在苏联利用苏南联营公司侵占南斯拉夫经济利益时提出了不同意见，使苏联领导人非常恼火。其时，东欧一些国家党的领导人反对照搬苏联模式。如在波兰，当时党的第一书记哥穆尔卡认为，波兰的革命与苏联的革命情况不同，主张走"波兰的社会主义道路"。他反对按照苏联的经验，片面发展重工业，实行强制性的农业集体化，以及扩大阶级斗争范围等"左"的方针。在南共内部，也有很多人主张走"特殊的通向社会主义的道路"。在匈牙利，当时的内政部长卡达尔和农业部长纳吉等人也主张，建设社会主义要结合本国的特点。这使苏联领导人进一步感到不可容忍，于是，在1948年春季首先向南斯拉夫发难。苏联谴责南共犯了"反苏主义"、"民族主义"等罪行，对于南共没有像苏共那样集权，指责为放弃党的领导，把党"溶化"于人民阵线之中；对于南斯拉夫的集体化速度缓慢，指责为放纵资本主义；对于南斯拉夫未搞阶级斗争扩大化，指责为"阶级斗争熄灭论"，复活伯恩施坦、布哈林的观点等。这些说明，苏共不允许别国在建设社会主义过程中对苏联政治经济体制有丝毫的不同和细微的差别，只允许全盘推行，机械照搬。哥穆尔卡因为主张走波兰社会主义道路，被指责为犯了"右倾民族主义"错误，受到批判，并于1948年9月被撤销总书记职务，不久又被逮捕。匈牙利的卡达尔也以"右倾"和"民族主义"罪名被投入监狱。曾任匈内政部长、外交部长等职的钦伊克被处决。保加利亚中央政治局委员、部长会议副主席科斯托夫被控以"民族主义间谍集团"首要分子于1949年底被处决。在捷克斯洛伐克，由于捷党内有许多人主张走"特殊的通向社会主义的道路"，结果在苏联保安机关的直接参与下，总书记斯兰斯基等一大批党的高级干部被处决，七万多人被清洗和牵连。这场反对"民族主义和铁托分子"的斗争，不仅破坏了东欧各党、各国的独立自主，使大批优秀分子遭到迫害，而且也剥夺了这些国家根据本国实际创造性地发展马克思主义和建设社会主义的权利。同时也是警告东欧各国，不准对苏联模式和苏联经验有任何怀疑，如果谁偏离苏联模式，改变苏联模式，就是背叛苏联，就要受到严厉的打击和镇压。

2."波匈事件"是苏联模式强制推广而导致的东欧国家社会矛盾激化的结果

从50年代开始，东欧国家全面推行苏联的建设经验，集中力量发展重工业，大搞农业集体化，结果导致经济比例严重失调，农业减产，人民生活水平下降，再加上阶级斗争扩大化，压制民主与自由，致使社会关系全面紧张，终于在1956年苏共二十大后，在波兰和匈牙利酿成了震惊世界的"波匈事件"。在波兰，波兹南的工人同军警之间发生了流血冲突。在匈牙利，成千上万的群众走上街头，同保安部队和苏联军队发生了大规模和长时期的武装冲突。在这两次事件中，人民群众不仅反对苏联的驻军、反对苏联的控制，而且提出了改革苏联模式的要求。例如，要求改革中央计划经济体制，民主选举各级领导，保证言论自由和罢工权利等。波兰党提出了"社会主义及人民掌权原则下的生活民主化"的纲领，制定了改革政治经济体制的具体政策和措施。在这次事件中，首次在当时的社会主义阵营中公开批评了苏联社会主义模式，提出社会主义模式应该是多样的。哥穆尔卡在1956年10月波党八中全会上说，社会主义制度不变的原则是“废除人剥削人，人压迫人的制度”，“而实现这个目标的道路能够是而且也的确是不同的”。社会主义“可以是在苏联产生的那种形式，还可以是像我们在南斯拉夫看到的那种形式，还可以有别的不同形式”。

苏联模式在东欧的强制推广，产生了的消极影响。第一，严重地损害了东欧国家的主权和独立。第二，激化了社会主义国家之间的矛盾，削弱了社会主义阵营的凝聚力。第三，严重地损害了社会主义国家在世界人民心目中的形象。第四，阻碍了东欧国家社会主义建设的顺利进行。

3．苏联模式对中国的影响

新中国成立以后，用了3年多时间，完成了恢复国民经济的工作。1953年后，中国进入了社会主义革命和建设的新时期。如何从中国的实际情况出发，建设具有中国特色的社会主义，是一项艰巨和复杂的任务。以毛泽东为首的党中央在进行社会主义改造的过程中，考虑到中国的特点，创造性地对民族资产阶级采取赎买政策。但在社会主义建设方面，却受传统观念的束缚，把苏联的模式看成是建设社会主义的必由之路，集中全国的人力、物力和财力发展重工业，并建立了高度中央集权的政治、经济体制。50年代初期，由于中国尚处于社会主义改造过程中，城乡都还存在着许多市场经济的因素，因而不能完全照搬苏联模式。赫鲁晓夫上台以后，对斯大林个人迷信和个人崇拜进行了批判，并决心对斯大林时期形成的苏联模式进行改革，促使中国对自己的社会主义建设进行新的思考。遗憾的是，这一探索被1957年的反右斗争打断了。此后，国家集中越来越多，行政手段越来越受重视，商品生产也受到诸多方面的限制，从而在第一个五年计划以后，中国形成了类似苏联的社会主义模式。

中国建立集中型的经济模式，在建国初期，由于经济发展水平不高，经济结构比较简单，经济发展目标是满足增强国力，解决人民温饱的简单需要，因而尚有其积极的一面。但政企职责不分，条块分割，国家对企业管得过死，忽视商品生产和价值规律的作用，分配中的平均主义等已直接影响到生产效率和经济效益的提高。对此，中央已有所认识，并提出了一些重要的改革思想。但是，在1957年以后，由于对阶级斗争形势估计上犯了“左”的错误，以及其他政治经济原因，正确的思想不仅没有得到贯彻和发展，“左”的错误反而越来越严重。1958年发动了大跃进、人民公社化运动，所谓“跑步进入共产主义”的思想越来越被许多领导人所接受。随着中苏分歧日益扩大，中国对赫鲁晓夫的批判越来越多，对斯大林领导下的苏联社会主义建设道路及其模式则更多地加以肯定，因此，在继承和发展斯大林模式方面走得更远，致使中国的经济体制也越来越朝着集中化方面发展。“文化大革命”十年动乱中，不但没有改变传统的集中型经济体制的基本模式，而且大大强化了体制中的军事共产主义供给制因素，结果使中国国民经济的发展遭到极大的破坏。

思考题：

1．为什么说科学社会主义理论是与欧洲工人运动相结合的产物？

2．分析社会主义革命首先在经济文化比较落后的国家取得胜利的原因。

3．试述社会主义苏联模式的形成与历史贡献。

第四章　社会主义在当代的曲折发展

20 世纪,社会主义经历了从理想到现实,从一国胜利到多国实践的发展,开始了人类社会最伟大变革的历史进程。但是社会主义的发展并不是一帆风顺的,进入 20 世纪 50 年代,传统社会主义的弊端逐渐暴露出来,苏联和东欧各国相继进行了改革,最后导致社会制度的转向,发生了东欧剧变和苏联解体的历史悲剧。苏联、东欧社会主义国家迅速崩溃,使社会主义运动因遭受前所未有的冲击而跌入低谷。令人欣慰的是,这些国家在经历了经济秩序、社会政治动荡之后,共产党人又开始了有关社会主义建设的认真思考与独立探索。

第一节　改革是完善发展社会主义的必由之路

一、时代发展与社会主义面临的挑战

(一)新技术革命与世界经济社会发展

20 世纪 50 年代以后,作为第三次科学技术革命延续和拓展的新技术革命兴起。其主要标志是以微电子技术为核心,包括新能源技术、新材料技术、航空航天技术、海洋工程技术、生物工程技术等各尖端技术领域。新科技革命有力地推动了经济的增长,有效地改变着人与自然的关系,深刻地影响着人类社会的发展,同时渗透到人类生活的各个领域,迅速而深刻地改变了并将继续改变当代经济社会生活和世界面貌。

新科技革命给资本主义国家带来了一系列新变化。发达资本主义国家不仅通过吸收和利用当代科学技术发展的最新成果,为资本主义社会的生产力发展提供了新的空间,而且调整了生产关系和上层建筑。在新科技革命推动下,发达资本主义国家的经济增长速度超过了历史上任何一个时期,产业结构发生了深刻的变化。同时,新科技革命使西方发达国家阶级状况发生了重大变化。随着新科技的应用,从事技术与管理工作的白领阶层

的比例迅速增长。

针对新科技革命给西方发达国家带来的种种冲击和影响，资本主义国家通过增强国家管理经济和社会的职能，做出了积极的应对，使资本主义进入了比较稳定的发展阶段。

第一，国家宏观经济调控机制的建立。其主要手段：一是国家制定经济社会发展计划，指导经济的发展，并通过一定的政策措施引导企业。二是运用财政手段干预经济，以扩张性财政政策刺激需求，以紧缩性财政政策平抑经济过热。三是运用货币政策调控经济，以扩张性货币政策促进经济增长，以紧缩性货币政策抑制通货膨胀。资本主义国家的宏观经济调控措施对缓和资本主义经济的内在矛盾，促进经济迅速而稳定的发展，起到了明显的作用。

第二，对上层建筑的某些环节进行改良和修正。新科技革命促进了社会公众对民主政治权利的进一步诉求，于是西方国家对某些传统的公民权利内容做出了新的解释，又规定了一些新的公民权利，使得西方国家公民权利的外延有了新的拓展。同时，各项政治制度如议会制度、政党制度、行政制度和法律制度的运行实现了法律化。

第三，对生产关系的某些环节进行改良和修正。在新科技革命的影响下，资本主义国家对生产关系的某些环节和资本主义经济社会的运行、管理机制作了不少的自我调节、改良和改善，包括借鉴社会主义的一些做法，从而使得资本主义的生产关系不仅能够容纳现实的生产力，而且还发展生产力。资本主义统治下的阶级矛盾和社会矛盾也有一定程度的缓和。

第四，国家对收入分配政策的干预和调整。在20世纪30年代以前，收入分配完全是资本家决定或资本家与工会协商决定，国家并不干预。战后，资本主义国家全面介入个人收入分配领域。在初次分配方面，工人的工资改为由雇主、工会和政府三方面共同决定，以避免劳资矛盾的激化。同时，国家加大了对国民收入二次分配调节的力度，实施“福利国家”政策，以缩小各社会阶层在初次分配后的收入差距。西方国家每年通过税收能够集中起来的国民收入一般都在三分之一以上。这一部分国民财富中，大约有60％用于贫困救济、失业补贴、公共教育等社会保障和社会福利开发。通过国家干预和调整的社会保障体系，西方资本主义国家缓解了因失业、贫困等引起的诸多社会问题，维护了社会稳定。

新科技革命同样也给社会主义国家带来机遇，但由于社会主义国家原有传统体制存在的种种弊端，影响了对新科技革命成果的吸收。如果让这种旧体制继续长期存在，社会主义国家就会错失新科技革命带来的机遇，在科技领域长期处于落后状态，并延误生产力的发展和社会经济、政治与文化的进步，影响社会主义制度优越性的发挥，危及社会主义国家的生存和发展。改革是社会主义国家革新旧体制、抓住新科技革命带来的机遇的根本对策。社会主义国家只有及时进行经济、政治和科技文化体制的改革，变革生产关系和上层建筑中不适应科学技术和生产力发展的环节和方面，建立能够激发广大人民尤其是科技人才的进取心、责任感和首创精神，借鉴世界先进科技成果组织全国的科技开发与应用，进一步解放和发展社会生产力的社会主义新体制，才能使社会主义国家既可抓住当代新科技革命提供的千载难逢的机遇，又能经受其带来的严峻挑战。社会主义国家正是逐步认识到新科技革命带来的机遇和挑战而先后兴起了改革浪潮。这次新技术革命还迅速向广度和深度发展,把科技发展推进到了世界一体化的科技时代,并且也推动了世界经济趋于全球化。

经济全球化也给社会主义国家带来前所未有的挑战。由于经济全球化趋势并没有根本改变不公正不合理的国际政治经济旧秩序,西方发达国家主导了经济全球化,它们在经济全球化过程中能够占有更多的优势,获得更多的利益。而社会主义国家所处的相对劣势地位,在经济全球化过程中必然要承受经济上、政治上的风险,付出更多的代价。因此,社会主义国家必须既要抓住经济全球化带来的机遇,又要积极迎接挑战,通过改革趋利避害,争取从中获得更大的利益。

(二)时代主题的转变

在马克思、列宁所处的时代,战争与革命是时代的主题。马克思认为,资本主义不可避免地会出现危机和战争,而危机和战争必然会引起革命,因此,无产阶级应利用这一形势发动革命夺取政权。毛泽东继承并发展了"危机和战争引起革命"的思想,在20世纪50至70年代提出"不是战争引起革命,就是革命制止战争"的著名论断。当时美苏两霸,军备竞争愈演愈烈,世界一直不太平。因此,毛泽东认为在帝国主义时代战争是不可避免的,所以资本主义会迅速崩溃,而社会主义将有大的发展。进入20世纪70年代以后,世界的形势发生了很大变化,"战争与革命"已不是当代世界的主题。正如邓小平所指出的:"现在世界上真正大的问题,带全球性的战略问题,一个是和平问题,一个是经济问题或者说发展问题。和平问题是东西问题,发展问题是南北问题。概括起来,就是东西南北四个字。"① 尽管和平与发展这两大问题至今一个也没有解决,但是世界要和平,人民要合作,国家要发展,社会要进步,这是时代的潮流。

在国际环境逐渐显现相对稳定的新形势下,资本主义世界的不少国家和地区都抓住这个有利时机,并借助新科技革命,大力发展经济,且取得了较好成效,客观上向社会主义国家提出了挑战。作为社会主义国家,若不利用国际环境相对稳定的机遇加快发展经济,则将会在与资本主义国家的竞争中落败。要在和平时期发展经济,就必须遵循常规时期经济发展的规律,并要有一个相应的经济体制和运行机制。

但是,战后建立的社会主义国家在建国初期,由于缺乏经验,都曾照搬苏联的做法。苏联模式对这些国家在建立初期都曾起到促进政权的巩固以及迅速集中全国有限的资源,恢复和发展国民经济的积极作用。然而,由于苏联模式脱胎于备战和战争年代,是一种准战时体制,带有军事化色彩,它不适应在和平条件下进行政治、经济、文化等方面的现代化建设,不利于发展社会主义商品经济,严重阻碍了社会主义国家的发展。因此,发展问题已成为决定社会主义前途和命运的关键问题。随着时代主题由战争与革命逐渐向和平与发展转变,苏联模式的准战时体制越来越不适应发展生产力的要求,成为社会主义经济进一步发展的桎梏。社会主义国家要适应时代主题转变的新形势,就必须通过改革,冲破苏联模式的束缚,实现向新体制转变,以抓住机遇,迎接挑战。

总之,时代的发展对社会主义来说既是机遇也是挑战。要抓住机遇和迎接挑战,只有

① 《邓小平文选》,第3卷,第105页。

从加快社会主义改革中去寻找出路。要抓住机遇,就要改变传统观念,增强改革的自觉性和紧迫感,加快改革步伐,尽快建立起有利于经济发展和科技进步的新体制。当代社会主义所面临的机遇和挑战,已经形成一股强大的外在压力,使得改革的历史必然性和紧迫性更趋突出。社会主义国家必须认清形势,抓住机遇,抓紧改革,搞好改革,以巩固和发展当代社会主义事业。

二、社会主义国家改革的必然性

(一)改革是社会主义基本矛盾运动的内在要求

根据马克思主义关于社会主义改革的思想,社会主义社会之所以要不断改革,从根本上说是社会基本矛盾运动规律的客观要求,其必然性根源于社会主义社会基本矛盾运动的现实状况。社会主义社会的基本矛盾仍然是生产关系和生产力、上层建筑和经济基础之间的矛盾。社会主义社会的基本矛盾的性质是非对抗性。社会主义制度是在自身基础上不断完善和发展的制度,而实现和完成这种变化、发展的途径和方法就是改革 。改革是生产关系一定要适应生产力、上层建筑一定要适应经济基础发展规律的客观要求。社会主义制度确立以后,生产关系和生产力、上层建筑和经济基础在总体上是相适应的。同时,我们也应该承认,社会主义生产关系和生产力之间、上层建筑和经济基础之间,在某些环节上和具体实现形式以及运行方式方面,还存在着一定的非对抗性的矛盾,还有不相适应的一面。所以,需要通过不断改革去解决这些矛盾,适时地调整生产关系和上层建筑中同生产力发展不相适应的环节和方面,使之同生产力的发展相适应。

(二)改革是社会主义制度发展和完善的必然要求

任何一种形态的社会制度建立后,不可能一开始就是完美无缺的,而必然是一个由低级到高级,由不完善到比较完善的发展过程。新建立的社会主义制度同其他社会制度一样,也需要有一个逐步完善的过程,这个过程主要通过改革来实现。早在一百多年前,恩格斯就指出:“所谓‘社会主义社会’,不是一种一成不变的东西,而应当和其他社会制度一样,把它看成是经常变化和改革的社会。”①

社会主义制度是人类历史上崭新的社会制度,同已有三四百年发展历史的资本主义制度相比,还处在幼年时期。虽然世界上第一个社会主义国家苏联在战争时期通过这种经济上的高度计划、政治上的高度集权、思想文化上的高度控制取得过巨大的胜利,奠定了世界社会主义运动高潮的坚实基础,但由于社会主义是在资本主义链条中最薄弱的环节发生的,大部分社会主义国家是通过跨越资本主义的“卡夫丁峡谷”而建立起来的,因此,其先天不足和发展中暴露出来的问题是显而易见的。这种不完善,集中体现在存在着种种弊端而又僵化的经济体制、政治体制、文化体制等对社会生产力发展的严重的束缚。

要使社会主义国家的发展摆脱上述各种已不合时宜的制度羁绊,激发社会主义国家的发展活力,完善社会主义制度,就必须进行社会主义改革。只有通过改革的方式才能实

① 《马克思恩格斯选集》,第4卷,第693页。

现“社会主义制度的自我完善”。① 具体而言,这种“自我完善”,是在坚持社会主义基本制度的前提下,在社会主义内部进行调整和变革,改革生产关系和上层建筑领域中阻碍生产力发展的旧体制,打破旧框框去促进生产力的发展,彰显社会主义制度的优越性。所以,社会主义制度的自我完善不是一般的体制修补,而是从一种社会主义体制到另一种社会主义体制的全面变革,是一场深刻的革命。通过这种变革,社会主义制度内部各系统、要素之间才能相互配套、更加和谐,从而建立起充满生机和活力的社会主义体制。

(三)改革是社会主义与具体国家和民族相结合的要求

社会主义与具体实践相结合是马克思主义的内在要求。只有坚持社会主义与具体实践相结合,社会主义才能有生命力,才能不断发展繁荣。马克思、恩格斯曾预见到,无产阶级夺取政权后,在不同国家,采取向社会主义过渡的措施“当然会是不同的”。列宁根据世界革命发展的趋势指出,一切民族都将走向社会主义,但是一切民族的走法却不完全一样,每个民族都会有自己的特点。在这里,马克思主义经典作家们为社会主义发展是否只应有一种模式提供了明确的答案,那就是社会主义的发展不应拘泥于一种模式,而要与不同民族、国家的实际相结合。同样,在社会主义国家的改革过程中,只有将改革与各个民族、国家的实际相结合,改革才能成功。

所谓社会主义与不同民族、国家的实际相结合,就是社会主义的特色化与民族化,其实质是指社会主义在某一国家的实现,必须要结合本国的具体实际,从而使社会主义在实现形式上具有该国的民族特色。然而,在第二次世界大战后,苏联却把其在20世纪30年代革命战争条件下形成的社会主义模式作为唯一正确的社会主义发展模式,推广到其他所有新兴社会主义国家。显然,这是一种割断历史,无视不同国家和民族实际情况的做法,最终导致了社会主义发展缺乏活力。在这种形势下,南斯拉夫等社会主义国家被迫从20世纪50年代起,开始冲破单一的苏联社会主义模式,朝着社会主义与自己的民族与国家的实际状况相结合的方向进行改革。

在改革的具体实践中,许多社会主义国家深刻地认识到,社会主义国家的基本制度虽然相同,但各国的具体国情却有很大的差别。这种差别体现在自然状况、人口构成、生产力水平、经济结构、历史传统、生活方式、人民觉悟等各个方面。正是由于有这样的种种差别,所以,各个国家的社会主义改革应该从实际出发,把科学社会主义同本国的国情结合,实事求是地确定自己的方向、道路、目标、方针、政策、策略,形成多种多样的社会主义模式。从某种意义上讲,社会主义具有不同民族或国家特色,这是社会主义发展的一种客观规律,是社会主义存在和发展的必然形式。社会主义的基本原则只有通过与各个国家的具体国情相结合,它的特点才能体现出来。社会主义的特点体现得越充分、越全面,社会主义的原则也才会得到更加深入的贯彻,社会主义的改革和建设也才会取得更大的成功。因此,从这个角度看,社会主义与具体国家和民族相结合原本就是社会主义的内在要求。而打破单一的社会主义发展模式,进行改革则是社会主义与具体国家与民族相结合的必然要求。

---

① 《邓小平文选》,第3卷,第142页。

从历史上看，只有体现本民族和国家的特色，社会主义建设、改革才能成功，而刻舟求剑、照抄照搬某一国的经验只能带来失败的结局。中国改革的成功与东欧国家建国之初仿效苏联模式的失败就证明了这一道理。因此，在进行社会主义改革时，必须要把马克思主义基本原理同本国社会主义建设的具体国情结合起来，依靠熟悉本国国情的人民群众，独立自主，走自己的道路，而决不能因循守旧、不思进取，把马克思主义当作教条。只有如此，改革才能成功，社会主义才能永葆活力。

第二节　东欧社会主义国家的探索与失败

一、东欧社会主义国家面临的改革形势

东欧人民民主国家虽然走上社会主义道路的具体过程不完全一样，但有一点是共同的，即民主革命完成后，最初的政治经济体制都是仿效苏联模式建立起来的。苏联高度集权的体制在一段时间内，对恢复和发展东欧各国的经济起过一定的积极作用。但从根本上看，这种体制不适合东欧国家的国情。随着东欧各国经济政治社会的发展，这种体制的弊端日趋暴露，并逐渐产生了消极的后果。不少国家在经历了一段较快的经济增长时期以后，或多或少地呈现出发展停滞的现象，国民经济出现了严重的困难。在政治和社会领域，官僚主义、干部特权、个人专权、党政不分、个人崇拜、破坏民主与法制等现象也日益严重。

苏联高度集权体制的弊端在南斯拉夫表现为以下几个方面：第一，经济上出现了生产、交换和分配中的扭曲现象。生产者由于缺乏足够的经济刺激，在生产中丧失热情和干劲。第二，高度集权的体制同南斯拉夫多民族的共同体结构发生了冲突。南斯拉夫是个多民族联邦制国家，法律上承认各民族的自决权和平等，但由于这种中央高度集权的体制，各共和国实际上成了联邦中央的执行机构，从而导致了民族不平等和纠纷。第三，在南共内部产生了官僚主义的专制工作方法和作风。

在匈牙利表现为：匈牙利劳动人民党的拉科西领导集团，背离马克思主义原则，进行党内大清洗，酿成大量冤假错案。党内外个人崇拜、个人专断、教条主义和宗派主义盛行，政治生活极不正常。经济建设问题不断，人民生活水平下降。

在波兰表现为：第一，政治上党内的民主生活受到严重破坏，领导干部脱离群众，官僚主义膨胀，个人崇拜盛行。第二，经济上国民经济比例失调，日用品奇缺，物价上涨，工资减少，人民生活水平下降。

在捷克斯洛伐克表现为：人民的民主权利很少，党内民主生活很不正常；经济效益低，人民生活水平提高缓慢；捷对苏贸易处于不利地位，缺乏进一步经济积累的资金。

其他东欧社会主义国家也都不同程度地存在着上述各国的问题。在这种形势下，社会主义国家面临着巨大的改革压力。另外，苏联共产党大党大国主义的很多错误做法，曾

先后在东欧激起过一连串的事件,也使得东欧社会主义国家开始对不符合本国国情的苏联模式进行改革。

首先是由苏南矛盾引发的1948年的情报局事件。战后初期,苏联出于同英、美划分势力范围的需要损害了南斯拉夫的民族利益,引起南共领导人铁托等人的不满。在经济恢复初期,苏联又向南斯拉夫提出了不公平的经济要求,成为战后苏南冲突的核心和新因素。1948年2月,苏联指责南斯拉夫在外交政策上没有同苏联政府磋商的习惯,后又撤出援南专家。6月,在苏联操纵下,欧洲9国共产党和工人党情报局对南共施加压力,指责南共在内政外交上执行一条“脱离马克思列宁主义的路线”。在国内政策上,“背离了马克思主义关于阶级和阶级斗争的理论”,成了“富农党”;在外交上,背离了国际主义,“只是适合于民族主义的立场”。① 在一片指责声中,宣布把南共开出情报局。

南共被从情报局开出后,经济贸易受到苏联和东欧的封锁,南斯拉夫的发展面临着极大的困难。南斯拉夫顶住压力,开始了以自治理论为核心的改革。

在民主德国,1953年6月17日爆发了“东柏林事件”,又称“六一七事件”。德意志民主共和国成立后,由于尚未从战争的创伤中完全恢复,又要承担偿付给苏联的大笔赔款,国家经济陷入困境。6月17日,东柏林工人在施特劳斯广场集会。会后举行示威游行,要求降低物价,实行言论和新闻自由,保证罢工参加者及其代言人的人身自由,举行全德自由选举,释放政治犯,撤走一切外国军队。

在波兰,1956年6月,波兰波兹南斯大林机车车辆厂发生了一次工人骚动。波兰当局出动警察进行镇压,致使数十人死亡,三百多人受伤,三百多人被捕。波兹南事件发生后,波党对事件发生的深刻根源的认识逐渐深入。

1956年在匈牙利,1968年在捷克斯洛伐克,也发生了类似上述各国事件性质的风波。

东欧各社会主义国家发生的事件,不同程度地反映了东欧国家要求独立自主,对不符合国情的苏联模式进行改革的要求。改革势在必行。

总之,面对苏联过度集权的模式给东欧社会主义各国带来越来越多的弊端,面对东欧社会主义各国发生的一系列事件,面对社会主义国家面临的东西方对峙的国际形势,改革不可避免地成为各社会主义国家的要求和各国人民的普遍呼声。社会主义改革正是在这样的时代形势下,蓬勃兴起,发展为不可抗拒的时代潮流。

二、东欧社会主义国家改革的历程

东欧社会主义国家的发展道路是曲折的。20世纪50年代以来,东欧国家已认识到社会主义国家也可以有不同的发展模式,并开始了对本国社会主义发展道路的独立探索。

(一)南斯拉夫的改革

南斯拉夫系统的、全面的社会主义改革开始于1950年,是社会主义国家中最早进行改革的国家。南斯拉夫的改革是在一整套的社会主义自治理论的指导下进行的。

第一,生产资料实行社会所有制。社会所有制的含义是:一切资源是全体人民的共同

① 《共产党情报局会议文件集》,人民出版社,1954,第40－41页。

财产，同时也是每个人的财产，人民有权使用社会所有的生产资料从事劳动，并从这种基本权利出发，享有其他一切不能剥夺的权利。因此，社会所有制就是用社会所有的生产资料从事生产的权利，每个工人对实现这种权利负责，和其他享有同等权利的工人处于平等的地位，同时也实现与这种基本社会经济权利有关的其他权利和义务。南共领导人铁托指出："国家所有制是公有制的最低级的形式，而不是像苏联领导人所认为的那样是最高级的形式，社会所有制才是高级形式。"① 社会所有制的生产资料，既不属于国家，也不属于集体、集团和个人，而是属于整个社会，属于所有劳动者。

第二，改指令性计划为自治社会计划，把社会计划建立在符合市场经济客观规律要求的基础之上。社会计划建立在由企业劳动者自主决定的企业计划的基础上，体现社会主义自治的要求，体现劳动者直接管理和使用社会所有制的生产资料并自主地决定对劳动成果的分配原则。社会计划建立在广泛民主的基础之上，企业的计划由企业自主决定，通过自治协议和社会契约及其他合同、协议，使社会计划得到落实。

第三，实行企业自治和劳动者自主。企业具有作为独立的商品生产者所必需的一切权利：生产经营权，劳动管理权，收入分配权。劳动者以自己的劳动参与劳动生产过程，履行自己的职责，对联合劳动的生产经营实行共同管理，实现自己的物质利益。

第四，劳动者自主分配劳动成果，但这种分配必须对社会负责。在自治制度下，收入作为一种经济范畴，不仅体现劳动者和劳动组织的个别劳动量，而且也体现整个社会劳动。每个联合劳动组织可自行决定劳动收入的分配，但这种分配要有利于在按劳分配的基础上寻找尽量统一的个人收入分配标准。因而，每个联合劳动组织在支配自己的收入时，必须对社会负责。

南共也对传统社会主义政治模式进行了大胆的变革，这主要体现在政治制度上实行代表团制。南斯拉夫公民选出的不是个别代表，而是代表团，其成员有250万人。代表团分别派不同代表参加议会的各种活动，听取群众意见和代表团内部讨论后，再把意见带回议会讨论决定。南斯拉夫实行党政分开，除铁托外，其他党的领导人不再兼任行政职务。

南斯拉夫的改革和自治体制的建立，有利于防止干部队伍特殊化、官僚化，有利于在主人和公仆之间建立一种正常的关系，有利于发挥地方、基层和个人的积极性、主动性，极大地促进了经济的发展。

(二)匈牙利的改革

1956年11月，匈牙利成立了以卡达尔·亚诺什为首的工农政府，开始领导匈牙利党和人民进行尝试性的局部改革。经济体制改革实质在于确立企业相对独立的商品生产者地位，建立一种中央对国民经济有计划的控制与发挥市场机制作用相结合的新经济体制。改革就是通过市场机制来保证国民经济计划的实现，利用市场机制使计划经济增加灵活性，提高效能，促使生产和需求之间产生有利的相互影响。其具体做法：由国家制定五年计划和年度计划，规定经济发展的主要目标和比例；取消国家给企业下达的指令性指标，企业的生产计划完全由企业自己来定；国家投资方面则改变预算拨款的办法，采取银行贷

① 铁托：《铁托自述》，新华出版社，1984，第341页。

款的办法;取消了价格以及职工工资由国家规定的制度,随行就市;对国民经济的管理以经济手段为主,国家主要通过信贷、税收、价格等经济杠杆对经济运行进行调节。

匈牙利在政治方面也进行了改革,突出的成就是实行联盟政策和改善党的领导。其主要措施:一是党和政府通过爱国人民阵线这一组织形式来团结和协调各种社会力量;二是改进选举制度,加强法制,加强监督;三是初步实行了党政分开的领导体制,改变以往党包办一切的做法;四是减少行政管理层次,大力精简政府机构;五是改革干部制度和知识分子政策,完善干部的选拔、培养、考核、奖惩、退休等制度。改革促进了经济发展。匈牙利出现了政局稳定、人民团结、社会安定的局面。

(三)波兰的改革

1956年,哥穆尔卡上台后,提出“要走适合波兰具体情况的社会主义道路”,对原有体制进行了一些改革。第一,建立工人委员会。哥穆尔卡认为工人委员会是无产阶级专政制度下的一种工人民主形式,“工人委员会以集体的名义管理属于全民所有制的企业”。第二,扩大议会和人民代表会议的权利,加强党派之间的合作。第三,在经济领域中实行重大改革。首先是对农业进行改组,反对苏联式的农业全盘集体化,扶植个体农户发展生产,减少粮食义务交售额,提高农产品收购价格,允许土地自由买卖等。其次在国民经济建设方面,在坚持以重工业为重点的五年计划基础上,力求向城乡居民多提供必需的消费品和住宅;减少中央对地方的指令性计划,扩大企业自主权;把国家对企业投资的拨款改为银行贷款;减少国家对外贸易的垄断;以盈利指标作为考核企业经营效果的标准。第三,在管理体制上,撤销了中央的主管部,把权力下放到州管理局等。哥穆尔卡的改革初期,政局稳定,经济发展,被称为“通向社会主义道路的春天”。

由于哥穆尔卡的改革是在原有体制内进行的局部性调整,没有触及其根本弊端,到20世纪60年代末,波兰出现了经济困难,价格和工资收入轮番上涨,宏观失控,通货膨胀加剧,外债负担有增无减,为日后的演变埋下了隐患。

(四)捷克斯洛伐克的改革

捷克斯洛伐克从20世纪50年代到80年代的四十多年里先后进行了三次改革。

捷克斯洛伐克自1958年开始改革,制定了“关于计划和财政管理的新体制”方案。改革的目标主要是提高经济的增长率,主要内容有:减少工业管理层次;实行市场经济单位独立的经济核算;赋予企业一部分自主权;加强物质刺激等。

1968年1月杜布切克的上台,标志着“布拉格之春”改革运动的到来。同年4月,捷共中央通过了实行政治经济体制改革的《捷克斯洛伐克共产党行动纲领》,提出了第二次改革的内容。第一,改革党的领导体制,实现党内生活民主化。第二,改革政治体制,反对国家权力垄断化和集中化,倡导政治协商原则,实行政治生活民主化。第三,改革国家体制,建立联邦制,使捷克人和斯洛伐克人处于平等地位。第四,确保公民的权利和自由。第五,改革经济体制,使之充满活力。第六,改革科学、教育和文化政策,实现文化的人道主义使命。第七,执行独立自主的外交政策。《行动纲领》一出台就受到广大人民群众的欢迎。各界群众举行各种集会,讨论国家政治生活中的各种问题,出现了活泼的政治局面,被称为“布拉格之春”。但由于“布拉格之春”改革运动有着明显的独立自主的倾向和特点，苏联在1968年8月与部分华约成员国一起对捷克斯洛伐克突然采取军事行动，致使被称为“布拉格之春”的改革运动遭到扼杀。从1969年起，捷克斯洛伐克又回到了集中的计划经济体制上。

1980年1月，捷克斯洛伐克在吸取前两次改革经验与教训的基础上，通过了《完善国民经济计划管理体制的一整套措施》，开始了第三次改革。内容涉及计划体系、计划指标体系、财政体制、基本建设工作、价格制度以及工资制度等。这次改革是对集中计划管理体制的进一步改进，实际效果并不大。

总之，四十多年来，捷克斯洛伐克的经济虽然有了较大幅度的增长，但是增长速度依然缓慢。

(五)罗马尼亚的改革

1965年，罗共九大开始提出改革的思想和要求。第一，改革计划管理体制，加强计划管理的科学性，规定了计划管理原则和编制计划的程序。第二，调整国民经济领导结构，减少行政区划的中间层次，以便在加强中央集中领导的同时，发挥地方的积极性。第三，建立工业中心，减少工业管理中的中间环节。第四，取消一长制，建立一套实行集体领导和工人参加管理的机构。

在这些改革的基础上，70年代末至80年代初，罗马尼亚开始实行新的财经机制，并对价格制度和工资制度进行了一些改革和调整。

总体来看，罗马尼亚的改革，着眼于发挥集中管理体制的长处而克服其弊端，重点是调动企业和地方的积极性，对经济发展中农、轻、重结构不合理和高度集权等问题，都未能触及。罗马尼亚进入80年代中期后，经济情况不断恶化，特别是罗党政领导人齐奥塞斯库独断专行日趋严重，社会主义民主和法制不断遭到破坏，党政民主生活完全流于形式，国内普遍存在着对齐奥塞斯库的不满，民族矛盾也日趋尖锐。

(六)民主德国的改革

民主德国的改革起自20世纪60年代初，主要体现在经济体制方面。1963年1月，民主德国党召开的“六大”，决定在全国实行经济改革。第一，在保持中央国家计划的前提下扩大企业和地方的自治权，国营企业联合公司除行政管理外，主要担负经济领导任务，变成了一种康采恩式的组织。第二，在国民经济计划的基础上，广泛采用成本、价格、利润、信贷、税收、工资和奖金杠杆来实现企业的经济核算。第三，对全国固定资产进行一次普遍清查，实行工业品价格改革。第四，为有效地使用机器和设备，实行生产基金付费制度。第五，改变国家投资拨款制度，实行以自筹资金和银行贷款为主的企业投资原则。改革促进了经济的发展，但也出现了很多漏洞和不协调的现象。1978年5月起，民主德国决定对工业和建筑业的管理体制再次进行改革，以建立托拉斯式的大型企业经济管理体制为中心。1979年11月，民主德国政府公布了联合企业法，到1981年底全国基本上实现了联合企业化。

民主德国实行托拉斯式的管理体制，从实际效果来看，有利于解决集中管理与分散经营的矛盾，有利于专业化和集约化的实现，但它在管理中仍然以行政管理为主，因而不能充分发挥经济规律和经济杠杆的作用，不能利用市场调节促进经济发展。

(七)保加利亚的改革

保加利亚自20世纪70年代初开始推行新的经济体制。第一,改革计划体制,减少集中的计划指标并相应地扩大企业的经营自主权。第二,改革工业体制。重点是发展联合企业,把先前的三级管理改为两级和三级并有的管理,并对经济主管部门的职权做了相应的调整。第三,改革农业体制。规定集中的农业计划只包括国家必须收购的农产品数量指标,其他指标一律由农业组织自行确定。改革后新的财政体制采用资金利润率,并按竞争原则发放投资贷款。第四,改革物资供应体制,使先前按行政方法调拨物资改为按商品原则组织物资购销,国家计委只负责编制物资平衡表。第五,改革工资体制。新工资制度的基本原则是个人工资的多少取决于劳动的数量、质量和效果等。

从总体上看,保加利亚的改革和实行新经济体制,重点是三个方面:第一是在继续保持集中领导的前提下发扬经济管理民主,赋予企业较前为更多的权利;第二是在保持计划经济的前提下,重视市场机制的作用,重视依靠经济规律和运用经济杠杆管理经济;第三是强调运用经济手段,限制使用行政手段,以消除或减少经济管理中的主观主义和唯意志论。

实行新经济体制,促进了保加利亚经济的发展,但幅度不大。集中的计划经济体制所存在的问题和弊端,虽然有所改善,但并没有得到彻底解决或消除。

三、东欧社会主义国家改革的失败

20世纪80年代末和90年代初,东欧几个社会主义国家的政局相继发生了空前剧烈的、带有根本性的变化。在这些国家,共产党被迫下台,反共势力夺取了政权,社会主义制度被摧毁,转而走上资本主义发展道路。其程度之深、速度之快、波及面之广完全超出了人们的预料,所以被称为“剧变”。剧变标志着东欧社会主义国家改革的失败。它和紧接着发生的苏联剧变,使国际共产主义和世界社会主义遭到重大挫折,同时也从根本上改变了世界格局,极大地影响了国际形势的发展。

波兰的剧变始于团结工会的东山再起。1989年春天召开的波兰各党派参加的圆桌会议,决定于6月举行议会大选。团结工会主席瓦文萨在大选中当选为总统。同年9月,新组建的波兰政府成为东欧社会主义国家中第一个由非共产党人领导、共产党人占少数的政府。随着波兰统一工人党社会地位的急剧下降,党内思想混乱加剧。1990年1月27日,该党在华沙召开“十一大”(即该党最后一次代表大会),通过了波兰统一工人党停止活动的决定。多数代表决定把党改建成社会民主党,少数人组建了社会民主联盟。波兰统一工人党的消失,标志着波兰社会主义性质发生了根本性的改变。

在波兰的影响下,匈牙利政局趋于激烈动荡。匈牙利社会主义工人党于1989年2月决定放弃马列主义政党在国家政治生活中的领导地位,并宣布放弃执政地位,实行多党制。10月,匈牙利社会主义工人党改名为社会党,匈牙利共产党产生分裂。1990年3～4月,匈牙利举行大选,“民主论坛”等反对派获胜,该组织主席安托尔瓦任多党联合政府总理,社会党沦为在野党。

民主德国的剧变是由大批居民出走所造成的社会政治动荡开始的。在这一局势面前，党内领导的大换班严重削弱了党的战斗性。而决定推倒柏林墙和开放两德边界，则最终使民主德国局势失去控制。内外因素的相互作用，使德国统一社会党改名为民主社会主义党。在 1990 年 3 月的大选中，德国联盟大获全胜，德国民主社会主义党仅得票 16.33%，从而沦为在野党。由此，两德统一的进程加快。1990 年 9 月 19 日和 20 日，民主德国人民议院和联邦德国议院分别通过了《统一条约》。10 月 3 日，两个德国奇迹般地迅速实现统一。民主德国的演变最终以并入联邦德国而告结束。

保加利亚的局势本来比较稳定，反对派的力量也不大。但是，1989 年 4 到 5 月，保加利亚穆斯林聚居区不断发生学生游行和集会，并有大批穆斯林出走土耳其，民族危机演化为政治危机，保加利亚政局发生激烈动荡。持不同政见者和反对派由秘密活动逐渐发展到公开举行集会和游行，执政 30 多年的保共总书记日夫科夫被迫接受“政治多元化”并宣布辞职。1989 年 11 月，保共与反对派举行圆桌会议，讨论进一步革新问题。1990 年 4 月 3 日，保加利亚共产党改名为社会党，议会也通过了宪法修正案、政党法和选举法。社会党参加了 6 月举行的大选并取得了胜利，组织了以卢卡尔诺夫为首的社会党政府，但在反对派的压力下，社会党先放弃总统职位，然后又放弃了组阁权，最终沦为在野党。

南斯拉夫本是一个多民族的联邦国家。1990 年初，南斯拉夫面临严重的经济困难和社会动荡，各加盟国寄希望于修改宪法来解决问题。然而围绕联邦主席团颁布新宪法的问题，各加盟共和国的主张不一致，要求脱离联邦的倾向加剧，从而造成自治制度发生全面危机。自治制度的领导核心南共联盟在十四大之后，逐步分化，南斯拉夫由一党制变为多党制。在 1990 年下半年的选举中，南共联盟在几个加盟共和国失去执政党地位，斯洛文尼亚、克罗地亚、波黑和马其顿共和国的反对派取得胜利并组成了政府，塞尔维亚和黑山共和国建立了多党制议会和政府。南斯拉夫的民族矛盾随着多党制的出现更加尖锐。1991 年 6 月，克罗地亚和斯洛文尼亚宣布独立，塞尔维亚、南斯拉夫人民军随之与斯洛文尼亚、克罗地亚地方武装发生流血冲突。从此，民族团结、国家统一的南斯拉夫四分五裂，战火纷飞，生灵涂炭，至今这一地区仍是纠纷不断。

1989 年 11 月，捷克斯洛伐克出现动乱，12 月胡萨克辞去总统职务，公民论坛领导人哈韦尔接任总统。1990 年 6 月举行大选，公民论坛等反对派获胜。1993 年 1 月，捷克斯洛伐克一分为二，分别成立了捷克和斯洛伐克两个国家。

罗马尼亚的局势具有突发性。1989 年 12 月 16 日，罗马尼亚突发蒂米什瓦拉流血事件。12 月 21 日，首都布加勒斯特爆发了反对齐奥塞斯库的游行和暴动，群众与军警发生了冲突，暴动迅速蔓延到全国各大城市。12 月 25 日总统齐奥塞斯库夫妇被处决，救国阵线领导人伊利埃斯库被选为总统，罗马尼亚共产党被解散。

1990 年 12 月，阿尔巴尼亚发生动乱。12 月 11 日，阿尔巴尼亚劳动党决定实行多党制。1991 年 6 月，劳动党改名为社会党。1992 年 3 月，阿尔巴尼亚举行大选，反对派民主党获胜。该党主席贝里沙当选为总统，社会党沦为在野党。

第三节　苏联的改革与失败

一、苏联的改革

(一)赫鲁晓夫时期的改革

1953 年 3 月,斯大林病逝。经过激烈的斗争,赫鲁晓夫取得并巩固了在苏联的领导地位,对过去的各项政策做了重大调整,对原来的政治经济体制进行了一系列的改革。苏联开始进入了一个在国内探索改革,在国际上加强与美国竞争的新时期。

第一,平反冤假错案,健全社会主义法制。1954 年,赫鲁晓夫下令成立了调查斯大林清洗运动的苏共中央主席团调查委员会,决定审查所能涉及的所有政治犯的案件。其后 10 年中为成千上万的人恢复了名誉,包括图哈切夫斯基元帅和沃涅辛斯基等一批有影响的人物。对迫害少数民族的问题也做了一些处理。1957 年 1 月,苏共正式宣布为巴尔卡人、卡尔梅克人、车臣人、印古什人、卡拉恰耶夫人平反,准许他们返回北高加索地区,恢复了民族自治州,还为被“肃反”的大批少数民族干部恢复了名誉。

第二,改革党的领导和组织体制。赫鲁晓夫主张从中央到地方,加强党的集体领导原则,反对突出个人。中央主席团实行集体领导,恢复了定期召开党的代表大会和党的中央全会制度,突出中央委员的地位,实行党政最高领导职务的分任制等。

第三,改革干部制度,废除领导职务终身制。赫鲁晓夫当政期间,大力推进干部队伍知识化、专业化,大胆提拔年轻干部,同时对党的干部任期制实行了改革。苏共二十二大通过的新党纲和新党章,第一次具体规定了干部任期年限和党的各级领导干部更换比例:领导干部一般最多只能连任 3 届。在每次例行选举时,苏共中央委员会及主席团的成员至少更换四分之一,加盟共和国党中央成员至少更换三分之一,专区委、市委、区委、基层党组织成员至少更换一半。

第四,赫鲁晓夫相当注重农业的发展,在农业上采取了一系列改革措施。如改组农业管理机构,扩大农场农庄自主权;改革农产品采购制度,提高农产品价格,鼓励和扶植发展家庭副业;开垦荒地,大力提高农作物产量。赫鲁晓夫所采取的这些改革措施,对发展农业产生了积极影响,苏联农业出现了不断发展的趋势。但 1958 年农业大丰收以后,赫鲁晓夫错误地认为农业问题已解决,盲目乐观,急于过渡,改变了行之有效的政策,挫伤了农民的积极性。

第五,进行了工业和建筑业管理改革。1954—1956 年,苏联各部和主管部门撤销了一半以上的处、司、局和总管理局,精简了七十五万各级行政管理人员,下放了一万五千多个企业,国家指令性指标减少 70% 左右,扩大了企业在计划、财务、劳动工资等方面的自主权。1957 年 2 月,苏共中央全会又通过了关于进一步改进工业和建筑业管理的决议,决定把工业和建筑业的领导重心从中央转移到地方,部门管理改为按地区管理,建立经济行政区，成立国民经济委员会。

赫鲁晓夫的政治经济体制改革，适应了苏联社会发展的需要，触及了传统体制的一些弊病，也取得了一些积极的成果。但从总体上说，他并没有从根本上改变这种过分集中的模式。在他执政的后期，改革的矛盾日益突出，所推行的政治经济方面的改革，由于缺乏必要的思想和组织准备，某些做法简单轻率，注定了不能取得预期的效果，只能是一次不成功的试验。

（二）勃列日涅夫时期的改革

1964 年 10 月，勃列日涅夫取代赫鲁晓夫担任苏共中央第一书记（1966 年改称总书记），从此开始了长达 18 年的勃列日涅夫的执政时期。勃列日涅夫上台后，吸取了赫鲁晓夫在改革中大起大落的教训，选择了比较谨慎的改革方式。

第一，推行新经济体制。为了遏制经济增长率下降的趋势，1965 年 9 月，苏共中央全会通过了《关于改进工业管理、完善计划工作和加强工业生产的经济刺激的决议》，正式推行“新经济体制”。一是恢复部门管理原则，撤销按地区原则建立的国民经济委员会，同时扩大地方管理经济的权限。二是改进计划工作。强调长期计划的作用，提高计划的科学依据；缩减计划指标，实现以销售额、利润和赢利率为核心的新指标体系。三是扩大企业权利，提高企业经营活动的自主性。四是加强经济核算，提高经济杠杆在经济管理中的作用。五是调整国家、企业和个人的利益关系，加强对企业集体和职工个人的物质刺激。

第二，改组工业管理体制。苏联于 1973 年进行了以减少管理环节为特征的机构改革，广泛建立生产和科技联合公司，以消除工业管理中的多余环节，使管理者更接近生产，缩短从科研到生产的周期。1979 年，苏联通过了《关于改进计划工作和加强经济机制对提高生产效率和工作质量的影响决议》，对指标体系和经济刺激制度做了较大变动。

第三，调整农业体制和发展战略。勃列日涅夫当政后，揭露和批判了赫鲁晓夫执政后期的主观主义和瞎指挥所造成的各种恶果，制定并加强了一些发展农业生产的措施，如提高并固定了对农产品五年不变的采购价格，在国营农场推行了全面的经济核算，对集体农庄庄员实行有保证的劳动报酬制度（即按月发放工资，取消按劳动日分配的办法）等。

第四，在政治体制方面，勃列日涅夫也进行了一些调整和改良。恢复以前的党组织系统，再次加强集体领导，规定党的最高领导人永远不得兼职，使党内生活制度化；调整干部政策，稳定干部队伍；区分党和苏维埃的不同职能；继续沿用“全民党”和“国家党”的概念；强调加强国家机器，加强法制。

勃列日涅夫的改革政策和措施，对促进苏联社会政治和经济的稳定有一定的成效，苏联的经济和军事实力有了较大增长，确立了同美国抗衡和争霸世界的超级大国地位，也有限地改善了苏联人民的生活。

但勃列日涅夫的改革就其实质而言，只是对旧体制的修补、完善。与赫鲁晓夫时期的大胆冲击相比较，苏联的改革进程大大延缓了，社会发展出现了停滞的现象。与西方发达资本主义国家相比，苏联的经济和技术发展距离不仅没有缩小，反而逐渐拉大。

（三）安德罗波夫的短暂改革

安德罗波夫执政时间短暂（1982 年 11 月～1984 年 2 月），但他打破了勃列日涅夫执政时期的沉闷局面。在短短的15个月内,他力图冲破阻力、扫除积弊,采取了不少整顿和改革的措施。

第一,从苏联的实际出发,安德罗波夫在理论上提出了一些不同于勃列日涅夫执政时期的观点,对苏联的进一步改革起了重要的指导作用。比如,在对待马克思主义的态度上,他认为"马克思主义不是教条,而是生气勃勃的行动指南,是对独立解决历史的每个新转折向我们提出的那些复杂任务的真正的指南";在苏联的社会发展阶段上,反对盲目冒进,提出了苏联"正处在发达社会主义漫长的历史阶段的起点",进一步明确了完善发达社会主义的战略方针;在经济理论上,提出和强调了勃列日涅夫时期未曾提出的一些新观点;承认社会主义国家在发展途径和方法上可以有差别。基于对社会主义国家以上理论的认识,安德罗波夫开始了他的短暂改革实践。

第二,整顿纪律和领导作风,同时注意发扬和扩大社会主义民主。安德罗波夫上台时面对的是一个人心涣散、社会风气比较混乱的局面。贪污腐败在党内盛行,劳动纪律松弛,大量的劳动和物资的浪费及无人负责等现象十分严重。针对这种状况,安德罗波夫采取了一系列措施整顿劳动纪律,改变领导作风,提高工作效率。整顿纪律和秩序的具体措施,概括起来大致以下几个方面:完善法制;规定物质奖励和惩罚措施;推行作业队集体保证制;加强政治思想工作和舆论宣传;开展社会主义劳动竞赛,从正面鼓励遵守劳动纪律,提高劳动生产率。在改变领导作风方面,主要是打击腐败。据不完全统计,到1983年12底,仅党中央和政府部长以上及州党委第一书记的人事变动就有七十多起,涉及九十多人。这些人大部分在不同程度上有违法乱纪行为,其中包括克拉斯诺达尔边疆区的党委书记梅杜诺夫,勃列日涅夫的同学、内务部长谢洛科夫 ,以及勃列日涅夫的女婿、内务部副部长丘尔巴诺夫等。安德罗波夫在整顿纪律、作风和社会秩序的同时,也注意发扬和扩大社会主义民主。他主张不断完善上层建筑,使国家体制逐步向社会自治发展;要求更广泛地吸收劳动群众参与社会事务的管理,并采取了相应的措施;强调发扬民主要从现实生活出发,不断提高质量;实行公开性原则,如在媒体上公布每周星期四政治局例会的内容。

第三,经济体制改革。安德罗波夫在整顿纪律、调整干部的同时,对经济体制的改革也十分重视。1982年11月22日,他在苏共中央全会上指出,必须"加速进行完善整个经济领导领域——管理、计划、经济机制的工作"。① 在《卡尔·马克思的学说和苏联社会主义建设的若干问题》一文中,他批评说:"我们只在完善和改革经济机制、管理方式方法而进行的工作,已落后于苏联的社会物质技术以及社会、精神发展业已达到的水平提出的要求。"② 安德罗波夫强调,完善和改革经济机制、管理方法的任务不仅已迫在眉睫,而且已势在必行。这些改革主要有:改革农业管理体制,建立农工联合公司系统,推广集体承包制;制定和贯彻长期发展纲要,加强宏观控制和计划的科学性;扩大联合公司和企业经营自主权;改进计划指标体系和刺激方法;推广、完善作业队的劳动组织形式等。

当然,安德罗波夫的一系列措施,仍然没有触动苏联体制的根本问题。机关作风、官

---

① 安德罗波夫著:《安德罗波夫言论选集》,世界图书出版社,1984,第388页。

② 安德罗波夫著:《安德罗波夫言论选集》,世界图书出版社,1984,第427-428页。

僚主义问题依然严重，再加上安德罗波夫身体欠佳，执政时间短暂，因此他当政时期，具有明显的过渡性质。

(四)戈尔巴乔夫的改革

1985 年 3 月，在苏联经历了安德罗波夫(1982 年 11 月～1984 年 2 月)和契尔年科(1984 年 2 月～1985 年 3 月)两个极其短暂的执政时期之后，54 岁的戈尔巴乔夫上台，结束了为期两年多的新老权力交替的过程。戈尔巴乔夫一上台，就面临着严峻的形势和挑战。在国内，从 20 世纪 70 年代后期开始，经济停滞不前，进入 80 年代后情况进一步恶化。在政治领域，领导层老化、官僚主义严重，腐化和特权惊人；权力过于集中在少数人甚至个别人手中；社会生活缺乏活力，党的威信不断下降。在意识形态领域，一方面教条主义严重，思想僵化；另一方面，在"缓和"的气氛中西方思想文化大量涌入，苏共政治思想工作苍白无力，处于瘫痪状态。在国际上，由于长期的军备竞赛和大搞霸权主义，使苏联十分孤立。同时，苏联还面临着新科技革命、美国"星球大战计划"和社会主义国家改革等种种挑战。面对这种局面，戈尔巴乔夫开始对苏联的内外政策进行大刀阔斧的调整与改革。

在戈尔巴乔夫执政的 7 年时间里，苏联经历了一个"改革—演变—解体"的过程，亦即由完善社会主义体制的"温和改革"，到针对苏共和苏联社会所进行的"根本改造"，再到苏共垮台和苏联"解体"的过程。

1987 年，戈尔巴乔夫出版了《改革与新思维》一书，提出以"全人类价值高于一切"为核心的"新思维"，实行"人道的、民主的社会主义"改革路线。

第一，宣扬社会主义"异化论"。戈尔巴乔夫认为，苏联现实的社会制度，其根本弊端是由于政治垄断、经济垄断、思想垄断而造成的"异化"。苏联改革的实质是克服这种异化现象，即主要是克服"人与所有制、人与生产资料、人与政治进程、人与政权、人与文化的异化现象"，主张"从经济基础到上层建筑"，"根本改革我们的整个社会主义大厦"。

第二，倡导"社会主义多元化"。戈尔巴乔夫声称："我赞成多元化。"政治多元化、多党制，实际上是取消苏共对国家政权的领导；经济多元化，实行所有制"非国有化"和"私有化"，不要公有制，更不讲公有制的主体地位；思想多元化，允许各种意识形态自由竞争，也就是取消马克思列宁主义的指导地位，让资产阶级思想文化自由泛滥。

第三，提出"全面民主化纲领"。戈尔巴乔夫认定："民主与自由是人类文明的伟大价值观"，"社会主义是一般民主和全人类理想及价值观的体现"。为了实现"社会全面民主化"，要排除任何阶级、政党、社会集团的专政。

第四，鼓吹"人道主义"观。戈尔巴乔夫认为，"社会主义新面貌就是社会主义的人的面貌"，人道主义化是"社会发展的需要"，改革的主要目标就是"揭示社会主义的道德面貌"。戈尔巴乔夫第一次明确提出了"人道的、民主的社会主义"的概念及他所构想的基本特征。

第五，主张"全人类利益高于一切"。戈尔巴乔夫直言："新思维的核心是承认全人类利益和价值高于一切。"思维的基本原则很简单，核战争不可能成为达到"新的政治经济、意识形态及任何目的的手段"。在当今的核时代，"人类存在是第一位的"，"一定要排除两大体系的对抗"，实现"国际关系人性化"、"人道主义化"。

在戈尔巴乔夫的这一套理论指导下，苏联的改革逐渐背离了社会主义方向，一步步走上了歧途，并由此揭开了苏联解体的序幕。1988年6月，在苏共第十九次全国代表会议上，戈尔巴乔夫提出了医治苏联政治体制弊端的方案：“将政权从垄断地掌握它的共产党的手里转交到依据宪法应该拥有它的人们，即通过自由选举产生的人民代表组成的苏维埃的手里。”与之相应，他还提出了三个方面的根本改造：一是重新划分党和苏维埃的关系。贯彻“一切权力归苏维埃”的原则，使“任何一个国家问题、经济问题或社会问题，不能越过苏维埃加以解决”。二是改革政权结构。包括依据党政分开的原则精简和改革党的领导机构，组建新的最高国家权力机关——苏联人民代表大会。三是改革组建国家最高权力机关的方法。通过平等地推出候选人，差额竞选产生苏联人民代表大会。1989年5到6月，“自由选举”议会代表，召开了苏联人民代表大会。1990年，苏共中央二月全会及随后的三月全会做出了关系苏联党和国家命运的几项重大决定：一是修改宪法，取消苏共的法定领导地位；二是完成对所有国家机关的改革，把政权转交给苏维埃；三是准备实行多党制；四是建议实行总统制。同年3月，第三次例行的人民代表大会，通过了设立国家总统职位和规定总统的一系列权力的苏联宪法修正案，修改了宪法中规定的共产党领导作用的条款。从此，苏共丧失了法定的政治权力。

1990年7月，苏共二十八大通过了《走向人道的、民主的社会主义》的纲领性声明、党章及一系列决议，使民主社会主义成为完整的体系。在政治方面实行议会制、总统制和多党制，改变共产党的性质，取消共产党的领导，原共产党的指导思想、奋斗目标、阶级属性、地位作用及组织原则都发生了根本性的变化；在经济方面全面改革所有制关系，取消起主导作用的社会主义公有制，实行生产资料“非国有化和私有化”，放弃国家直接参与经济活动的权利，实行“完全的市场经济”，开展多种所有制的竞争；在意识形态领域实行多元化，放弃马克思列宁主义的指导地位。在国际上实行紧缩战略，对美国采取忍让克制态度，主动做出一系列让步，丢掉东欧和第三世界的“包袱”，争取西方的援助。从此，苏联的政治、经济和对外关系发生了质变，苏联社会出现了全面危机。

二、苏联的解体

第一阶段：从1990年8月至1991年8月，民主派夺权和戈尔巴乔夫政权败退。以利加乔夫为首的“传统派”与以叶利钦为首的“激进派”进行了激烈斗争。这一阶段的前期“传统派”占优势，后期“激进派”占上风。打着“中派”旗号的戈尔巴乔夫，先挺“传统派”，后期又支持“激进派”。

第一，“传统派”展开反攻。从9月上旬开始，“激进派”掀起猛烈进攻，矛头直指苏共和联盟中央，迫使“传统派”代表人物部长会议主席雷日科夫下台，并指责军队要发动政变。10月，以叶利钦为首领的“民主俄罗斯”运动正式成立，形成一支强大的反对派力量，与苏联共产党展开夺权斗争。

面对严重危机，多数群众的政治态度很鲜明。1991年2月23日，莫斯科30万人举行集会，支持国家统一、军队统一，反对“激进派”的主张。3月17日，全苏联举行全民公决投票，76.4%的人投票赞成保留联盟，保留国名，反对分裂。由于多方压力，1990年12

月的苏联第四次人民代表大会曾使戈尔巴乔夫一度倾向于“传统派”，组成了一个主要由“传统派”组成的领导班子，并采取了一系列强硬措施，公开同“激进派”对抗。与此同时，“激进派”也发动攻势，公开向联盟中央挑战，要求戈尔巴乔夫下台，中央政府辞职。3月10日，“激进派”组织30万人举行集会，支持叶利钦，还发动了持续3月到4月的百万矿工罢工，使国家遭受重大损失。

第二，“激进派”后来居上。1991年4月下旬，戈尔巴乔夫态度急剧变化，从倾向“传统派”变为倾向“激进派”，从批评叶利钦变为同叶利钦联手合作。这一变化的标志是4月23日的“9+1”联合声明。“9+1”联合声明的发表，是苏联剧变过程中的一大转折。“9+1”联合声明规定，在签订新联盟条约后半年内，要通过新宪法，重新选举苏联人民代表、最高苏维埃总统，建立新的中央政府。这实际上是要推翻合法产生的、任期不到一年的国家最高权力机关。“9+1”联合声明规定，签订的新联盟条约把国名改为“主权共和国联盟”，突出了加盟共和国的“主权”，删去了反映联盟性质的“社会主义”字眼。这意味着苏联将改变国家的性质，破坏统一的联盟和抛弃社会主义。

1991年6月12日，叶利钦以57.5%的多数票击败俄罗斯共产党候选人雷日科夫，当选俄罗斯联邦总统。这表明“激进派”的势力大大增强，“传统派”的力量急剧下滑。7月20日，叶利钦签署“非党化”的总统令，宣布禁止政党在俄联邦政府机关和国营企业进行活动，矛头直指共产党。

第二阶段：从1991年8月至12月，民主派全面掌权，这是苏共解散和苏联解体的阶段。面对日益严重的政治、经济、社会和民族危机，为了阻止新联盟条约的签署，“传统派”发动了“八一九”事件。1991年8月19日，以苏联副总统亚纳耶夫为首组成有8人参加的国家紧急状态委员会，宣布戈尔巴乔夫因健康状况休假，由副总统履行总统职责。同日，紧急状态委员会发表《告苏联人民书》，指出国家面临着“致命的危险”，由戈尔巴乔夫发起的改革政策已经“进入死胡同”，应该“尽快使国家和社会走出危机”。这个举动反映了苏联共产党内一部分人试图使社会尽快摆脱危机，阻止“激进派”上台，避免国家分裂的愿望。但由于他们幻想在合法的、不流血的、无代价的范围内解决问题，结果作茧自缚，陷于被动，在事件发生后不到72小时便告失败。“八一九”事件的失败，加速了苏联的解体。

“八一九”事件后，叶利钦下令停止苏共在俄境内的一切活动，并没收苏共财产。戈尔巴乔夫宣布辞去总书记职务，并要求苏共中央委员会自行解散，各共和国内的共产党和地方组织自行决定自己的命运。1991年8月23日，莫斯科市中心广场上的苏共中央大楼被查封，楼顶上的红旗被降下，代之以俄罗斯的三色旗。苏共中央书记处发表声明，承认它“没有组织和领导反对叛乱分子的斗争”，宣布接受自动解散苏共中央的决定。8月29日，苏联最高苏维埃通过决议，终止苏共在全联盟范围内的活动，党的财产和档案由内务部负责处理。这样，执政七十多年的苏联共产党完全丧失了执政党的地位。

与此同时，苏维埃社会主义共和国联盟迅速走向解体。首先是乌克兰全民投票并宣布独立，这是促使苏联解体的致命一击。俄罗斯、乌克兰、白俄罗斯三国领导人置中央于不顾，签订了《独立国家联合体协议》。各加盟共和国纷纷宣布独立，使国家总统大权旁落，中央权力机构形同虚设。

随后,11个加盟共和国的领导人甩开中央,集会于阿拉木图,正式宣告“独立国家联合体”成立,并签署了《阿拉木图宣言》,要求停止使用苏维埃社会主义共和国联盟的名称。1991年12月25日,戈尔巴乔夫宣布辞去总统。至此,近七十年的苏维埃社会主义联邦共和国不复存在。

第四节 苏联解体、东欧剧变的原因及历史教训

一、苏联解体的原因及历史教训

(一)苏联解体的原因

恩格斯曾指出,任何重大的历史事件的出现,都不是单一的原因,而是一个总的合力的结果。苏联作为世界上第一个社会主义国家、国际共产主义运动的中心和世界上长期与美国对峙的第二号超级大国,在国际上曾起过举足轻重的作用。但在短短的70年后,苏共垮台、苏联社会主义性质改变、苏联统一联邦解体,这一影响世界历史的剧变,使人们不得不从多个角度来探寻其中的原因。

1. 经济发展困难是苏联解体的深层次原因

经济基础决定上层建筑,有什么样的经济基础就有什么样的政治上层建筑是马克思主义的一个基本原理。从这个角度来看,苏联解体的深层次的原因在于经济发展上遇到了严重的问题。苏联经济上的困难主要体现在两个方面:一是苏联的经济存在严重的结构不合理问题。在20世纪30年代社会主义工业化时期,苏联提出优先发展重工业的战略。在当时的条件下,面对战争阴影日益迫近的危险以及国内为社会主义奠定物质技术基础的要求,选择这一战略是必要的、正确的,但在实施过程中没有正确处理好重工业和轻工业、农业的关系,出现了忽视轻工业、农业的倾向,因而市场上货物不够,货币不稳定。尤其是对农民采取了竭泽而渔的政策。二是苏联的经济体制没有及时改革。20年代末,为了适应优先发展重工业、迅速实现社会主义工业化这一发展战略的需要,苏联建立了高度集中的、以下达指令性指标为标志的、靠自上而下的行政命令实施的计划经济体制。随着经济的发展,社会分工逐渐加深,经济联系越来越复杂化,这种高度中央集权的经济体制日益不能适应经济管理的客观需要。产品更新缓慢、品种单调、质量不高、经济效益低下等问题越来越严重。原有经济体制已经束缚生产力的发展,改革已经客观地提上了日程。遗憾的是,苏联虽然提出改革,但只局限于在原有体制框架内采取一些修修补补的措施,没有克服原有体制的弊端,因而没有从根本上解决经济体制不适应甚至束缚生产力发展的问题。

20世纪70年代中期以后,苏联经济上的困难开始明显表现出来。80年代,苏联已经完全丧失了经济增长速度方面的优势,国民生产总值在世界上所占比重也呈下滑之势,其经济实力与美国的差距也在扩大。在苏联经济日益困难的同时,在发达资本主义国家里,

高科技的发展为经济注入了强心剂，使这些国家的经济从 80 年代初期的萧条中摆脱出来，并取得了较长时间的稳定增长。在这种强烈的对比下，苏联人民不满情绪日益高涨，从而为敌对势力煽动群众、制造动乱提供了条件。

2. 西方国家推行的和平演变战略是苏联解体的外部原因

西方帝国主义的插手对苏联演变起了重要作用。如果社会主义国家能不断改善人民群众的物质文化生活，在经济等方面赶上和超过西方国家，从而不断显示出社会主义制度的优越性，那么，西方国家推行的和平演变战略就不会奏效。然而，正是由于苏联国内的诸多问题没有解决好，给了西方国家以可乘之机，其和平演变的阴谋才得以得逞。西方国家和平演变战略的实施，从外部加速了苏联的解体。一是促使执政的共产党改变性质，从而使社会主义国家改变颜色。在苏联演变中起决定作用的以戈尔巴乔夫"新思维"为代表的人道的民主社会主义的出现及其迅速泛滥，就是与帝国主义推行和平演变战略分不开的。二是支持和培植社会主义国家内部的反共反社会主义势力，使它们的影响和力量壮大起来，形成政治反对派，伺机夺取政权。苏联的反对派组织无一例外都是在帝国主义的羽翼下产生和发展起来的。敌对势力在帝国主义支持下，利用贯彻人道的民主的社会主义路线所造成的思想混乱、经济凋敝、政局动荡的机会，制造政治动乱，夺取政权。正是由于苏联意识形态方面的弱化和国际国内敌对势力的相互勾结、联合，才导致了西方国家和平演变阴谋的得逞，最终使苏共亡党苏联亡国。

3. 戈尔巴乔夫错误的改革路线是苏联解体的直接原因

经济发展困难是苏联解体的深层次的因素，帝国主义推行和平演变战略是苏联演变的外部条件，但这两类因素并不是苏联向资本主义演变的直接原因。如果执政的共产党能够执行一条马克思列宁主义路线，善于把马克思主义普遍真理与本国具体实际结合起来，就完全可以通过改革纠正错误、克服弊病，完善社会主义，推动社会主义事业向前发展。如果共产党在困难面前，对社会主义丧失信心，主动迎合资产阶级的需要，提出一条修正主义路线，就会配合敌人的进攻，迅速走上资本主义的道路。可见，这里起决定作用的是如何对待社会主义发展进程中出现的问题，即共产党执行什么样的路线、方针、政策。80 年代中后期，苏联高度集权的经济、政治、文化制度的弊端日益凸显出来，苏联的发展面临着异常艰巨复杂的挑战。同时，在国际共产主义运动内部一股新的修正主义思潮——人道的民主社会主义思潮泛滥开来。在这种背景之下，1985 年上台的戈尔巴乔夫，迅速发起了改革运动。然而，作为改革领导力量的苏共及其领导人却没有充分的思想准备，对当时苏联的发展程度和水平缺乏明确的认识，对斯大林的发展模式和体制弊端缺乏客观的分析，急于求成的思想再次作祟，试图用"加速战略"在三五年内解决几十年来遗留下来的所有问题，从根本上改革"僵化的权力体制"，不但改革未见成效，反而造成了混乱。为了完成向市场机制的转变，戈尔巴乔夫向西方乞求指点教化，其结果只能是照搬西方资本主义的发展模式。在经济上改革的不成功，戈尔巴乔夫转而进行了一场以"新思维"和"人道的民主的社会主义"为核心的全面改革，主张以此来对苏联进行革命性改造。同时，戈尔巴乔夫漠视苏联的历史，脱离国情，在改革的过程中放弃党的领导，把社会主义的苏联推向绝境。苏联的社会制度迅速地由社会主义向资本主义转变。

4. 苏共及其领导日益脱离群众也是导致苏联解体的重要原因

苏共在执政的几十年中，由于没有建立和完善强有力的监督机制，群众团体一直在苏共的绝对领导之下，没有自己的独立性，加上法制不健全，党内民主遭到破坏，这必然导致与广大人民群众的联系日益疏远，更谈不上接受群众的监督。长期的执政地位还使得一部分党员干部，尤其是一部分高级领导干部，享有各种特权。领导干部的终身制，使他们高居群众之上，导致群众的不满。党内不良分子以权谋私，甚至违法乱纪、腐败堕落，损害国家和人民利益，败坏党的形象和威信，必然引起人民痛恨，激化社会矛盾，从而进一步加剧了人民群众对苏共信心的丧失。事实证明，党和人民群众的关系问题是关系党的生死存亡的大问题，如果执政党脱离了人民，丧失群众基础，自身也会演变成为与人民相对立的特殊利益集团，并轻易地为反对派所颠覆。正如曾任戈尔巴乔夫助手的瓦·博尔金所说的那样，如果不是党遇到严重困难，不是党濒临危机状态，戈尔巴乔夫未必能在这么短的时间内彻底瓦解这个有千百万人的组织。

5. 对外政策上的失误也是导致苏联解体的一个不可忽视的原因

在斯大林看来，苏联的经验不仅是苏联一国的特殊经验，而且具有国际意义。不仅如此，斯大林把苏联模式看作是社会主义的唯一模式，一切不愿意照搬苏联模式的其他国家都是“修正主义”的。这一点可以从苏联在处理同南斯拉夫的关系中暴露出的大国、大党主义的做法中体现出来。赫鲁晓夫上台之初作了一些自我批评，有所收敛，但并没有真正解决问题，更谈不上彻底克服，随着经济、军事实力的不断增强，尤其是核武器的不断扩大，日益走上了与美国争夺世界霸权的道路，执行霸权主义的对外政策。苏联不仅加强对其他社会主义国家的控制，并且在亚非拉广大地区大肆扩张，甚至直接出兵侵占阿富汗。结果，不仅经济上不去，人民生产水平没能提高，而且严重削弱了自己，败坏了社会主义的声誉，使苏联在国际上日益孤立。

(二)苏联解体的教训

人类社会历史上第一个社会主义国家的消失，是上个世纪末震撼世界的大事件，是十月革命以来世界社会主义运动遭受的最严重的挫折。因此，社会主义国家在建设和改革中必须从中吸取教训。

1. 要注意反倾向斗争

在反倾向斗争中，要坚持有“左”反“左”、有右反右的方针，但主要是反“左”。社会主义苏联模式的主要弊病，是“左”的教条主义与封建专制主义残余相结合所形成的理论观念、具体体制和方针政策。如果在社会主义建设和改革中，不能克服“左”的错误(如指令性计划经济，过度集权，以党代政、党政不分等)很容易滋生右的东西，造成先“左”后右合葬社会主义。邓小平在1992年的南巡讲话中指出“现在，有右的东西影响我们，也有‘左’的东西影响我们，但根深蒂固的还是‘左’的东西。”“右可以葬送社会主义，‘左’也可以葬送社会主义。中国要警惕右，但主要是防止‘左’”，① 这不仅是对中国共产党历史，而且也是对包括苏联在内的社会主义国家历史经验的科学总结。当然，反“左”还要防右，不能

① 《邓小平文选》，第3卷，第375页。

调和折中，要真正站在马克思主义的立场上。

2. 改革必须坚持并发展科学社会主义

苏联改革失败的教训之一就是偏离了科学社会主义的方向，改革中没有坚持党的领导，改革的目的没有定位在对社会主义的完善上，而是放弃了社会主义，走上了资本主义道路。改革要把握社会主义的正确方向，最主要的是在理论上坚持并发展科学社会主义。其中首要的问题就是在总结历史经验的的基础上，认清不发达国家实现社会主义的特殊规律，进而按照这个基本规律来制定切实可行的基本纲领和基本路线。认清不发达国家实现社会主义的特殊规律，就是要明确不发达国家在相当长的时间还只是处于社会主义的初级阶段。在这个阶段要发展多种经济成分，要对传统的社会主义公有制、政治体制、文化专制进行大力改革；要从上而下废除官僚特权；要以民族平等、尊重各民族权益、团结互助、反对大民族主义和民族分裂主义等原则，来妥善处理民族问题。以科学社会主义来指导，正确对待共产党的历史和社会主义实践，这是关乎党和国家命运的重大原则问题。在改革的年代，回顾和总结过去的历史是完全必要的，因为改革的目的就是要克服以往工作中的缺点和错误，消除原有体制的弊病。苏联剧变过程中，有一个值得注意的现象，就是作为苏共最高领导的戈尔巴乔夫等人站在错误的立场上，采取错误做法，自己带头否定共产党的历史和社会主义的实践。这种做法违背了历史事实，彻底否定了共产党在历史上所起的巨大作用，其结果只能是导致共产党垮台，社会主义国家遭到颠覆。

3. 必须以经济建设为中心，不断提高人民的物质和文化生活水平

不断提高人民的物质和文化生活水平，既是社会主义的根本目的所在，又是社会主义制度巩固和发展的前提，同时也是社会主义在同资本主义竞争过程中体现优越性的主要标志。国民经济长期搞不上去，人民生活质量下降，引起群众普遍不满，使人民群众动摇了对社会主义的信念，幻想“改制”可以迅速过上西方富裕生活。

这样使得一些人在西方“和平演变”阴谋的影响下，动摇或放弃社会主义道路，试图从资本主义找出路，推行资产阶级自由化路线。因此，社会主义国家必须把握社会主义不发达阶段人民日益增长的物质文化需求同社会主义生产力不发达之间的基本矛盾，以经济发展为核心，大力进行社会主义经济体制改革，建立和完善科技和生产力的体制、机制，解放生产力，发展生产力。

4. 在意识形态领域里必须旗帜鲜明地坚持马克思主义的指导

马克思主义是无产阶级的科学的世界观，是共产党各种行动的指南，是社会主义国家的灵魂。从苏联剧变的过程来看，社会主义国家意识形态领域失去这个无产阶级世界观的指导地位，就失去了凝聚一个国家、民族的灵魂，就不能抵御资本主义各种错误思想的进攻和侵蚀。因此，社会主义在进行经济建设、改革开放、加快社会主义现代化的进程中，必须在思想上旗帜鲜明地坚持马克思主义的领导，防止资本主义思想的渗透、颠覆和和平演变。

5. 社会主义国家必须正确处理对外关系

苏联在历史上长期推行错误的对外战略和政策，不仅大大恶化了苏联的国际环境，而且对国内建设产生了严重的影响，成为导致苏联解体的一个重要因素。这其中的教训值

得当今的社会主义国家去深思：一是社会主义国家应严格遵循和平外交原则，绝不能搞霸权主义、扩张主义，不搞集团政治。在国际关系中不应突出各国意识形态、社会制度、发展模式的差异而使之影响到国家和国家之间的关系。二是社会主义国家的国防建设应立足于防御，不应超过国民经济的承受能力。为此，应减少与外部世界不必要的军事政治对抗，并尽可能消除这种对抗。三是社会主义国家不能闭关锁国，必须对外开放。在对外开放中，关键是处理好同资本主义国家既对立又共存的关系，既要有高度的原则性，又要有高度的灵活性和策略性。四是应当处理好社会主义国家之间的关系，社会主义国家之间的关系应当是平等的。各党、各国无论大小，在探索本国特色的社会主义建设道路时都应该享有平等的权利，任何其他的兄弟党和国家都无权按照自己的标准去裁判别人。社会主义国家之间的交往应当是自愿的和互惠的，而不应以牺牲一些国家特别是小国的利益为代价，来换取某一个或几个国家的利益。任何一个国家也不应当干涉兄弟国家主权内的事务，甚至粗暴侵害他国的利益。

二、东欧剧变的原因及历史教训

(一)东欧剧变的原因

1989 年以来，东欧社会主义国家政局在国际大气候和国内小气候相互作用和巨大冲击之下发生了剧变。这种后果的发生有其深刻的原因。

1. 不切实际地照抄照搬苏联模式，是东欧剧变的根本原因

在政治上，第一次世界大战后到 20 世纪 50 年代，东欧国家在苏联的影响下，将阶级斗争扩大化，制造了许多冤假错案，产生了极其恶劣的影响。20 世纪 70 年代，在东欧一些国家，领导人独断专行，大搞个人迷信和家族统治，降低了社会主义在人民心目中的地位和威信。政治上的幼稚和吏治腐败，导致经济恶化、社会混乱，引起人民群众的不满，致使广大人民群众对执政党和政府失去了信任，对社会主义失去了信心。在经济上，长期照搬苏联社会主义建设的模式，形成了一种高度集权的僵化的经济体制，严重阻碍了经济的发展。有的国家进行了改革，但未获成功；有的国家坚持原有的经济体制而拒绝改革，造成经济停滞或危机重重的局面。在经济困难时，东欧国家又向西方国家大举借债，致使出现了严重的债务危机，引发社会动荡。

2. 执政党自身建设存在严重问题，丧失了战斗力

东欧国家的共产党大多是在 20 世纪 40 年代末从社会民主党分裂出来的，还有一部分是与社会民主党合并而成立的，有着较深的社会民主主义思想基础。它们对过度集权的苏联模式社会主义一直存在着抵抗心理，再加上苏联的大党主义、大国主义又引发了民族主义的不满情绪。因此，虽然在党章中规定马克思主义为共产党的指导思想，但实际上马克思主义并没有在党内扎下根来。共产党虽然成为执政党，但很大一部分共产党领导人缺乏系统而全面的马克思主义理论修养，没有认真探讨社会主义建设的路线、方针、政策，缺乏一条将马克思主义基本原理同本国实际相结合的正确路线。这些缺陷严重地削弱了东欧各国共产党的战斗力，最终导致东欧各国共产党缺乏应付各种复杂局面的能力，经不起风浪的袭击。当 20 世纪 80 年代中期苏联的“新思维”之风袭来时，东欧各国共产

党便手足无措，乱了阵脚，最终导致党的分裂，东欧各国执政党迷失了方向，完全丧失了战斗力，并进而丧失了政权。

3. 西方国家推行的“和平演变”战略，是东欧剧变的外部原因

第二次世界大战后四十多年来，以美国为首的西方国家一直把东欧作为对社会主义实行“和平演变”的重点和突破口。它们在东欧进行各种投入，采取各种方式，促使东欧国家和平演变。在思想上，利用各种宣传工具和多种途径，宣传西方的政治思想、价值观念、伦理道德和生活方式，加强意识形态的渗透，以此来削弱和动摇人们对社会主义和马克思主义的信念，煽动人民的反社会主义情绪。在经济上，主要利用经济贸易和经济援助，对东欧国家软硬兼施，以达到撼动社会主义制度根基的目的。在经济贸易过程中，东欧国家稍有不慎就会遭到西方国家的经济制裁和封锁，被迫在政治上做出让步，放弃社会主义的政策、方针，并逐步改变社会制度的性质。在政治上，西方国家以其标榜的“民主、自由、人权”为口号，利用人员往来，大力扶植东欧国家内部的反对派，拉拢和收买共产党内的右派人物，利用这些“内部势力”在国内制造动乱，进而达到颠覆共产党政权的目的。

4. 受戈尔巴乔夫“新思维”思想的冲击的结果

戈尔巴乔夫的“新思维”给早已呆板、僵化的东欧各国意识形态领域造成了严重的混乱，再加上苏联对东欧各国采取的政策由原来绝对的“捆绑”式控制急转为不负责任的“松绑”、放任自流，甚至当作“包袱”予以抛弃。在“新思维”指导下，苏联对东欧提出了一系列不同以往的新原则：承认社会主义模式的多样性，承认东欧国家“独立自主”和选择自己道路的权利。另外，苏联对东欧国家与苏联离心、与西欧国家接近的倾向，以及对这些国家反社会主义自由派的兴风作浪，都采取了不干预和容忍的态度。即使东欧一些国家的反社会主义势力搞起了“不流血的革命”，直到推翻共产党的政权时，驻扎在这些国家的苏联军队也未进行干预。戈尔巴乔夫 1987 年提出的关于建立“欧洲大厦”的构想，也迎合了东欧国家向西方靠拢的愿望。苏联对西方国家做出不干预东欧事态发展的保证，以及对联邦德国兼并民主德国的默许，大大加速了东欧剧变的进程。1988 年，戈尔巴乔夫提出“建设人道的、民主的社会主义”，进一步推动了各国党的改组、分裂和蜕变。

(二)东欧剧变的历史教训

东欧剧变的教训是深刻的，但又是一笔弥足珍贵的财富，它将促使人们对社会主义理论与实践进行自觉反省与更新，从而推动社会主义的复兴。

1. 执政党建设关系到社会主义的前途命运和国家的兴亡

由于东欧各国的执政党长期受到封建主义、教条主义思想的影响，党内又没有正确的组织路线的指导，盛行个人崇拜和专断，缺乏党内民主。在党的干部队伍中，官僚主义、特权思想又十分盛行，致使党严重地脱离了群众，由人民群众的党演变成特权的党、官僚的党，甚至是个人“家天下”的党。由此，这些执政党失去了群众基础，丧失了人民群众的支持，在关键时刻被人民群众抛弃也是理所当然的。同样，这样的党在关键时刻也不可能重新整顿好自己的队伍，战胜来自内外的各种困难，其结局只能是亡党亡国，丧失社会主义阵地。所以，在社会主义建设过程中，执政党的建设事关社会主义的前途和国家生死存亡。

2. 只有走改革的道路,坚持建设社会主义的正确路线,才能保证社会主义的最终胜利

东欧各国的社会主义是按照斯大林社会主义模式建立起来的,所以,适时地进行社会主义的政治经济文化体制改革就成为东欧国家面临的重大课题。虽然有些东欧国家早在20世纪50年代就迈开了改革的步伐,但这些改革都存在重大缺陷。首先,没有进行真正的政治体制改革,一党垄断国家政权、以党代政、党政不分的过度集权的政治模式没有什么根本变化。盛行个人集权制、领导职务终身制等,党内民主和人民民主始终没能得到发扬,人民的民主权利没能得到保障。政治改革的缺失使这些国家的政权逐渐失去了人民的支持。其次,经济改革屡次失败。在南斯拉夫、匈牙利、波兰、捷克斯洛伐克等国,都曾进行过重大的经济改革,但由于多种国内国外因素的影响,都以失败而告终。最后,没有进行真正的文化体制和思想体制改革,盛行对领袖的个人崇拜,对马克思主义的教条式理解,处处限制宪法赋予公民的言论自由和出版自由等。缺少经济活力、政治民主和文化思想自由的极权社会主义,最终免不了被人民抛弃。

3. 要努力解决好民族问题

从东欧剧变的过程看,民族问题关系到国家的安危,南斯拉夫是典型的例证。实践证明,正是由于长期积累的民族矛盾的激化,使南斯拉夫四分五裂,陷入长期内战。保加利亚的保加族人信奉东正教,而在其境内的土耳其人则信奉伊斯兰教,保加利亚政府实行民族同化政策,强迫一百多万土耳其族人改用保加利亚姓名,减少甚至关闭民族学校,禁止在学校传授土耳其语,取消电台播放土语节目,不允许土耳其族人进行宗教活动,大大伤害了土耳其族人的民族感情和宗教感情。20世纪80年代以后,有三十多万土耳其族人逃往土耳其,国内民族矛盾加剧。阿尔巴尼亚在1967年宣布关闭国内所有的宗教活动场所,包括2169座教堂、清真寺、修道院和其他宗教机构,并通过了一项法律,规定不管信仰什么宗教都要受到处罚。这些"左"的做法,激化了民族矛盾和社会矛盾,损害了社会主义形象,为以后的剧变埋下了祸根。

思考题:

1. 怎样理解社会主义国家改革的必然性?
2. 简述戈尔巴乔夫改革的内容。
3. 作为社会主义国家,中国应当从苏联解体、东欧剧变中吸取哪些教训?

第五章　当今社会主义国家的新探索

苏东剧变这一二十世纪世界社会主义运动中最惨重的历史悲剧，既标志着东西方冷战的结束，又标志着传统社会主义国家在二十世纪七八十年代掀起的新一轮改革浪潮出现重大分野。前苏东国家的改革变成"改向"，亡党亡国，以彻底失败告终。而中国、越南、古巴、老挝等国不仅坚守住了社会主义阵地，而且继续高举社会主义改革大旗，克服艰难险阻，社会主义改革与建设事业取得了辉煌成就。

第一节　中国特色社会主义的理论与实践

一、毛泽东对中国特色社会主义建设的初步探索

(一)中国社会主义建设道路的初步探索

1. 以苏为鉴，走中国自己的社会主义建设道路

1955年底，毛泽东在发现苏联的经验并不完全适合我国国情的情况下，在党内首次提出以苏联为借鉴，探索适合中国国情的社会主义建设道路的重大问题，并开始组织大规模的调查研究。1956年2～4月，毛泽东在和中央政治局的其他领导同志听取了34个部门汇报后，做了《论十大关系》的讲话。这篇讲话，以苏联的经验为借鉴，总结了中国的经验，提出了调动一切积极因素为社会主义事业服务的基本方针，对适合中国国情的社会主义建设道路进行了初步的探索。

2. 提出了社会主义社会的矛盾学说

1956年9月召开的中共八大，对社会主义制度基本建立后中国国内的主要矛盾和党的主要任务，做出了正确判断，指出主要矛盾是人民对于经济文化日益增长的需要同当前经济文化的发展不能满足人民需要的状况之间的矛盾，主要任务是在新的生产关系下保护和发展生产力。

1957年2月,毛泽东发表了《关于正确处理人民内部矛盾的问题》的著名讲话,首次提出矛盾是普遍存在的,社会主义社会也充满矛盾。社会主义的基本矛盾仍是生产力和生产关系、经济基础和上层建筑之间的矛盾,但是同旧社会的基本矛盾有根本不同的性质,可以经过社会主义制度本身的自我调整和完善,不断地得到解决。关于社会主义社会基本矛盾的学说为社会主义社会的改革提供了理论基础。

3. 社会主义社会的发展阶段和发展战略

1954年6月,毛泽东第一次提出用三个五年计划,即十五年左右的时间,打下一个基础,用十个五年计划即五十年时间建成一个伟大的社会主义国家的设想。1956年1月,毛泽东再次指出,要建成一个社会主义社会,需要几十年的时间。

1954年以后,毛泽东开始更多地使用“现代化”这一概念,提出要把中国建设成为具有现代工业、现代农业、现代交通运输业和现代国防的强大的社会主义国家。后来又用现代科学技术替代现代交通运输业,逐渐形成了实现“四个现代化”的目标。1964年12月,周恩来指出,要在不太长的历史时期内,把我国建设成为一个具有现代农业、现代工业、现代国防和现代科学技术的社会主义强国。

(二)社会主义建设的方针政策

1. 社会主义经济建设

毛泽东总的主张是:社会主义革命的目的是解放生产力,要调动一切直接和间接的力量,为把我国建设成为一个强大的社会主义国家而奋斗。发展经济,解放和发展生产力,是毛泽东一贯的思想。

第一,提出了社会主义改造和社会主义建设相结合的战略。毛泽东认为,社会主义改造和社会主义建设必须结合在一起。“中国只有在社会经济制度方面彻底地完成社会主义改造,又在技术方面,在一切能够使用机器操作的部门和地方,统统使用机器操作,才能使社会经济面貌全部改观。”①

第二,多次提出经济工作重心转移到经济建设上来。建国初期,面对旧中国遗留下来的衰败经济,毛泽东在1950年6月提出“为争取国家财政经济状况的基本好转而斗争”,② 1951年2月又提出“三年准备、十年计划经济建设”的重要战略构想。③ 1952年9月以后,他多次提出要制定一条过渡时期总路线,紧接着提出了以社会主义工业化为主体的“一化三改”总路线和总任务,并带领全党、全国人民提前并超额完成“一五”计划,为我国的社会主义工业化奠定了初步基础。三大改造完成后,毛泽东适时提出党的工作重心由社会主义革命转移到经济建设和技术革命上来,向自然界开战,发展经济,发展文化。反右结束后,毛泽东在1958年1月重提把工作重心转移到经济建设上来。

第三,在所有制结构问题上有了新的认识。在1956年底,在同工商界人士谈话时,毛泽东提出,对于我国的自由市场,因为社会有需要,就发展起来,并使它合法化,可以雇工,

① 《毛泽东文集》,第6卷,第438页。

② 《建国以来毛泽东文稿》,第1册,中央文献出版社,1987,第390页。

③ 《建国以来毛泽东文稿》,第2册,中央文献出版社,1988,第126页。

可以开私营工厂,可以开投资公司,可以消灭了资本主义又搞资本主义。

第四,提出了"社会主义商品生产"的概念。毛泽东认为,当前中国商品生产还很落后,还要大发展,特别强调农村应当在发展自给性生产的同时多搞商品生产,多生产能交换的东西。更为最重要的是,毛泽东突破了斯大林认为生产资料不是商品的观点,认为不仅消费资料而且部分生产资料也可作为商品。

毛泽东等人对如何建设社会主义的最初探索,体现了马克思主义与中国具体实际的结合。这个时期社会主义经济建设的成就,为我国的社会主义制度初步奠定了坚实的物质基础。

2. 社会主义政治建设

毛泽东提出,人民民主专政是中国社会主义政治的核心,而人民民主专政采取的国家的政权组织形式是按照民主集中制原则组织起来的人民代表大会制,同时实行中国共产党领导的多党合作和政治协商制度。这为中国的社会主义制度奠定了基础。

人民民主专政是具有中国特色的无产阶级专政,不仅有"专政",而且有"民主",并采用内涵更为广泛的"人民"一词,这就准确表述了我国无产阶级领导的国家政权的性质和内容。

人民代表大会制度的政权组织形式,是在新民主主义革命时期人民代表会议这种政权组织形式建设的经验和基础上提出来的。建国后,毛泽东提出,最适宜我国的人民民主专政,即最能体现国家性质的基本的政权组织形式,就是人民代表大会制度。

中国共产党领导的多党合作和政治协商制度,也是根据民主革命时期的历史和现实条件创造的一项基本政治制度。这是我国政治制度的一大特点和优点,是适合我国国情的新型政党关系的生动体现,是中国特色社会主义民主政治建设的一个创造。

3. 社会主义文化建设

在如何有效地开展社会主义文化建设,促进社会主义文化繁荣的问题上,毛泽东认为,首先,坚持马克思主义的指导,是社会主义文化建设的一个重要原则。在社会主义文化领域,占主要和统治地位的,必须是马克思主义;其次,中国共产党从中国的实际出发,提出了一系列具有中国特色的关于繁荣科学文化的基本方针,主张艺术上不同的形式和风格可以自由发展,科学上不同的学派可以自由争论,艺术和科学中的是是非非应该通过自由讨论来解决,应通过艺术和科学的实践去解决,而不能采取简单的行政方法去解决。毛泽东指出,我党发展文化科学的根本方针是"百花齐放、百家争鸣"和"古为今用、洋为中用",并强调这是长期性的方针。

4. 国防和对外关系

新中国成立初期,毛泽东就提出要实现人民军队的正规化、现代化。毛泽东在领导经济建设与国防建设的过程中,摸索出了一条在经济不发达国家进行国防建设与经济建设之路,提出要正确处理国防建设与经济建设的关系,经济建设是国防建设的基础,国防建设是经济建设的保障。

在毛泽东独立自主外交思想的指导下,新中国一直奉行独立自主的和平外交政策。在毛泽东看来,独立自主不仅是中华人民共和国处理对外关系的基本原则,而且也是中国共产党处理同其他各国共产党、工人党相互关系的基本原则。在处理国与国之间的关系上,毛泽东一贯主张国家无论大小、贫富、强弱,都应当相互尊重,平等相待,友好相处,各个国家的事情应当由各个国家的人民自己去管理,任何外国无权干涉。

5. 执政党的建设

1949年3月,毛泽东在党的七届二中全会的报告中,深刻预见了革命胜利后共产党面临的新形势、新任务和党内可能出现的新问题,提出了执政条件下党的建设问题。毛泽东告诫全党,夺取全国的胜利,这只是万里长征走完了第一步。"中国革命是伟大的,但革命以后的路程更长;工作更伟大、更艰苦。这一点现在就必须向党内讲明白,务必使同志们继续地保持谦虚、谨慎、不骄、不躁的作风,务必使同志们继续地保持艰苦奋斗的作风。"① 毛泽东提出"两个务必"的思想,对执政的中国共产党的建设具有长远的意义。新中国成立后,毛泽东又多次提出"艰苦奋斗是我们的政治本色"。

综上所述,以毛泽东为代表的中国共产党人在探索中国自己的社会主义建设道路过程中,取得了一系列主要成果,积累了较为丰富的经验,从正反两个方面为十一届三中全会后建设中国特色社会主义道路的开辟,提供了极为宝贵的经验教训。

二、中国特色社会主义理论体系开辟了中国特色社会主义建设的新时代

(一)中国特色社会主义理论体系的形成和发展的背景

1. 中国特色社会主义理论体系产生的时代背景

中国特色社会主义理论体系,产生于20世纪70年代末至80年代初,在整个90年代和本世纪初得到了重大发展,十六大以后又得到了进一步丰富。这前后近三十年的时间,是整个世界发生大变动、大调整的时期。这种变动调整的剧烈和深刻程度远远超出了人们的预料。最显著的变化,就是和平与发展成为时代主题,西方资本主义出现种种新情况,社会主义遭受重大挫折,经济全球化和世界多极化趋势加速发展,综合国力竞争日趋激烈。特别是新科技革命及其带来的重大科技发现、发明的广泛应用,推动世界范围内生产力、生产方式、生活方式和经济社会发生了前所未有的深刻变化,也引起全球经济格局、利益格局和安全格局发生了前所未有的重大变化。

中国特色社会主义理论体系,从邓小平理论到"三个代表"重要思想,再到科学发展观等重大战略思想,都是中国共产党与时俱进提出的新课题。解放思想、实事求是、与时俱进,在实践创新的基础上形成的理论创新成果,充分体现了中国共产党坚持以宽广的眼界观察世界、以时代发展的要求审视自己、以战略的思维谋划全局,科学认识和正确应对当今世界发展变化的理论思考。

2. 当代中国广泛而深刻的变革则是中国特色社会主义理论体系产生的现实土壤

十一届三中全会以来的30年,中国共产党带领全国人民坚持以经济建设为中心,坚持四项基本原则,大力推进改革开放这场新的伟大革命,极大地调动了亿万人民的积极性,使我国成功实现了从高度集中的计划经济体制到充满活力的社会主义市场经济体制、

① 《毛泽东选集》,第4卷,第1438-1439页。

从封闭半封闭到全方位开放的伟大的历史转变，使中国的社会生产力获得了新的巨大解放，也使我们的民族精神得到了高度弘扬。这场历史上从未有过的大改革、大开放，是中国人民生机勃勃的伟大创造，也是科学理论发展的不竭源泉。中国共产党始终站在改革开放潮流的最前沿，热情支持、鼓励、保护、引导人民群众的伟大创造，深刻总结人民群众的实践经验，从中把握社会主义现代化建设的规律，不断推进马克思主义中国化，先后形成了邓小平理论、“三个代表”重要思想以及科学发展观等重大战略思想。中国特色社会主义理论体系，是对改革开放以来我国社会主义现代化建设伟大实践及其新鲜经验进行科学总结的理论成果，具有博大精深、与时俱进的显著特征，同时也是中国特色社会主义伟大实践艰巨性、开创性、丰富性和承前启后、继往开来特性的能动反映。

3. 国际国内社会主义建设正反两方面的历史经验是中国特色社会主义理论体系形成和发展的重要条件

中国特色社会主义理论体系，也是对我国和世界上其他国家建设社会主义的历史经验进行科学总结的理论成果。苏联解体、东欧剧变，使社会主义改革和建设问题更加突出，也更加引人深思。在我国几十年社会主义建设的进程中，中国共产党既在独立自主的实践中创造了社会主义发展的辉煌成就，积累了丰富经验；同时也经历了失误和挫折，特别是发生了“文化大革命”全局性的严重错误。中国共产党对世界上社会主义国家的兴衰成败进行了正确分析，对我国社会主义建设的经验教训进行了科学总结，从中得出规律性的认识并使之上升为理论。

(二)中国特色社会主义理论体系的主要内容

1. 社会主义的本质和根本任务

邓小平指出：“社会主义的本质是解放生产力，发展生产力，消灭剥削，消除两极分化，最终达到共同富裕。”① 邓小平强调，必须把发展生产力作为社会主义的根本任务，聚精会神搞建设、一心一意谋发展，判断各方面工作的是非得失归根到底要以“三个有利于”为标准。这一新概括丰富和发展了马克思主义的科学社会主义理论。

2. 社会主义初级阶段理论

社会主义初级阶段理论是在总结世界上第一个社会主义国家——苏联建立以来的历史发展，特别是中国社会主义建设曲折发展的历史经验和教训的基础上逐步形成的。

邓小平提出了我国还处在社会主义初级阶段的科学论断。党的十三大明确指出社会主义初级阶段包括两层含义：第一，我国社会已经是社会主义社会。我们必须坚持而不能离开社会主义。第二，我国的社会主义社会还处在初级阶段，我们必须从这个实际出发，而不能超越这个阶段。社会主义初级阶段是我国在生产力落后、商品经济不发达条件下建设社会主义必经的特定阶段，至少需要上百年时间，制定一切方针政策都必须以这个基本国情为依据，不能脱离实际、超越阶段。社会主义初级阶段理论丰富和发展了马克思主义关于社会主义发展阶段的理论。

① 《邓小平文选》，第3卷，第373页。

3. 社会主义改革开放理论

邓小平指出,改革是一场新的革命,是中国现代化的必由之路,僵化停滞没有出路。改革是社会主义社会发展的直接动力,是社会主义制度的自我完善和发展。"三个有利于"是判断改革和一切工作是非得失的标准。中国的改革是全面的改革,这是由改革的任务决定的。在全面改革中,经济体制改革是重点。改革的目标是建立社会主义市场经济体制、社会主义民主政治体制,建设高度的社会主义精神文明,培养"四有"新人,提高中华民族的整体素质。改革和开放紧密相联。对外开放是我们必须长期坚持的基本国策,强调实行对外开放是改革和建设必不可少的,应当吸收和利用世界各国包括资本主义发达国家所创造的一切文明成果来发展社会主义,应当实施"引进来"和"走出去"相结合的战略。在激烈的国际竞争中掌握主动权,实施互利双赢的开放战略,不断提高对外开放水平。

4. 社会主义经济建设理论

社会主义市场经济理论是邓小平理论的基石之一,是中国特色社会主义的重要标志,是对马克思主义经济理论的一个伟大创新,指明了我国经济体制改革的方向。

社会主义市场经济理论提出以公有制为主体、多种所有制经济共同发展是社会主义初级阶段基本经济制度;强调毫不动摇地巩固和发展公有制经济,毫不动摇地鼓励、支持、引导非公有制经济发展,坚持平等保护物权,形成多种所有制经济平等竞争、相互促进的新格局。社会主义经济建设理论丰富和发展了马克思主义关于社会主义所有制的理论。

社会主义市场经济理论提出个人收入分配实行以按劳分配为主体、多种分配方式并存的分配制度。按劳分配是社会主义的分配原则,其他多种分配方式的存在对于充分利用各种生产要素、充分发挥各方面的积极性具有重要意义。

5. 社会主义政治建设的理论

社会主义政治理论强调人民民主是社会主义的生命,要坚持中国特色社会主义政治发展道路,坚持党的领导、人民当家作主、依法治国的有机统一,不断深化政治体制改革,发展社会主义民主政治,建设社会主义政治文明,建设社会主义法治国家。

6. 社会主义文化建设的理论

社会主义文化建设理论指出社会主义不仅要有高度的物质文明,而且要有高度的精神文明;强调要以马克思列宁主义、毛泽东思想、邓小平理论和"三个代表"重要思想为指导,全面贯彻科学发展观,着力培育有理想、有道德、有文化、有纪律的公民,切实提高全民族的思想道德素质和科学文化素质;建设社会主义核心价值体系,把依法治国与以德治国结合起来,坚持社会主义先进文化前进方向,推动社会主义文化大发展大繁荣,提高国家软实力。

7. 社会主义和谐社会理论

随着我国经济社会的不断发展,中国特色社会主义的总体布局逐渐由社会主义经济、政治、文化建设三位一体发展为社会主义经济、政治、文化、社会四位一体,指出社会和谐是中国特色社会主义的本质属性,要按照民主法治、公平正义、诚信友爱、充满活力、安定有序、人与自然和谐相处的总要求和共同建设、共同享有的原则,努力形成全体人民各尽其能、各得其所而又和谐相处的局面。

8. 祖国完全统一的构想

祖国完全统一理论提出“一国两制”和祖国和平统一构想。这一理论指出，在一个中国的前提下，国家的主体坚持社会主义制度，香港、澳门、台湾保持原有的资本主义制度长期不变，按照这个原则来推进祖国和平统一大业的完成；强调全力支持香港、澳门特别行政区政府依法施政；解决台湾问题是中国的内政，提出在“一个中国”原则基础上协商正式结束两岸敌对状态，达成和平协议。

9. 国际战略和外交政策

即社会主义和平发展理论。和平与发展是当今世界两大主题，中国必须坚持独立自主的和平外交政策，始终不渝地走和平发展道路，建设持久和平、共同繁荣的和谐世界；强调中国奉行互利共赢的开放战略，统筹国际国内两个大局，既通过争取和平的国际环境来发展自己，又通过自己的发展来促进世界和平。

10. 国防和军队现代化建设

即走中国特色精兵之路的国防和军队建设理论。它强调始终坚持党对军队绝对领导的根本原则，按照政治合格、军事过硬、作风优良、纪律严明、保障有力的总要求加强军队建设，在全面建设小康社会进程中实现富国和强军的统一；提出人民军队要肩负起“三个提供一个发挥”的历史使命，加快中国特色军事变革。

11. 马克思主义执政党建设理论

马克思主义执政党建设理论指出党必须适应长期执政和改革开放的新要求，加强和改善对各方面工作的领导，做到科学执政、民主政治、依法执政；强调把党的执政能力建设和先进性建设作为主线，坚持党要管党、从严治党，以改革创新精神全面推进党的建设这一新的伟大工程，使党始终做到“三个代表”。

（三）中国特色社会主义理论体系的历史地位和意义

1. 中国特色社会主义理论体系是在改革开放的历史新时期，中国共产党推进马克思主义中国化所取得的理论创新成果

胡锦涛同志指出，中国特色社会主义理论体系是马克思主义中国化的最新成果，总体上属于马克思列宁主义同中国实际相结合的第二次历史性飞跃的理论成果。这个重要论断，从时间和空间上对中国特色社会主义理论体系的产生和发展作出了科学界定，为我们正确认识中国特色社会主义理论体系在马克思主义中国化进程中的历史地位提供了根本依据。

中国特色社会主义理论体系是中国共产党继往开来、与时俱进，团结领导全国各族人民沿着中国特色社会主义道路实现中华民族伟大复兴唯一正确的理论。在这个理论体系的指引下，当代中国共产党和中国人民以一往无前的进取精神和波澜壮阔的创新实践，谱写了中华民族自强不息、顽强奋进的壮丽史诗。

2. 中国特色社会主义理论体系围绕探索和回答三大基本问题展开，深化和丰富了马克思主义对三大规律的认识，是一个科学的理论体系

中国特色社会主义理论体系探索和回答了什么是社会主义、怎样建设社会主义这一

基本问题。邓小平理论第一次比较系统地回答了在中国这样经济文化比较落后的国家如何建设社会主义,如何巩固和发展社会主义的一系列基本问题。"三个代表"重要思想,创造性地进一步回答了什么是社会主义、怎样建设社会主义的基本问题。科学发展观等重大战略思想坚持以邓小平理论和"三个代表"重要思想为指导,准确把握进入新世纪新阶段后的世界大势和我国的发展变化,用新的思想观点回答了什么是社会主义、怎样建设社会主义这个基本问题。

中国特色社会主义理论体系探索和回答了建设什么样的党、怎样建设党的基本问题。邓小平同志在改革开放之初就提出了"执政党应该是一个什么样的党,执政党的党员应该怎样才合格,党怎样才叫善于领导"的问题。江泽民同志在深刻分析世纪之交国内外形势的发展变化,正确把握党的历史方位的基础上,明确提出在新的历史条件下加强党的建设。胡锦涛同志强调必须把党的执政能力建设和先进性建设作为主线,使党始终成为立党为公、执政为民,求真务实、改革创新,艰苦奋斗、清正廉洁,富有活力、团结和谐的马克思主义执政党。中国特色社会主义理论体系中贯穿的一系列加强和改进党的建设的创新理论观点,深化和丰富了对共产党执政规律的认识,发展了马克思主义党的建设理论。

中国特色社会主义理论体系探索和回答了实现什么样的发展、怎样发展的基本问题。邓小平理论高度关注发展问题,明确提出发展是当今世界的两大问题之一,发展才是硬道理,发展对于中国特色社会主义具有决定性意义,强调社会主义物质文明和精神文明都搞好,才是有中国特色社会主义。"三个代表"重要思想把发展问题同党的性质、党的执政理念联系起来,明确提出发展是党执政兴国的第一要务,必须把坚持党的先进性和发挥社会主义制度的优越性落实到发展先进生产力、发展先进文化、实现最广大人民的根本利益上来,推动社会全面进步,促进人的全面发展。科学发展观提出要坚持以人为本、全面协调可持续的发展,提出"五个统筹",强调要正确认识和妥善处理中国特色社会主义事业中的重大关系,努力实现科学发展、和谐发展、和平发展。中国特色社会主义理论体系对什么是发展、为什么发展、怎样发展,发展为了谁、发展依靠谁、发展成果由谁享有等重大问题进行的富有创造性的探索和取得的丰硕理论成果,深化和丰富了对人类社会发展规律的认识,使我们党对发展问题的认识达到了新的高度。

3. 中国特色社会主义理论体系是既同马克思列宁主义、毛泽东思想一脉相承又与时俱进的科学理论体系,以新思想、新观点继承、丰富和发展了马克思主义

中国特色社会主义理论体系,是科学社会主义基本原则同中国实际和时代特征相结合的产物。我国改革开放的进程和当今中国社会的现实充分证明,中国特色社会主义理论体系坚持了马克思列宁主义关于科学社会主义的重要思想,遵循了科学社会主义基本原则。我们说中国特色社会主义理论体系同马克思列宁主义是一脉相承的,这个"脉",就包括科学社会主义的基本原则。

中国特色社会主义理论体系既坚持马克思主义基本原理和科学社会主义基本原则,又不从书本、概念和抽象的原则出发,而是一切从实际出发,以我国改革开放和社会主义现代化建设的实际问题,以我们正在做的事情为中心,坚持解放思想、实事求是、与时俱进,创造性地提出了一系列新思想、新观点、新论断,丰富和发展了马克思主义。

第二节　越南、老挝的社会主义革新与开放

一、在革新开放道路上快速前进的越南

(一)当代越南政治发展概况

越南社会主义共和国位于中南半岛东部,面积32.9万平方千米,人口8411万。越南的历史发展可分为北属、自主建国、法国殖民统治、建立民族独立国家四个时期。越南的历史及宗教文化的发展与中国密切相关,深受中国文化影响。越南在公元968年成为独立国家,1884年沦为法国保护国,1940年9月被日本占领。1945年,在以胡志明为首的越南共产党的领导下,越南人民取得了八月革命的胜利。同年9月,越南民主共和国成立,开始建立人民民主制度。1946年12月,法国再次入侵并占领了越南。1946年,抗法战争爆发。1954年举行日内瓦会议,达成停战协议,各方同意以北纬17°为分界线将越南暂时分为两个军事集结地区,并决定在1956年举行全国大选,实现南北统一。

美国出于对共产主义的恐惧,支持吴庭艳在南越建立政权,与北方对抗。从此,越南南北分治,直到1976年全国才实现统一。

经过近9年的抗法战争,1954年7月,有关各方签署了《日内瓦协议》,越南北方获得解放,南方则先后由法国和美国扶植的南越政权统治。1961年,越南共产党领导人民进行抗美救国战争。1973年1月,越美在巴黎签订《关于在越南结束战争、恢复和平的协定》,进而粉碎了盘踞南方的阮文绍反动政权的分裂阴谋,最终于1975年5月1日解放了整个越南南方,实现了国家的统一。1976年4月,越南选出了统一的国会,7月,改国名为越南社会主义共和国。1976年12月召开的越南劳动党第四次全国代表大会又将越南劳动党更名为越南共产党。目前,越南共产党约有党员二百二十万人,全国共有基层党组织四万多个。

(二)越南革新开放的历史背景

1. 僵化的计划经济体制影响了经济的发展

越南从1977年开始在南方试办高级农业合作社,1979年强行推广。到1985年,南方基本完成农业合作化。越南的农业合作化犯了急于求成的错误。它违背了农民的意愿,侵犯了农民的利益,推行平均主义、大锅饭,社员收入减少,合作社干部贪污成风,党政军各部门无偿征调农民修桥、铺路、盖房等,以及对农民的各种乱摊派,打击了农民的生产积极性。

在"三五"期间,越南发动了侵略柬埔寨的战争,把大量的人力、物力和财力都投入到了战争中。由于入侵柬埔寨,越南受到了国际社会的谴责和制裁,国内经济形势更加困难。这一时期,越南的中央计划经济体制日益僵化,而长期支持越南的前苏联,也由于自身经济的困难,不得不大幅度削减对越南的财政援助。此时的越南,四面楚歌,陷入了极

度困难的境地。

2. 统一后的政策失误把国民经济推向崩溃的边缘

1975年全国统一后，由于对国情和客观发展规律的认识不足，这一时期越南共产党的各项政策发生了严重失误，致使越南的经济、社会陷入深重的危机。1976年12月，越共四大主张尽快取消多种非社会主义成分的经济，马上把资本主义经济变为国营经济，否认商品生产规律，决定要在5年内基本完成南方的社会主义改造，并争取在20年内基本完成越南从小生产向社会主义大生产的转变，也就是结束越共提出的"社会主义过渡时期"。这种急于求成的政策使得越南经济社会形势逐渐恶化。在严峻的客观形势面前，越南共产党不得不思考进行全面改革。

3. 苏东剧变导致越南外部环境恶化

苏联解体和东欧剧变，使越南经济遭受了沉重的冲击，使越南党内外思想产生了极大的震动。政治上，有人认为社会主义道路是错误的，有人主张走民主社会主义的道路，有的党员甚至申请退党或者不过组织生活。经济上，传统的社会主义市场完全失去，越南在资金、原料、市场方面面临严重困难。苏东剧变同时也使越南面临西方敌对势力"和平演变"的严峻形势。越共认为，要防止"和平演变"，必须堵住政治多元化这个突破口，坚持"五项基本原则"，即坚持社会主义目标和理想、坚持马克思列宁主义、坚持无产阶级专政和党的领导、实行有集中的社会主义民主、将爱国主义与无产阶级国际主义相结合以及民族力量与时代力量相结合。

(三)越南革新开放的历程

第一阶段(1986—1991)——探索徘徊阶段。

1986年12月召开的越共六大，是越南社会主义建设中具有转折意义的一次会议。这次会议在"革新思维"的旗帜下，确立了"按照市场机制运行的、由国家管理的、坚持社会主义方向的、多种成分的商品经济"的改革发展总路线，初步解决了党的思想路线、政治路线和组织路线问题，吹响了全面革新的号角，开辟了越南革新开放的新时期。六大闭幕后，越共中央陆续出台了有关流通领域改革、深化农业承包制、抑制通货膨胀、颁布外资法等重大革新举措。在外交上，开始奉行"广交友、少树敌"的政策，以从柬埔寨撤军、政治解决柬埔寨问题为契机，逐步改善同中国、美国、东盟和西方国家的关系，为国家经济建设创造良好的国际环境。这一阶段，越南党和政府相继颁发了一系列重大决议、决定和法规，如《关于扩大国营企业自主经营的决定》、《外国投资法》、《区分国家银行和商业银行职能的决定》、《正式确认农民家庭拥有全面自主经营和长期使用耕地权利的决定》等。然而，这些决议、决定和法规的实施遇到了相当大的阻力，越南仍处于市场经济的探索徘徊阶段。

第二阶段(1991—1996)——高速起飞阶段。

1991年6月召开的越共七大，对苏东剧变后越南将举什么样的旗、走什么样的路、确定什么样的经济路线和达到什么样的发展目标、实行什么样的外交路线等重大问题作出了理论回答。这次大会全面调整了越南在新的国际国内环境下政治、经济和外交政策。会议明确宣布越南共产党"以马列主义、胡志明思想为指导思想和行动指南"，对革新开放路线进行补充和发展。这次大会全面调整了越南的经济政策,强化了在国家管理下的市场调节机制,具体表现在:把国营企业推向市场,大力发展私营企业;取消地方政府对商品流通所设的各种检查站,把国家统一定价改为市场调价;在金融领域,允许国有、股份和合营等多种形式的银行并存,建立多元的金融体系。大会同时强调,越南的政治体制改革要逐步进行,确定了独立自主、广泛开放、全方位、多样化的外交路线。越南的全面改革取得了令人瞩目的成效,这一阶段也是越南经济社会高速发展的阶段。

第三阶段(1996—2006)——平稳发展阶段。

1996 年 6 月,越共召开了八大,总结了越南革新开放的基本经验,宣布经过 10 年的革新开放,越南已基本摆脱了持续多年的经济社会危机,从此进入国家工业化、现代化建设时期。大会还为越南制定了新的战略目标:至 2000 年,越南人均 GDP 比 1990 年翻一番,至 2020 年基本实现现代化。2001 年 4 月,越共九大再次总结了越南社会主义建设的历史经验,明确提出了"社会主义定向的市场经济"是越南社会主义过渡时期的总的经济模式,制定了 2001—2010 年经济社会发展战略。在经济方面,提出到 2010 年"基本上形成社会主义定向的市场经济";在政治方面,首次将"民主"的概念写进党的奋斗目标,即由八大的"民富国强、社会公平、文明"变为"民富国强、社会公平、民主、文明",强调不断提高党员和各级党组织的知识水平、领导才能和战斗精神。2002 年召开的越共九届五中全会进一步提出了加快发展私有经济的目标。经过调整,越南的经济取得了快速的发展。2001—2006 年,越南国民生产总值增长率分别为 6.89%、7.08%、7.34%、7.79%、8.43%、8.17%,为东盟各国之首。

第四阶段(2006—)——全面深化阶段。

2006 年 4 月,越共十大召开,主题是:"提高党的领导能力和战斗力,发挥全民族的力量,全面推进革新事业,使我国早日摆脱欠发达状态。"全会坚持马克思列宁主义、胡志明思想为指导党的行动的思想基础,坚持民族独立和社会主义目标,完善了越南社会主义建设道路的基本理论,进一步阐述了建立社会主义市场经济的主要任务,提出了到 2020 年把越南建设成为"民富国强、社会公平、民主、文明的社会主义现代化国家"。大会加深了对社会主义所有制的认识,强调"加快各种经济成分、各种生产经济组织的发展",认为"各种国家经济、集体经济和私人经济、国家资本经济、依法经营的外国投资企业都是我国社会主义市场经济基础的重要组成部分,法律面前一律平等,要共同长期发展、合作与正当竞争"。政治体制改革明确地列入会议的正式议程。越共十大明确提出建设"小政府"的方针,实施权力下放、机构精简,不断扩大地方政府权限,将外国直接投资的审批权下放到地方政府,希望通过地方的竞争来吸引更有效的投资。越南革新开放事业将全面走向深化,越南社会经济将迎来全新的发展时期。

2007 年初,越南正式成为世界贸易组织成员国。进入 2008 来以来,受全球性能源与粮食价格持续上涨以及美国次贷危机等因素影响,越南宏观经济形势骤然趋紧,引发了严重金融动荡。越南的革新开放事业面临严峻的挑战。

(四)越南"革新社会主义"的主要理论与政策

1. 关于本国社会主义所处的历史阶段

越共认为，越南仍将“坚持社会主义的目标”，但目前尚处在“向社会主义过渡的初级阶段”。由于越南是从小生产起步，跨越资本主义的发展阶段，直接走上社会主义道路的，所以过渡时期必定是长期而充满困难的。“初级阶段”是整个过渡时期的小过渡，其主要任务是在政治、经济、社会等方面为大规模社会主义工业化创造必要的条件。在初级阶段，必须用国家资本主义的形式和方法，发展社会主义经济。这种国家资本主义的形式是越南在走向社会主义过程中适合越南国情的过渡形式。

2. 关于经济体制的发展模式和经济运行机制

1986 年召开的六大以来，越共采取了新的发展模式，集中体现在“发展以社会主义定向的、由国家管理的、多种成分的商品经济政策”。多种成分的经济政策“具有长远的战略意义，具有从小生产走向社会主义的规律性，具有动员人民建设经济，发展生产力的巨大作用”。社会主义国家的经济管理和调控，是正确、稳固发展社会主义定向市场经济的先决条件。发展市场经济的根本目的是发展生产力，发展经济，推动社会主义的物质和技术建设；利用市场机制，运用市场经济的各种经济形式和管理方式，刺激生产发展，推动国家工业化、现代化。市场经济是发展生产力、发展经济、科技、文化等事业，推动国家的工业化、现代化的重要手段。

关于经济运行机制和政策问题，越共认为，一是要发展多种成分的商品经济。商品生产并非与社会主义相对立，而是人类文明的成果；商品生产是客观存在的，是社会主义建设所必须的，即使是社会主义已经建成，也需要发展商品生产。二是市场既是计划的根据，也是计划的对象。计划带有定向性，主要起决定方向的作用，在宏观方面特别重要，而市场具有直接引导经济单位选择活动领域和组织生产经营的功能。三是逐步取消包给制，为确保国家利益，只在一些特定部门和领域维持国家的垄断经营。要确立国有企业的自主权，国家管理与实行企业自主权相结合，国家通过法律、法规和其他工具实行有效管理。四是由市场机制决定商品价格、汇率和利率，国家主要是利用经济办法引导市场的供求关系。五是土地属于全民所有，实行统一管理。国家赋予农民长期土地使用权，允许土地使用权的继承和转让。六是积极开拓国内市场，鼓励商品在全国自由流通，同时扩大对外经济联系，主动融入国际经济。

3. 关于所有制结构和分配方式

关于所有制结构问题，越共主张实行多种经济所有制，“不以私有制为主导”。认为目前越南存在五种经济成分，即国有经济、合作经济、国家资本主义经济、个体和小业主经济以及私人资本主义经济。国有经济在国民经济中起主导作用，并与合作经济一起，逐步成为国民经济的基础。一部分国有企业实行股份制，限制垄断经营。合作社主要从事劳务生产，起互助和引导作用。发展多样性的合作经济形式，它们可以是或者不是法人实体。个体经济可以通过各种途径获得更大的发展空间，既可自愿合作，也可作为国营企业和合作社的“卫星”企业。私人资本经济是国民经济组成的一个部分，它能为国家建设做出贡献。

关于分配方式问题，越南主张现阶段要实行多种形式的分配方式并存，即以按劳动结果和经济效益分配为主，并结合劳动者对生产经营的资金投入和知识的贡献进行分配。国家资源和财政分配与使用要体现公平和效益原则。要承认各种形式雇佣劳动的长期存在，但强调不能使之变成统治关系，以致社会分化成为对立的两极。要合理地分配和再分配各种收入，保护劳动者的利益，鼓励合法致富，同时积极进行扶贫工作，避免各地区发展水平和各阶层人民生活水平差距过大，逐步实现公平。

4．关于国有企业的主导地位和股份化

六大前，越共坚持国有企业必须处于垄断地位；六大后，越共逐步把国有企业的垄断地位转为确保其“主导地位”，并确定了国家加强国有企业主导地位和作用的领域。国有企业主导地位的领域：一是基础设施和社会福利行业，包括道路、桥梁、港口、文教、卫生等；二是财政、金融、银行、保险、邮政等主要服务行业；三是重要的生产劳务和商业；四是国防和国家安全的领域。越共认为企业实行股份化是发展社会主义定向的市场经济的战略选择，选择股份化试点的条件，一是中小型企业，二是盈利、经营效益好的企业，三是没有必要由国家100%投资的企业。越共实施股份化的目标是全方位的，其目的是企业通过所有制形式的变化，转化经营机制，更有效地进行生产和经营，开展国有企业的股份化的目的不是使其私有化。

5．关于党的建设问题和政治体制改革

越南共产党1993—1994年开展整党后，1991年1月，八届六中全会第二阶段会议又作出“目前党建工作中一些基本和紧迫问题”的决议，提出开展为期两年的建党整党、批评和自我批评运动。越南共产党把腐败现象看作社会“四大危机”（经济发展滞后、和平演变、偏离社会主义方向、官僚腐败和道德品质下降）之一，成立政府反贪污走私工作委员会，制定《反贪污法》，不断加大反腐败的力度。越南共产党还从组织上采取措施，把鼓吹资产阶级自由化，背离社会主义，主张效仿苏东“改革”路子的人，撤销党内职务或清除出党。

越共十大将政治体制改革明确地列入会议的正式议程，清醒地认识到越共及政府在制度建设与完善方面存在的问题。如国会监督作用没有充分体现，作为对党起重要监督作用的祖国阵线、人民团体现在还只是越共“手臂的延长”；越共党内官僚主义、贪污腐败现象严重；党在教育、医疗、文化体制改革、政治体制改革、所有制改革等领域思想僵化；民主规则被破坏等。十大具有标志性意义的措施，是改革党内选举制，会议选举产生了越共新一届领导班子。接着，国家主席、政府总理、国会主席亦由年轻有为的新人出任，部级领导也进行了更换，顺利实现了越南高层领导核心的更新换代，以适应继续革新事业的需要，他们中许多领导人曾在国外受过教育，锐意进取，为巩固和发展革新事业注入了新的活力。

（五）越南革新开放中面临的问题与挑战

1．经济发展不平衡，贫富分化比较严重

越南农村与城市、平原与山区经济差距比较大，北部山区6个省份人均收入远远低于全国平均水平。城乡之间、不同地区和部门之间、不同人群之间收入水平差距拉大，贫富差别明显，消除饥饿、减少贫困的任务艰巨。在农村，存在数量较多的无地、少地农民。在城市由于国营企业的市场化改造,近年来越南失业率高达7%,失业人口为七百万左右,贫困进一步加剧。

2. 经济改革面临一些难题

越南经济改革面临一些难题,工业基础薄弱和资金短缺问题突出。在基础设施方面,最突出的是交通、通信和电力问题。国有企业设备陈旧、管理不善、竞争乏力,不仅面临体制更新的任务,而且面临繁重的技术更新的任务,改革任重道远。由于基础设施落后,办事效率低下,贪污腐败盛行,外商投资政策法规不配套,加之受东南亚金融风波的影响,出现了外商撤资和投资迟迟不到位等问题。

3. 人口增长过快

1960年,越南有3000万人。1985年,人口增长到6000万。25年间增长了一倍。1999年又达到7632万,位居世界第12位。目前,越南人口每年增长140万,每年有120万新的劳动力涌现。据联合国预测,到2025年,越南人口将达到1.58亿。人口数量的激增,使人地矛盾突出,农村不断涌现无地人口。

4. 腐败问题比较严重,社会丑恶现象沉渣泛起

党政官员的腐败被称为越南的"国难"。尽管近年来越南加大了惩治腐败的力度,处理了一批大案要案,但由于社会主义民主不足,党政官僚权力缺乏有效制约与监督,腐败问题远没有解决,再加上西方国家的干涉,越南新的社会问题不断出现,如卖淫嫖娼、吸毒贩毒、赌博、走私和其他犯罪活动屡禁不止。

5. 面临着经济全球化的挑战

尽管全球化是历史发展的客观趋势,加入全球化会给越南创造不少的发展机遇,但对越南这样的发展中国家来说,全球化又带来不可避免的挑战。在2007年加入世贸组织之后,越南立刻开放了资本项目的外国直接投资,将外资持有的上市公司股票的上限放宽到49%。外资涌入越南股市,催生了大量的资产泡沫,在外资撤退之后,将造成无法预计的危害。2008年以来,在国际原油价格和粮食价格持续攀升的背景下,越南的通货膨胀进一步加剧,四五月份连续保持20%以上的增长,成为引发金融动荡的主因。总之,越南的革新开放和现代化建设是一项漫长而艰巨的历史任务。

二、继续迈向社会主义的老挝革新开放事业

(一)当代老挝政治发展概况

老挝位于印度支那半岛西北部,国土面积23.68万平方千米,人口约五百万,境内80%为山地高原,有"印度支那屋脊"之称。老挝独立建国于公元749年,近代以来长期遭受外国殖民主义统治。1893—1940年,老挝沦为法国殖民地,1940—1945年被日本占领。1945年10月,日本投降,老挝人民起义宣布独立,1946年3月再度被法国占领,后美国又入侵老挝,老挝人民在"印支共"老挝党组织领导下奋起斗争。

1951年2月,印度支那共产党二大决定越南、老挝、柬埔寨三国分别建党。印度支那共产党老挝地方委员会领导老挝人民经过艰苦卓绝的斗争,迫使法国在1954年承认老挝独立。1955年3月22日,"老挝人民党"宣告成立,由凯山·丰威汉任总书记兼人民解放

军总司令。老挝人民党领导人民进行了长达20年之久的抗法、抗美战争。1972年,老挝人民党二大决定改名为“老挝人民革命党”。1975年,利用柬埔寨和越南抗美救国战争相继取得胜利的时机,老挝人民革命党领导人民奋起夺权,相继建立各级革命政权,成为执政党。同年12月,老挝人民革命党召开第一届全国人民代表大会,宣告解散旧的民族联合政府,废除君主制,组成最高人民议会和政府,建立了老挝人民民主共和国。从此,老挝开始了走向独立、自由和社会主义的新纪元。

(二)老挝社会主义理论形成和发展的历程

1. 超越发展阶段,进行社会主义改造(1975—1979)

1975—1979年,是社会主义改造时期。老挝人民民主共和国宣布成立后,老挝脱离本国国情,把苏联视作社会主义建设的楷模,迅速开展了三大革命,即生产关系革命、科学技术革命和思想文化革命。1977年2月,老挝人民革命党总书记、老挝总理凯山·丰威汉宣布老挝已“完成了民族民主革命,进入了社会主义改造和社会主义建设的新阶段”。从1976年开始,老挝对私营工商业实行社会主义改造,把原王国政府控制的私营工厂企业实行国有化或公私合营。在1977年的最高人民议会和部长会议联合会议上强调要进行生产关系革命,要建立全民所有制和集体所有制两种形式的社会主义生产关系。但由于执行了过“左”的政策,城市私营工商业主以及农村广大农民的利益受到严重损害。老挝经济的改革脱离了老挝实际,急于求成,急于进入社会主义,造成经济停滞,生产下降。社会主义改造的结果使原本就极端落后的生产力遭受严重破坏,经济陷入了困境。

2. 总结反思,酝酿改革(1979—1986)

1979—1986年是总结经验,调整政策阶段。1979年11月,老挝人民革命党二届七中全会对经济工作中的失误进行反思,随后老挝政府调整和放宽政策。1980年1月,政府决定放宽对私人从事商业活动的限制,允许私商从事日用品的进出口贸易。1980年6月,老挝各地农业社严格遵守“自愿”,“国家、集体、个人共同受益”和“民主管理”三项原则,推行合作社。1982年,老挝人民革命党的三大所制定的社会主义过渡时期的总路线,仍然强调进入社会主义,并把建立和完善社会主义生产关系,保证社会主义经济成分在国民经济中占统治地位作为一项基本目标。这条总路线和基本目标同样严重脱离老挝实际,结果第一个五年计划(1981—1985)目标并未完成,老挝的社会主义建设事业没有取得明显进展。实践中的挫折迫使老挝党重新认识国情,检讨党的工作,端正党的路线,继续在社会主义道路上探索前进。

3. 重新认识国情并确定所处历史阶段(1986年以来)

1989年1月,老挝人民革命党召开四届七中全会,凯山总书记在会上发表了重要讲话。四届七中全会是老挝人民革命党对社会主义理论认识的一个重大转折,开创了老挝革新开放的新局面。四届七中全会认为,老挝农民占全国人口的90%,农林产品占国内生产总值的70%以上,生产力水平和国民经济的起点很低,“同发达国家相比,相差几个世纪”,迄今仍是世界上最不发达的国家之一,尚不具备建设社会主义的物质条件。大会明确提出:(1)老挝革命迄今仅仅基本完成民族解放任务,还要继续完成民主任务,以便发展生产,保障各族人民享有自由民主权利,为逐步进入社会主义创造基本条件。(2)老挝现阶段社会的基本矛盾是落后的生产力与发展生产以满足日益增长的社会各方面需要之间的矛盾。目前老挝最迫切的任务是大力发展商品生产,逐步把自然、半自然经济转变为商品经济。(3)老挝现阶段存在多种所有制和多种经济成分,但国有经济起主导作用。(4)商品经济的发展必然走向国家资本主义。这是一种在国家指导下,国家利益和各种经济成分利益之间的联合。

1991 年 3 月,老挝人民革命党五大重申,目前老挝仍处于继续建设和发展人民民主制度,为逐步进入社会主义创造基本条件的阶段,要继续从政治、经济、社会、外交等方面来建设和发展人民民主制度,从而逐步形成一条"有原则的全面革新路线"。

2001 年 3 月 12 到 14 日召开的老挝人民革命党七大,对社会主义有了进一步的认识,提出了老挝今后经济和社会发展的战略目标、总任务和总方针,强调要以解除人民贫困为首要任务,领导国家走出不发达国家的行列,改变落后的生活方式,为老挝的革新开放和社会主义建设指明了发展的道路和方向。大会还制定了 2001—2005 年、2010 年和 2020 年的发展规划。

综上所述,老挝人民革命党自 1975 年成为执政党,特别是 1986 年召开四大以来,通过不断总结本国革命与建设中正反两方面的经验教训,同时借鉴外国的改革理论、经验,逐步认清了国情,并积极探索适合本国国情的发展道路,完成了革命阶段、中心任务、外交路线的"三个转变"。老挝的社会主义实践在发展,认识在深化,已初步形成了具有老挝特色的社会主义理论。

(三)老挝革新开放的主要政策和经验

1. 关于社会发展阶段和社会主义道路问题

在老挝处于社会主义改造时期,人民革命党曾不顾本国国情,照搬苏联模式,实行极"左"路线,造成了生产力的倒退和生产关系的破坏,使老挝经济陷入困境。面对严峻现实,1986 年,老挝人民革命党四大认为,老挝革命的最终目标是实现社会主义,但当前处在"向社会主义过渡的初级阶段",以后还要经过若干阶段和相当长的时间才能逐步进入社会主义。老挝仍处在建设和发展人民民主制度、为逐步进入社会主义创造必要条件的历史阶段。

革新开放以来,人民革命党把握马列主义的革命性和科学性,灵活借鉴别国成功经验,制定了一系列适合老挝国情和符合广大人民根本利益的路线和政策。苏东剧变后,老挝共产党在四届八中全会上,提出必须坚持"六项原则",即"坚持社会主义目标,紧紧掌握新时期老挝革命的性质;马列主义是党指导人民革命的思想基础;老挝人民革命党的领导是老挝人民革命事业胜利的决定条件;提倡和发扬民主集中制原则基础上的民主;加强人民民主专政力量和效力;把爱国主义和无产者的国际主义、社会主义的国际主义相结合。""六项基本原则"坚定了老挝的社会主义方向,巩固了人民革命党的执政地位。

2. 关于经济改革问题

1989 年,老挝人民革命党四届八中全会指出,老挝现阶段社会的基本矛盾是落后的生产力与发展生产以满足日益增长的社会各方面需要之间的矛盾。当前老挝最迫切的任务是大力发展商品生产,逐步把老挝的自然经济、半自然经济转变为商品经济。因此,老挝借鉴中国和越南的经验,全面推进经济领域的革新。

第一,在所有制结构方面,承认非社会主义性质经济成分的合法地位,鼓励非社会主义性质经济成分参与国家经济建设。苏东剧变后,老挝人民革命党的五大、六大的政治报告都强调,老挝的经济结构是一个多种经济成分、多种所有制形式和多种经济组织形式长期共存的经济结构。每一种经济成分在法律面前都有平等权利,在政府管理下按市场经济管理机制运作,相互既合作又竞争。与这种所有制结构相适应,在分配制定方面,在实行按劳分配的同时,承认利润、彩票、债券、利息等资本收入的合法性。

第二,在全国资源配置方面,废除官僚主义的、救济式的经济管理机制,建立以企业核算为基础的新的经济管理机制。凯山在四大政治报告中指出:“老挝现在的经济管理机制是官僚主义的、救济式的管理机制。”宣布新的经济管理机制不直接管理企业的生产和经营,而是通过经济手段和法律起宏观调控作用,坚决废除一切妨碍企业生产和经营活动的中间环节以及一切侵犯企业自主权的条条框框。老挝党第五届中央委员会工作期间,基本清除了旧经济管理机制的残余,确立了市场经济管理机制,为老挝经济发展铺平了道路。

第三,在农村建设和农业发展方面,从农林着手,从农民家庭开始发展经济,以农民家庭为国民经济的基本单位。这是老挝党五大提出的具有老挝特色的、最符合老挝国情的经济发展路线。老挝是个落后的农业国,上个世纪 90 年代初期,农业人口占全国总人口 90%以上,农林产值约占国民经济总产值的 70%。在绝大多数人民还是靠农林业过日子,国家没有什么资金的时期,不可能搞重工业,只能从发展农林业开始,解决绝大多数国民的吃饭问题。这是当时的头等大事,它关系到社会的稳定和国家的存亡。老挝人民革命党解散农业合作社,把土地和山林按户分给农民,让农民自由利用这些土地和山林进行生产,发展家庭经济。这一政策不仅使农民受益,也使城里干部和知识分子受益,老挝本来就地广人稀,城市郊区有大片土地没人耕种,为解决干部和知识分子生活上的困难,政府也按级别给干部和知识分子分配土地,鼓励干部和知识分子利用业余时间搞家庭经济,改善生活。

3. 关于政治改革问题

人民革命党强调要把反腐败作为党革新事业的重要组成部分,采取有效措施清除党内腐败现象。一是加强各级党组织建设,从思想上、政治上、组织上把党建设成为坚强的领导集体。二是加大思想教育工作力度,从加强对党员干部的反腐倡廉教育入手,全面提高干部队伍政治素质,自觉抵制和克服各种腐朽思想的侵蚀。三是提出加强政治思想教育的五项工程,即恢复省级政治理论学校工程;建立演讲员网络工程;为普通学校、职业学校编写政治教育大纲和实施政治教育工程;整顿和加强各级宣传教育部门工程;建立思想政治工作样板工程。四是强化监察和管理体制,进一步明确各级监察机构的职能,强调在克服腐败现象的斗争中,各级党组织要定期召开民主生活会,开展批评与自我批评,自下而上对党员干部进行评议。

4. 关于外交政策

第一,调整与中国的关系。苏东剧变前,老挝与中国的关系曾一度冷淡。1989 年,凯山率领老挝党政代表团访问中国,开始恢复老挝与中国的正常外交关系。苏东剧变后,中老两党、两国政府友好关系进一步发展,领导人经常互访,民间往来增多,两党、两国政府和两国人民之间的互相了解和友谊不断增进。

第二,调整与泰国等东南亚国家的关系。在五大政治报告中,老挝首次向泰国等东南亚国家表示善意。凯山指出,希望东南亚能成为和平、稳定、友谊、合作的地区,表示老挝愿意与泰国等在内的东南亚国家建立和平共处的睦邻关系。1999 年,老挝加入东盟,成为东盟的新成员国。2005 年,老挝成功举办第十届东盟首脑会议及其他国际会议,使老挝和东盟各成员国及对话国之间的信任和合作得到加强。同时,老挝主动改善与美国、日本、法国等西方发达国家的关系,扩大与发展中国家和国际组织的合作。迄今为止,老挝已同 104 个国家建立了外交关系,提高了老挝在地区和国际舞台上的地位和影响。

第三,以积极姿态主动与世界各国和国际组织机构开展经济、科学技术和文化方面的合作与交流。1986 年 11 月,老挝人民革命党四大上明确提出"革新开放"的方针,并制定了革新开放的战略,强调要不分政治制度和意识形态,与所有国家和国际经济组织进行广泛和全方位的经济交流合作。目前,老挝已与五十多个国家和地区建立了经贸关系,到 2002 年底已批准的外资项目为 944 项,协议金额为 76.05 亿美元。2003 年 11 月,老挝副总理西苏里在博鳌论坛年会上强调,老挝愿意在双边、多变、次区域和区域等多层次框架内,积极与国际合作,融入亚洲和全球经济一体化进程。

人民革命党领导老挝人民之所以取得了很大成就,是因为它能够将马列主义的普遍真理与本国实际相结合,在实践中不断总结经验,学习和借鉴别国的成功经验,主动适应国内外形势发展的需要,走出了一条比较适合本国特点的发展道路。老挝的经济目前仍然比较落后,在许多方面仍然存在困难,但只要继续坚持革新开放的方针政策,按照符合本国国情的道路走下去,其社会主义建设事业必将不断推向前进。

第三节　朝鲜、古巴的社会主义理论与实践

一、朝鲜式社会主义建设的理论与实践

(一)当代朝鲜政治发展概况

朝鲜民主主义人民共和国位于朝鲜半岛的北半部,国土面积 12.2 万多平方千米,80%为山地,人口约 2300 万。1910 年,朝鲜沦为日本帝国主义的殖民地。1931 年,日本发动侵华战争以后,以金日成为代表的朝鲜共产主义者创建了朝鲜人民军队,积极参加了中国东北的抗日武装斗争,后转到苏联境内活动。1945 年 8 月 15 日,日本投降,苏联红军解放了朝鲜北部。金日成等朝鲜共产主义者回国后,在苏联军队的帮助下,1945 年 10 月成立"朝鲜共产党北朝鲜组织委员会",1946 年建立了北朝鲜临时人民委员会即中央政府。1947 年 2 月成立朝鲜最高权力机关——人民会议,并将临时人民委员会改组为朝鲜

人民委员会。1948 年底，苏联军队撤出朝鲜，根据美苏两国在 1945 年 8 月打败日本法西斯时签订的划分势力范围的国际协议，以北纬 38°度线为界将朝鲜半岛分裂为南北两个国家。

1945 年 10 月，朝鲜共产党在平壤成立了中央组织委员会。1945 年 8 月 28 日，北朝鲜共产党与新民党合并，成立北朝鲜劳动党。在北朝鲜劳动党领导下，朝鲜北部进行了民主改革，1947 年 2 月，朝鲜历史上第一个无产阶级政权机构——北朝鲜人民委员会成立。1948 年 9 月，朝鲜举行最高人民会议第一次会议。会议通过了《朝鲜民主主义人民共和国宪法》，宣布朝鲜民主主义人民共和国成立，金日成任内阁首相。1949 年 6 月，北朝鲜劳动党同南朝鲜劳动党合并，成立朝鲜劳动党，金日成当选为委员长。1950 年，金日成出任朝鲜人民军最高司令官。

朝鲜民主主义人民共和国建立后，首先进行土地改革、清除日本殖民统治的影响，完成了民族民主革命的任务，同时大力建立和扩充人民军，积极备战。1950 年 6 月 25 日，朝鲜半岛南北双方内战爆发。起先，朝鲜人民军挥师南下，长驱直捣东南海滨釜山，美国纠集联合国 15 个成员国出兵，实行迂回包抄，9 月 15 日在西海岸中部港口仁川登陆，拦腰截断人民军后路。战火迅速推进到中朝边境鸭绿江畔，“唇寒齿危”，我国组成人民志愿军进行抗美援朝战争。在中国人民的坚决支持下，朝鲜人民取得了抗美卫国战争的伟大胜利，美韩被迫于 1953 年 7 月 2 日同中朝签订了《朝鲜军事停战协定》，朝鲜战争结束。战后，经过 1953—1956 年经济恢复和社会主义改造阶段，朝鲜从 1957 年开始进入社会主义建设时期，揭开了社会主义建设的新篇章。

（二）朝鲜的社会主义建设历程

1．国民经济恢复时期

1953—1957 年，是战后朝鲜的国民经济恢复时期。这一时期，朝鲜北部进行了土地改革、主要产业国有化等各项民主改革，为向社会主义过渡创造了有利条件。1953 年 8 月，朝鲜劳动党制定了恢复和发展国民经济的基本方针，提出优先发展重工业，同时发展轻工业和农业的经济建设基本路线，并决定自 1954 年起实施国民经济三年计划。国民经济恢复与发展三年计划和社会主义改造的完成，奠定了朝鲜以全民所有制和集体所有制为基础的社会主义制度，使朝鲜从恢复时期过渡到技术改造时期，开始了全面的社会主义建设。

2．社会主义建设时期

1957 年以后，朝鲜进入社会主义建设时期。这一时期的基本任务是对国民经济进行全面技术改造，实现社会主义工业化，建立巩固的社会主义的物质技术基础，提高人民的生活水平。金日成在 1970 年 11 月召开的朝鲜劳动党第五次代表大会上，宣布朝鲜已实现了社会主义工业化的历史任务，已从落后的殖民地农业国转变成为拥有现代工业和发达农业的社会主义工业国。

（三）朝鲜“主体社会主义”的理论与政策

半个世纪以来，朝鲜在紧张的国际环境中艰难地开展社会主义建设事业。执政的朝鲜劳动党现有党员四百多万人，约占人口的五分之一，是世界上占本国人口比例最大的党。朝鲜劳动党,特别是其领袖金日成在长期的革命和建设实践中探索出了具有朝鲜特色的社会主义理论观点,金日成提出的"主体思想"成为朝鲜社会主义革命和建设的指导思想,对朝鲜的建设和发展产生了深刻的影响。因此,朝鲜社会主义又被称为"主体社会主义"。

1. 主体思想

"主体思想"发端于抗日战争时期,是朝鲜劳动党长期革命战争和建设实践的经验总结和升华。1980 年 10 月,朝鲜劳动党六大通过的党章规定,朝鲜劳动党"以伟大领袖金日成同志的革命思想——主体思想作为唯一的指导方针"。金日成根据自己和全党对朝鲜如何建设社会主义的认识,将主体思想的主要内容概括为四个方面的原则:思想上树立主体,政治上自主,经济上自立,国防上自卫。

第一,思想上树立主体,就是所有人都要有为朝鲜革命服务的主体思想。这是革命和建设所有领域体现主体思想的先决条件。要做到这一点,首要的问题是加强党的政策教育和革命传统教育。其次是要了解本国的具体实际。金日成强调,学习和研究外国共产党的历史经验,研究马列主义的普遍原理,都必须确立一个根本的立足点,就是正确地进行朝鲜的革命。从这个原则立场出发,金日成要求全体人民对革命和建设采取主人翁的态度。

第二,政治上自主,就是要维护本国的民族独立和主权,保护本国人民的利益,并依靠自己的力量进行政治活动。这是一个民族能否做自己命运主人的前提。因此它是主体思想道德体现的原则,也是坚持自主立场最主要的方面。政治上自主是实现自立和自卫的保证,任何国家,只有在拥有独立主权的基础上才能进行经济建设和国防建设。

第三,经济上自立,就是发扬自力更生精神,依靠自己的力量,建设自立的民族经济。这就要求多方面地发展和利用现代技术发展经济,建立自己的原料基地,形成一个完整的综合性经济体系,以便提供生产和生活所需要的一切产品。经济上自立是政治自主和国防自卫的物质基础。

第四,国防上自卫,就是使军队和全体人民做好思想上和军事上的准备,用自己的力量保卫自己,用自己的力量来打退外国的侵略。这种国防上的自卫路线是自主的独立国家必不可少的要求。实现这种要求,就要贯彻执行全军干部化、现代化、全民武装化和全国要塞化的军事路线。

2. 朝鲜式社会主义的主要理论与政策

在金日成"主体思想"的指引下,朝鲜在如何建设社会主义的问题上,形成了有自己特色的社会主义理论与政策。

第一,在本国所处的社会主义历史阶段问题上,认为朝鲜仍处于不完全的社会主义阶段。朝鲜劳动党认为朝鲜已建立了社会主义制度,但社会主义建设还没有完成,目前处于不完全的社会主义阶段,要建成共产主义可能需要很长时间。

第二,在建设社会主义的指导思想上,强调坚持党的领导,加强思想教育。社会主义建设要攻占"物质堡垒",也要攻占"精神堡垒",而且攻占"精神堡垒"的斗争要走在一切工作的前面。人的改造工作即思想改造工作是比创造社会主义物质经济条件的工作更重要的首要任务，要"用革命的领袖观、组织观、群众观武装人们，把全体人民团结到党和领袖的周围，使之成为一个共命运的社会政治生命体"。

第三，在生产资料所有制问题上，促进公有制的不断发展。朝鲜认为，在社会主义制度建立后，要不断把集体所有制转变为全民所有制，实现无阶级社会，争取社会主义的完全胜利，并向共产主义过渡。几十年来，朝鲜在所有制上一直向更"大"、更"公"的方向过渡。1994 年，朝鲜总理姜成山指出，朝鲜正在使所有合作农场向大规模的全民所有制农场发展。

第四，在经济管理体制和运行机制方面，坚持高度集中的计划经济体制。1984 年 12 月，金日成提出："社会主义经济，是计划经济"，社会主义经济，没有计划，一步也不能前进。1992 年 1 月，金日成在《社会主义建设的历史教训和我们党的总路线》中说，生产资料归人民所有的社会主义社会，必须由国家统一经营和管理经济。要实现社会主义的计划，就必须实行"一元化和细部化"，而且要把国家的"一元化"计划与各部门、各企业的"细部化"计划准确地衔接起来。所谓的国家计划的"一元化"，就是把分别在全国的各级计划机关组成一个计划体系，在国家计划委员会的统一领导下保证计划的统一性；所谓"细部化"，就是要求每个工厂、企业的计划指标不分巨细，必须和整个国家计划相衔接，与整个计划形成有机的统一体。

第五，在建设社会主义的方式问题上，强调发挥革命精神。把经济建设当作"战场"，大力开展劳动竞赛等群众运动，不断提出各种战斗口号，来激励人民群众的热情。20 世纪 50 年代，朝鲜提出"千里马运动"，以千里马的气势奔驰地战斗。70 年代中期以来，朝鲜开展了以思想革命、技术革命和文化革命为内容的"争取三大革命红旗运动"。进入 80 年代，开展了"200 天战斗"突击战，90 年代发动了"创造朝鲜式社会主义总进军速度"运动，开展了"争取电气化模范郡称号运动"等群众运动。2000 年，朝鲜以迎接劳动党成立 55 周年为契机，在国内开展了第二次"千里马运动"生产建设高潮。

（四）朝鲜社会主义建设的新趋势

1. 探索和完善朝鲜式社会主义建设道路

鉴于苏东剧变的教训，朝鲜在 90 年代以后，特别强调要坚持朝鲜主体社会主义，走朝鲜式社会主义建设道路。为巩固朝鲜主体社会主义，朝鲜劳动党大力宣传朝鲜主体社会主义的优越性，认为朝鲜的主体社会主义是以人民群众为中心的社会主义，是体现工人阶级根本利益的社会，是保障人民真正的政治权利和自由的民主社会。

自上世纪 90 年代以来，朝鲜一方面考察和学习中国、俄罗斯、韩国、越南等国经济发展的经验，另一方面加强经济管理，设立金刚山旅游区、开城工业区。朝鲜从多个层面入手，按照本国的实际情况，采取措施修炼"内功"，也注意参考中国等社会主义国家的发展经验，研究发展本国经济的新思路，探究加强经济管理的新措施，全面探索朝鲜式的社会主义道路。

2. 加强党的领导和对群众的思想教育

为抵制西方的思想文化渗透和"和平演变"，朝鲜劳动党采取措施，加强党的领导和对群众的思想教育，强调党内应该统一在"主体思想"的基础上，统一在领袖的周围，以领袖为中心,以"主体思想"为核心,不允许有任何与"主体思想"相悖的别的思想,从思想上和组织上将党统一起来。同时,朝鲜还加强了党员和群众的组织生活。朝鲜所有的劳动人民,工人、农民、妇女、青年、少年都参加了一定的组织,并且必须过严格的政治组织生活。

3. 加快经济的调整与改革

第一,改革工农业管理体制。1993 年 12 月召开的朝鲜劳动党第六届中央二十一次会议决定,将 1994—1996 年定为社会主义经济建设的缓冲期,推行"农业第一主义、轻工业第一主义和贸易第一主义"的三个"第一主义"的经济结构调整方针。在农业方面,改变过去集体耕作方法,提倡小组承包制,改进"分组经济管理体制",执行新的"分组承包、合理计划、超产自留、余粮可卖"的新政策,调动农民的生产积极性,设法度过粮荒。工业方面,改革工业经济管理体制,提出要实行独立核算制,建立企业责任制,并对国有企业的独立经营进行研究和试点。

第二,重视市场因素的作用。朝鲜不断放松对农贸市场的限制,扩大农贸市场的规模,允许部分农产品和轻工业产品在市场上买卖。2002 年 7 月,朝鲜开始允许农民按市场价格出售自己生产的产品。农贸市场的规模不断扩大,由过去每隔十天营业一天改为天天营业,允许粮食、鱼、肉和服装、鞋帽、布料等轻工业产品进入农贸市场,由原来只有私人摊位改为小集体、国营商店都可以出售自己制作的各种食品或商品。

第三,进一步扩大对外开放,加快经济特区建设。朝鲜虽不使用"开放"这个词,但在逐步实行经济开放政策。1991 年开始到 2002 年为止,朝鲜先后建立了罗津、先锋、元山、南浦、海州、开城、新义州等经济特区,以吸引外国援助和投资。近年来,朝鲜积极发展对外经济贸易关系,同西欧国家建立了经贸联系,同马来西亚、新加坡等东盟国家签订了双边贸易往来的协议。朝鲜目前已经与一百多个国家和地区建立了贸易关系,主要贸易伙伴是中国、日本和其他发展中国家。朝鲜和韩国的贸易关系不断发展,1996 年韩国成为朝鲜第二大贸易国。近年来,朝鲜还组建了一批适应海外市场需求的企业,采取"走出去"的办法开展对外经贸合作。

4. 实施科技强国、教育兴国战略

面对全球化的新科技革命和信息化浪潮,朝鲜重视科技发明和技术创新,加紧发展信息技术和信息产业。1990 年 10 月,朝鲜政府在平壤组建了"朝鲜电脑中心",1996 年,朝鲜自行开发并建立了全国性的"光明科技网"。"光明科技网"覆盖面广、兼容性强、功能强大且使用十分方便。在教育方面,1956 年朝鲜开始实行初等义务教育,1958 年开始实施中等义务教育,1975 年开始实施 11 年义务教育。目前,朝鲜所有劳动者都具有中学毕业以上水平。朝鲜发达的教育事业为朝鲜经济和社会的发展提供了大量优秀合格的劳动力。

5. 积极拓展多边外交工作

2000 年以来,朝鲜本着自主、和平、友谊的原则,积极调整对外政策,在外交领域取得了重大突破。朝鲜在加强同周边国家关系的同时,也主动发展同西方国家的关系。在与其他社会主义国家间的传统友好合作关系得到进一步巩固和发展的同时,朝美建交和朝日邦交正常化被提上了议事日程。2000 年 6 月,朝鲜国防委员长金正日与韩国总统金大中终于打破了 55 年的坚冰，在平壤会晤，并签订了《南北共同宣言》，促进了南北双方在政治、经济、军事以及民间等方面的对话、交流与经贸合作。

2002 年以后，朝鲜核问题成为朝鲜外交中面临的严峻考验。面对美国的敌视和攻击，朝鲜为了维护自身的安全，开始宣布进行核武器的研制和开放，从而引起了朝鲜核危机。为解决这一问题，在中国的斡旋下，自 2003 年 8 月以来，由朝鲜、美国、中国、俄罗斯、韩国和日本参加的朝鲜核问题六方会谈已经举行了五次，虽然最终还未能达成一致意见，但通过谈判解决问题已成为有关各方的共识。

二、在改革开放道路上稳步前进的古巴

（一）当代古巴政治发展概况

古巴共和国位于加勒比海西北部，由 1600 个岛组成，是西印度群岛中最大的岛国，国土面积仅有 11.45 万平方千米。古巴自 16 世纪初独立以后，一直处在西班牙的殖民统治之下。1898 年古巴革命胜利之后，虽然在 1902 年成立了共和国，但政权一直被美国所控制。1933 年，古巴军队陆军参谋长巴蒂斯塔开始控制政府，并在 1940—1944 年出任古巴总统。1952 年，巴蒂斯塔在确信竞选无望的情况下，再次发动军事政变，夺取政权，进行独裁统治。1959 年 1 月 1 日，卡斯特罗领导的起义军推翻了亲美的巴蒂斯塔独裁政权，古巴革命取得了胜利，国家获得了真正的独立。革命胜利后，古巴选择了社会主义的发展道路。卡斯特罗在 1961 年 4 月宣布古巴革命是社会主义革命，古巴是社会主义国家。1961 年 7 月，古巴将原有的“七二六运动”和人民社会党等组织合并为“古巴统一革命组织”，1962 年更名为古巴社会主义革命党，1965 年改称古巴共产党。目前，古巴共产党约有党员 80 万人。

（二）在曲折中发展的古巴社会主义事业

1.20 世纪 60 年代，推行苏联社会主义模式

自 1961 年 4 月卡斯特罗向世界宣布古巴政权的社会主义性质之后，古巴开始了社会主义改造与社会主义建设的曲折历程。1963 年，古巴完成了土地改革和外国企业国有化，实现了“土地的、反帝的、人民民主革命”阶段的基本目标，并迅速建立起以国有经济为主的生产资料公有制体系。工业企业全部国有化，农业中国营农场占土地总面积的 70%，合作社占 18%，个体农民只占 12%。在此基础上，古巴开始了“全面建设社会主义”的新阶段。

20 世纪 60 年代，古巴照搬苏联模式，急于向共产主义过渡，反对市场，不重视利用经济杠杆，否定商品关系和价值规律，反对搞物质刺激。1965 年，古巴取消财政部，国营企业间实行登记簿制度，取消贷款利息和农业税，取消工资级别和加班费，鼓励人民凭觉悟劳动。从 1967 年起，在大学取消公共财会专业，也不再研究社会主义政治经济学。古巴在社会领域实行高福利政策，增加公共制度，当时的教育、医疗、保险都实行免费制度。学生的食、宿、交通、制服费等全免。到 1967 年，古巴的高福利政策进入高潮，全国的教育经费是古巴革命胜利前的 11 倍，公共卫生的花费是革命胜利前的 20 倍，远远超出了古巴财政所能承受的程度。

2.20 世纪 70 年代,建立经济领导与计划体制

进入 20 世纪 70 年代,古巴开始纠正错误,但仍然借鉴苏联模式和经验,实行"经济领导和计划体制"。实行这一体制后,古巴开始加强宏观方面的计划管理,恢复了由中央计划委员会制订的全国统一计划,编制了 1973 年到 1975 年的"三年经济计划"。1975 年,古巴共产党全国第一次代表大会决定建立经济领导与计划体制,承认在社会主义社会还存在经济规律,承认工资、价格、计划、指标、利润、成本等经济概念和机制。从总体上来看,古巴的经济管理体制基本上是过度集中、粗放经营的苏联模式,不能有效地调动广大人民的生产积极性,古巴的经济、社会发展缓慢。

3.20 世纪 80 年代上半期,利用市场进行局部改革

一是注意用经济手段调动农民和个体劳动者的生产积极性;二是进行工资改革,制定了新的工资等级,拉开了最高与最低级别之间的距离。此后又宣布取消许多免费项目,如学生制服、工人的午餐、体育比赛的门票等;三是调整零售物价,提高了一千五百多种零售商品的价格,调动企业的生产积极性。古巴的这场局部改革为古巴经济注入了一定活力。1980 年以后,拉美国家经济出现停滞时,古巴仍保持国民经济 5%的增长率。

4.80 年代后期,开展"纠偏"运动

1986 年以后,古巴在全国开展"纠偏"运动。其内容主要有:批判经济工作中忽视党的领导和思想工作的倾向,大搞思想教育,强调经济工作中精神因素的重要性,认为"共产主义觉悟和精神在社会主义中要比金钱强大一千倍";反对资本主义经济体制,认为个体经营者比"美国雇佣军还坏";取消农民自由市场,恢复国家统购统销制度,修改允许私人建房卖房的住宅法,禁止私人行医和出售手工业品等。这一时期古巴经济出现倒退现象。1987 年,经济增长率下降到 1.5%。苏东剧变时,古巴一下子进入了前所未有的困难时期。

(三)苏东剧变后古巴社会主义的新发展

1.坚定社会主义方向,坚持和改善党的领导

苏联解体后,苏古同盟瓦解,经互会崩溃。古巴的国民经济下降了 35%,对外贸易萎缩 75%,国内能源、原材料严重匮乏。与此同时,国内外各种反对势力趁机施加压力。30 年来一直制裁古巴的美国, 1992 年、1995 年分别通过了针对古巴的《托里切利法案》和《赫尔姆斯—伯顿法》,打击古巴的对外贸易和招商引资。境内外反动势力相互勾结,不断制造事端,古巴国内局势动荡不安。在此情况下,古巴全国上下在共产党的领导下,提出"拯救祖国、拯救革命、拯救社会主义","誓死捍卫社会主义、誓死捍卫马列主义"的口号。古巴领导人明确提出,永远不放弃社会主义的理想和目标,永远不屈服帝国主义。国外的压力越大,古巴国内的凝聚力反而越强。

古巴强调要完善社会主义政治体制,改善党的领导,发扬社会主义民主。改善党的领导,必须和党的廉政建设、党风建设紧密结合起来,还需要加强对党员群众的思想政治教育和组织领导,增强拒腐防变的能力。古巴充分发挥各级党组织的战斗堡垒作用,密切联系群众,通过遍布全国的工、青、妇、保卫革命委员会等健全高效的社会组织和团体,把绝大多数人团结在古巴共产党的周围,组成了一个牢固的反帝爱国的社会主义统一战线,结

成以古共为核心的牢不可破的政治联盟。

2. 稳步推进各项经济改革

古巴三十多年来,外贸的85%、石油供应的90%、每年15亿美元的军事援助主要依靠苏联,每年200万吨食品消费中160万吨依靠进口。苏东剧变后,古巴几乎全部工厂停工,居民基本消费品供应基本没有来源;商店货架空空,自行车、马车成为主要交通工具;居民经常停电停水。古巴面临生存威胁。在此情况下,古巴党和政府在1990年下半年宣布进入“和平时期的特殊阶段”,并做出了改革开放的抉择。1993年卡斯特罗发表讲话,宣布古巴要改革,改革的目的是“改进这个国家的社会主义制度,而不是摧毁这个制度”。古巴提出借鉴“中国人的榜样”,坚持四项基本原则,做到三不放弃:不放弃革命原则,不放弃人民政权,不放弃为民造福的目标,强调改革一定要从古巴的实际出发,不照抄照搬别国的经验和做法。

在经济体制改革方面,古巴坚持以公有制为主体,但其他经济成分的比重可以增加。古巴肯定个体劳动对国民经济的补充作用,提出要扩大企业自主权,取消国家对外贸的垄断权,并将吸引外资和进行对外开放作为发展经济的一项主要方针政策。1993年以后,古巴进一步加大改革力度,例如实施私人持有外币合法化,放宽对个体经营的限制,建立税收制度,改革价格体系,开放市场,将部分国有闲置土地承包给个人,建立自由区和工业开发区,改革国有企业和银行体制等。改革为古巴经济注入了活力,促进了经济的复苏。1994年,古巴经济停止了连续四年大幅度下降的趋势,开始恢复并缓慢增长。

在农村改革方面,古巴政府一方面调整和优化农村经济结构,大力发展农牧业,扩大粮食和蔬菜种植面积,提高稻米产量,解决国内严重的缺粮问题。另一方面,在农业经营机制上,缩小国家对土地控制的范围,下放土地的生产经营权,划小国营农场经营单位,建立自负盈亏的“基层合作生产单位”,在农村大部分地区实现家庭联产承包责任制。

在经济手段上,改革不放弃计划,但是要利用“市场”,逐步加大市场因素在古巴经济中的地位和作用。

改变过高的社会福利分配,逐步减小平均分配财富的比例。古巴长期以来基本上是一个福利社会:文教、卫生、体育、居民用电、用水实行免费,工人、学生免费供应午餐。国家财政负担很重。1996年,古巴共产党提出,取消部分免费项目,保留国民的教育、医疗等领域的福利。这是古巴革命的本质特征之一。

3. 积极扩大对外开放

古巴的对外开放主要以吸引外资、引进先进技术为主。20世纪90年代以来,古巴政府制定了一系列鼓励外商投资的优惠政策,1995年制定了外国投资法。为进一步吸引外资,古巴政府还宣布建立免税区和工业园区。到2002年底,有一百四十个国家的三千多家公司同古巴开展贸易,七百多家外国公司在古巴设立办事处。古巴同国外建立的合资和联营企业达四百多个。

4. 奉行全方位的外交政策

古巴以创始国的身份加入了加勒比国家联盟,签署了拉美禁核条约,同近十个拉美国家签订了双边扫毒协定;积极发展与西欧国家和加拿大的双边交往与合作。与此同时,古巴还努力调整同俄罗斯和东欧国家的关系，进一步发展古中、古越的友好关系；主动发展同美国企业、新闻以及旅美侨民的关系和联系。古巴的外交努力取得了显著效果。目前，古巴已同世界上一百七十多个国家建立了外交关系。

（四）古巴社会主义建设的主要举措

1．加强党的建设

第一，与时俱进，适时修改党章党纲。古巴共产党强调，在新的形势下，党必须坚持共产主义的理想，必须坚持走社会主义道路，必须坚持马列主义思想，必须坚持一党制和党的领导。古巴革命的最高目标是在古巴建设社会主义，古巴共产党坚持共产主义的理想，古巴共产党是以马列主义和马蒂思想为指导的政党，是古巴社会的领导力量。

第二，重视组织建设。古共十分重视党的基层组织建设，对发展新党员的条件有严格的要求。发展对象必须是由基层劳动者大会选举产生的劳动模范，或是由共青联盟基层组织推荐的已超龄的共青团员。古巴共产党十分重视培养和选拔德才兼备的年轻干部进入各级领导班子，保障革命事业后继有人。

第三，加强党风建设。古共强调，党员特别是干部要与群众同甘共苦，保持鱼水之情。以菲·卡斯特罗为首的党和国家的高级领导人以身作则，生活简朴、不搞特殊化，并经常深入基层，密切联系群众，倾听群众的意见，改进工作。古共制定了领导干部定期下基层视察的制度，规定中央政治局委员每年至少六次到地方视察，其中四次必须深入基层。

第四，加强思想政治教育。为保持党员干部的先进性，古共加强对党员干部和党员的思想教育。古共十分重视党校教育。古共中央高级党校负责培养省、部级领导和后备干部，负责领导古巴十四个省级党校和一百四十多个市县级党校。每年在高级党校学习的各种学员约有四千多名。目前，古巴各省（共十四个省）和大部分市县均有党校。通过各级党校的学习，党员干部加强了对党、对社会主义的信念，提高了工作能力，从而也提高了党的执政能力和领导水平。

第五，加强道德建设，坚决惩治腐败。为加强党员的道德纪律建设，1996 年 7 月，古共制定并颁布了《国家干部道德法规》。为维护保持党的先进性和纯洁性，古巴党和政府不断与贪污腐败等行为作斗争，坚决将贪污腐败分子和其他犯罪分子撤职和清除出党。为加强纪律监督，古巴于 2001 年 5 月成立审计和监察部。古共设立中央、省和市三级纪律监察委员会，分别由同级党的代表大会选举产生，其职责是受理对党员和党员干部违纪行为的举报，以及对违纪党员和党员干部的申述和审理。

2．加强政权建设，健全全国人民政权代表大会制度

第一，修改了人民代表的选举制度，改间接选举为直接选举。1993 年 2 月 24 日，古巴举行公民投票，选举了第四届全国人民政权代表大会和省人民政权代表大会的代表，这是古巴革命胜利后第一次举行全国性无记名直接选举。2007 年 10 月至 2008 年 4 月，古巴进行新的一届人代会的选举，召开人民政府代表大会，选出了新一届国家领导人。

第二，举行全民公决和修改宪法，进一步确定古巴社会主义制度的不可更改性。2002 年 6 月 15 日到 18 日，古巴举行全民公决。98.97% 的选民投票同意修改国家宪法，进一步加强古巴作为独立的社会主义主权国家的地位。同年 6 月 26 日，古巴全国人民政权代

表大会特别会议通过了一项对现行宪法进行修改的法律,确定了宪法规定的古巴社会主义制度的不可更改性。

3.充分发挥军队在备战和建设中的支柱作用

苏联解体后,俄罗斯中断了对古巴的一切军援。这给过去在武器弹药、后勤装备和军事技术上一直依靠苏联的古巴军队带来严重困难。与此同时,美国又进一步加强对古巴的经济封锁和军事压力。在这一特殊时期,古巴共产党领导古巴军队围绕战备和建设两大任务进行了调整和改革。作为党的第一书记兼革命武装力量总司令,卡斯特罗更加强调"全民战争"的战略思想,古巴进一步制订和落实了关于建立全国性防御机制的计划。古巴共产党还加强了国防工程建设,以抵御敌人可能的入侵;注意加强军队的思想政治工作,以保证部队的稳定;大力开展多种经济活动,生产自救,以弥补军费的不足。古巴军队在稳定政治和社会形势,以及恢复发展经济方面发挥着越来越重要的作用。

4.坚持改革开放,促进经济恢复发展

1997年10月,古共五大通过决议强调:"提高效益是古巴经济政策的中心目标。"古共五大后,古巴又继续推出一些新的改革举措。1998年初,古巴政府加大实施征税的力度,明确优惠项目,增加税收种类。同年8月,政府颁布了关于国有企业改革的第187号法令,开始进行国有企业管理体制的改革。近年来,古巴大力发展服务业,第三产业在国内生产总值中所占的比重明显增加。

十多年来,古巴所实行的改革开放政策已取得了明显的成效,古巴的宏观经济恢复增长。1990年到1993年,古巴国内生产总值共计下降34%。自1994年起,由于实行改革开放,古巴经济开始连续恢复增长:1994年增长0.7%,1995—2005年分别增长2.5%、7.8%、2.5%、1.2%、6.2%、5.6%、3%、1.1%、2.6%、4%、11.8%。2006年增长12.5%,为1959年古巴革命胜利后经济增长最快的一年。

5.注重经济和社会、科教协调发展

1959年革命胜利后,古巴明确规定了公民享受社会保障的权利。古巴在社会保障方面取得了举世公认的成就,到20世纪80年代中期,社会保障体系的覆盖率已达100%。

古巴党和政府把发展科技作为经济发展的重点之一,以科技推动经济和社会的发展。目前,古巴全国共有220个科学和技术机构,科技人员达37525人。科技经费占国内生产总值的1.21%。当前,古巴科技发展的重点是:医疗卫生、食品、能源、环保、信息技术、基础科学、社会和人文科学等。

古巴坚持全民免费教育。古巴党和政府认为教育是社会发展的一个重要方面,教育是促进经济发展的战略部门。2000年,古巴政府提出"普及高等教育"的口号。古巴不仅重视对学龄儿童和青少年的教育,而且重视对成人、下岗人员的教育和培训,重视人力资源的培养和全社会公民素质的提高。教育支出占国内生产总值的7%左右。古巴的教育在发展中国家中位居前列。

6.以人为本,注意改善人民的生活,调整宗教和侨民政策

第一,注意改善人民生活。古巴党和政府以人为本,注意改善人民生活,想方设法不断提高人民的生活水平。2005年,古巴较大幅度地增加了工人的工资。这次加薪,全国

共有440万人受益，占总人口的30.9%。人均每月增加约50比索，每年政府的相关支出增加了27.8亿比索。

第二，注意调整宗教和侨务政策。1991年，古共四大修改了党章，首次允许教徒加入共产党。1992年，古巴人民政权代表大会对1976年宪法作了重要修改，修改后的宪法规定："国家承认、尊重和保障信仰及宗教自由，同时也承认、尊重和保障每个公民有改变宗教信仰或不信仰任何宗教的自由，有在遵守法律的前提下，信仰自己所喜欢的宗教的自由。"古巴共产党根据本国国情，修改党章，允许宗教界的先进人士入党，这对扩大古共的社会基础，不断巩固和加强古共的执政地位，改善与宗教界的关系和改善古巴的国际形象是有利的。

7. 调整外交政策，开展多元外交

20世纪80年代末90年代初，随着东欧剧变和苏联解体、冷战结束和国际形势的变化，古巴改变了过去同东欧国家一体化的政策。在外交方面的重点是打破美国的孤立和封锁，重新构筑对外关系，扩大生存空间，改善国际环境，拓展经贸合作。古巴对美国的封锁、敌视和孤立政策，进行针锋相对和有理、有利、有节的斗争。古巴注意利用西方国家之间的矛盾，努力发展同欧盟国家以及加拿大、日本的关系，以打破美国的孤立政策。重返拉美、回归拉美人家庭成为古巴外交的重点之一。古巴尽力维持与俄罗斯和独联体其他国家的经贸关系。古巴高度重视发展同中国、越南等社会主义国家的友好合作关系，并积极发展同亚太地区、中东和非洲等发展中国家的关系。

总的来看，古巴共产党根据形势变化，与时俱进，采取了一系列战略举措。古巴共产党坚持共产主义的理想，坚持走社会主义道路，坚持马列主义和马蒂思想；不断在政治思想、组织作风和社会道德等方面加强自身建设，从而提高了党的威信；不断巩固和加强党的执政地位，增强了党的凝聚力，使党成为古巴人民强有力的先锋队。古巴的社会主义事业在政治、经济、军事、社会、外交等各个方面取得了最著成就。

思考题：

1. 试述中国社会主义建设道路初步探索的成果。
2. 如何理解中国特色社会主义体系和历史地位？
3. 比较分析越南和老挝的改革举措和开放政策。
4. 苏东剧变后，朝鲜社会主义建设的新趋势有哪些？
5. 简述古巴的社会主义革命理论。

第六章　资本主义的新变化与各种社会主义新思潮

早在一百五十多年前,马克思、恩格斯在深入分析资本主义社会基本矛盾运动规律之后明确指出,资产阶级必然灭亡,无产阶级必然胜利。历史发展表明,资产阶级的灭亡和无产阶级的胜利是一个长期的、曲折的发展过程。在这个过程中,情况会不断变化,新问题会不断出现。只有对这些新情况和新问题作深入的研究,才能认清新的历史条件下资本主义的本质,认清世界社会主义在当代的发展趋势和道路,在实践中推动科学社会主义向前发展。

第一节　当代资本主义的新变化

一、当代资本主义新变化

1.生产力方面新变化

资本主义在其发展进程中经历了三次技术革命。第一次是18世纪中叶至19世纪中叶发生的以蒸汽机的发明与使用为主要标志的技术革命。第二次是19世纪下半叶和20世纪初以电的发明与使用为主要标志的技术革命。20世纪中期开始,兴起了以电子技术和原子能的广泛使用为主要标志的第三次技术革命。第三次技术革命规模宏大,影响深远。这次新技术革命有几个显著的特点。第一,新技术革命具有全球性。以往的两次技术革命局限于少数几个主要的资本主义国家,而新技术革命从美国开始,随后扩展到全球。第二,新技术革命具有广泛性。第一、二次技术革命只涉及自然科学的某些领域和某些工业部门,第三次技术革命则几乎涉及各个科学技术领域,普及工业、农业、交通运输、邮电及生活服务等各个部门,还出现了自然科学技术与人文社会科学相结合的发展趋势。第三,科学革命和技术革命融为一体。在过去,科学革命和技术革命两者的发展往往是分离的，或是平行发展的。新的技术革命则与科学革命紧密结合，出现了科学技术化和技术科学化的发展趋势。第四，新技术革命比前两次技术革命都深刻得多。第一次技术革命用机器生产代替手工劳动；第二次技术革命促进了机器的分工，用机器制造机器；第三次技术革命出现了控制机，用机器来控制机器，使劳动工具和生产工艺发生了根本变化。

新技术革命对资本主义国家经济和社会的影响是巨大而深远的。首先，新技术革命促进了生产力的提高和经济快速增长。它一方面使生产力的要素发生了根本变化，出现了劳动工具智能化、劳动对象人工化和劳动过程自动化的状况；另一方面，使企业的规模越来越大，专业化和分工协作进一步加强，促进了生产社会化的发展。由于以上两个方面的原因，发达资本主义国家劳动生产率进一步提高，经济获得了较大的增长。其次，新技术革命引起了资本主义国家产业结构的新变化。在产业结构方面，各产业在国民生产总值中所占的比重有较大的变化。第一产业所占比重大大下降，第二产业所占比重也呈下降趋势，第三产业所占比重迅速上升。再次，新技术革命引起了资本主义国家企业制度的变化。在企业所有制和企业结构方面的变化主要表现是：战后资本主义国家的国有企业一度有较大的发展，垄断资本集团更加强大，企业的组织形式和管理体制趋向于更灵活的方式。

2. 生产关系方面新变化

在当代，资本主义所有制发生了新的变化，这就是国家资本所有制形成并发挥重要作用，法人资本所有制崛起并成为居主导地位的所有制形式。发达资本主义国家通过实行所有权和经营权的分离，通过授予实行雇员持股计划的企业以实质性的税收补贴去推动雇员持股计划等措施，逐步调整私有制的实现形式，实行资本主义企业由以股东为中心到兼顾利害相关者（经营管理者、雇员、债权人、供应商、股东）利益的转移。

在当代，劳资关系和分配关系发生了新的变化。为缓和劳资矛盾，资本家制定了一系列激励制度。这些制度主要有：其一，职工参与决策。有的国家企业在监事会中劳资双方各占一半席位，企业重大问题共同进行决策。其二，终身雇佣。职工一旦进入公司，只要不违反公司纪律就会被终身雇佣，目的是为了增强工人对企业的归属意识，使工人自觉地服从资本家的统治。其三，职工持股。该制度旨在通过使持有一部分本公司的股份来调动工人的生产积极性，在生产中努力提高劳动生产率，增加剩余价值生产。在产品分配方面，实行高工资、高消费政策；而在产品再分配方面则实行名目繁多的社会保障制度和社会福利制度，其费用一般占政府开支的三分之一到二分之一，占国民生产总值的五分之一。

在当代，阶级结构也发生了新变化，雇佣劳动阶级的构成以及雇佣劳动的形式日趋复杂化。一些企业采取配发或奖励的方式，使部分工人拥有一定数量的股票等有价证券，从而参与了资本利润的分红，产生了所谓“食利雇佣劳动者”问题。所谓的西方“新经济”还创造了一批新型雇佣劳动者，他们的工作条件（灵活的工作时间或自愿超时工作）、获取报酬的形式（如股票期权制）、同雇主的关系（如不是被解雇，而是自由流动等）以及与工会的关系（不参加工会，同雇主进行个别谈判）都与传统工人不同。此外还有职业经理雇佣劳动者出现。这些现象使得工人阶级构成更加复杂化。传统意义上的产业工人只占三分之一左右,而服务工人,即教育、文化、医疗保健、通讯等部门的雇佣劳动者占三分之二。阶级结构转变为橄榄型,即两头小、中间大。中间阶级当中,大多是从事脑力劳动的蓝领工人。

3. 上层建筑方面新变化

资产阶级的民主制度得到进一步完善和发展。在国家政权方面,建立了比较完善的分权政体,使政府系统内的行政、司法、立法三种基本力量相互制约。其次,建立了系统而严密的文官制度体系,对文官的分类、考试、录用、考核、晋升等有完整的规章制度。再次,使非执政党、反对党的地位合法化,允许非执政党、反对党参与竞争,参与政府的决策。在民众的民主权利方面,人民在言论、集会、结社、游行、罢工等方面比过去享有更多的权利。在企业管理中引进了行为科学,重视工人的"人格"和"尊严",吸收工人参加管理等。广播、电视、报纸等新闻媒介比过去享有更多的权利。

政府开始更多地干预经济和社会事务,进一步加强了国家的经济职能和社会管理职能,实行某些改良主义的政策和措施。实行股权分散、福利保险、吸收参加管理等改良措施,在一定程度上缓和了阶级矛盾。工人阶级和其他劳动人民的收入有所增加,劳动条件和生活水平有明显改善和提高。同时,对不发达国家的掠夺采取了新的形式,即通过各种手段从经济上和政治上进行剥削和控制,将其纳入自己的势力范围。发达资本主义国家还采取各种措施来协调它们自己相互之间的关系,以缓和它们之间的矛盾,维护有利于它们自身的世界经济政治秩序。

二、当代资本主义发展趋势

1. 当代资本主义经济基础仍然是生产资料私有制

尽管在所有制结构中也有国有经济或国家控股、参股的混合经济以及合作经济,但国有经济实质上是国家资本主义经济,是资本主义性质的经济形式,占主体地位的仍然是资本主义私有制经济。社会财富的绝大多数掌握在少数资本家手中,垄断财团控制了整个国民经济的命脉,所有制结构没有发生实质性的变化。

2. 资本剥削现象依然存在,贫富不均、两极分化现象严重

工人的社会地位、工作环境、生活水平、福利待遇等方面虽然有了很大的改善和提高,阶级构成发生了重大变化,但是资本家追求利润最大化的本性并没有改变。部分工人虽然从资本家那里得到部分小额股票,在一定程度上参与了资本的利润分红,但与资本家所得的利润相比,工人只能得到由自己劳动所创造的极小部分。贫富不均、两极分化的现象依然存在。

3. 资本主义社会统治阶级依然是资本家阶级

在当代,垄断资产阶级与国家政权结合得更加紧密。垄断资产阶级不仅通过提供政治捐款从资产阶级政党中推选自己的代表,而且直接担任议会或政府的重要职位。战后历届美国政府被称为"百万富翁的全国委员会",参众两院被称为"富翁俱乐部",这就是佐证。当经济景气,工人阶级和资产阶级之间的利益冲突不突出的时候,垄断资产阶级就在内部争权夺利;当经济滑坡,阶级矛盾尖锐时,各利益集团就迅速抛弃前嫌共同对付工人

阶级。所以,当代西方发达资本主义国家的工人罢工现象依然存在,工人阶级与资产阶级的矛盾也在新的基础上有了发展。

4. 资本主义基本矛盾规律仍然发生作用,资本主义经济危机依然频频爆发

战后,与传统的周期性经济危机并发的,还有结构性经济危机、体系性经济危机及其他潜伏的新危机。结构性经济危机不同于周期性经济危机,它不是因总需求与总供给总量的矛盾而导致的短期经济失调,而是基于经济发展到特定时期,由于供给结构与需求结构之间的严重错位而导致的长期经济失调。其基本标志和主要表现,就是以技术结构和产业结构为核心的经济结构转换不畅,由此给社会经济结构造成了破坏性影响。此外,还有与经济国际化、全球化密切相关的一种体系或制度危机。当代资本主义经济全球化、一体化的一个显著现象,就是地区性、国际性经济组织的不断建立。国与国之间通过协商制定了一系列普遍遵守的贸易、投资、关税、汇率等方面的规定、规章和制度,全球范围内形成了一个有许多国家共同参与的经济运行体系。这种体系完整、严密,运行安全、高效,有助于世界经济和各国经济的稳定和良性发展。然而,由于各国国情、市场发育程度、经济发展水平的不同,在力求适应世界经济运行一般原则和要求的过程中,受国内外客观经济情况的影响,有的国家往往会做出一些违背经济发展规律和协议规则的行为。

第二节　发达资本主义国家的社会主义运动

一、资本主义世界中的社会主义运动概况与趋势

20 世纪资本主义世界的社会主义运动经历了辉煌与曲折、高潮与低潮。从总体上看,冷战结束后,资本主义世界的社会主义运动开始由动荡期转入在困难中探索、在曲折中前进发展的相对稳定期。

目前,发达国家共产党的处境虽然困难,但最困难的时期已经过去,党的活动开始趋于正常。发展中国家非执政的共产党除少数改名换姓垮掉外,大多数党都坚持下来了,一些党还有新的发展。资本主义世界的共产党也普遍经受住了苏东剧变的考验,正在摆脱苏联及苏联模式的束缚,在思想上、理论上、行动上的反思与探索更加现实、更加成熟。社会主义运动已发展到了一个新的阶段。前苏东地区的社会主义与共产主义运动,也没有随着社会主义政权的垮台而销声匿迹。相反,共产党人正在重建或恢复组织,积极寻求社会主义复兴之路,近几年的社会主义运动还得到了一定程度的发展。大多数共产党组织已获得合法地位,有的已进入议会甚至成为议会中的主要政党。在个别国家,共产党开始重新执政,如摩尔多瓦共产党于 2001 年 2 月在议会选举中取得多数席位,成为执政党。

受世界局势与世界社会主义运动形势的影响,目前,资本主义世界的各种社会主义力量重新分化组合,此消彼长。民主社会主义运动、生态社会主义运动、女权社会主义运动等各种社会主义运动都获得了发展,各种社会主义新思潮不断涌现。它们在对资本主义

制度进行无情揭露与尖锐批判的同时,也对未来社会主义的发展提出种种设想。在世界范围内,社会主义思想越来越深入人心,在群众中的影响力越来越大,社会主义运动与实践也更加丰富多彩。从理论实质上看,当今资本主义世界纷繁复杂的社会主义流派与运动主要分为两类:一类是共产党的科学社会主义。尽管一些共产党所提出的某些观点不是所有的共产党都赞同,但这是各国共产党自主探索、理论上各具特色的反映。它们坚持为工人阶级和全人类的解放而奋斗,坚持把社会主义与共产主义作为党的奋斗目标,坚持共产党组织的名称与性质不变,其理论实质仍然属于马克思主义的科学社会主义范畴。此外,还有20世纪20～30年代第三国际时期因国际共产主义运动分裂而遗留至今的第四国际托洛茨基派各国共产主义政党,以及60年代因中苏两党关于国际共产主义运动总路线大论战而形成的各国马列主义左派共产党。这两个类型的共产党对科学社会主义理论又各有自己的理解与实践。另一类是冷战后有较大影响的社会主义流派,主要有:社会党的民主社会主义、民族主义政党的民族社会主义、绿党的生态社会主义、西方学者的市场社会主义以及西方马克思主义的社会主义等。虽然这些社会主义流派的某些观点与主张反映了时代发展变化的一些特点与要求,它们对当代资本主义制度的批判,对于资本主义世界的共产党有一定的借鉴与启示意义,在政治上是可以团结的对象,相对于资本主义世界彻底反共反社会主义的右派思潮与组织是一个进步,但是其理论本质仍然有不符合客观实际之处。一些社会主义流派,如生态社会主义、市场社会主义等,虽然它们在深刻揭示当代资本主义不合理性的同时提出了一些有启示价值的观点,对社会主义的发展有一定的借鉴意义,但必须看到,当代西方社会主义流派的社会主义观与马克思主义的社会主义观有很大的不同。

二、西方国家对科学社会主义的新探索

(一)对苏东剧变的性质、原因与教训的认识

1. 关于苏东剧变的性质与根本原因

西方绝大多数共产党认为,苏东剧变不是马克思主义、科学社会主义的失败,而是放弃马克思主义、放弃社会主义道路的必然结果,证明了苏联模式社会主义的破产。对苏联演变的根本原因,有的党认为是戈尔巴乔夫执行了错误的思想路线与方针政策,有的党把它归结为苏联模式的弊病和这些国家执政党自身的问题与失误。法国共产党领导人、全国书记罗贝尔·于在1995年2月参加总统竞选活动时发表讲话,首次郑重提出苏东的社会主义是“共产主义的蜕变”,其经验“从总体上说不是积极的”。葡萄牙共产党认为,苏东剧变不是共产主义理想的失败,而是社会主义一种模式的失败,这种“模式”失败的主要原因是在政权建设、民主、党的作用和对待马列主义理论的态度等问题上背离了共产主义理想的一些主要方面。希腊共产党认为,资本主义在苏联、东欧国家复辟的关键因素是执政党的蜕化变质。西班牙共产党认为,苏联、东欧演变的根源,在于这些国家的“国家所有制模式”扭曲了社会主义制度的含义,它是既非资本主义的、也非社会主义的或共产主义的一种生产方式。美国共产党认为,苏东剧变不是社会主义思想和制度本身的危机,而是偏离社会主义原则的结果。日本共产党认为,苏联解体并不标志“共产主义和社会主义失

败”,也不标志“资本主义胜利”,而是标志严重脱离科学社会主义的“霸权主义、官僚主义和专制主义的破产”。

西亚、北非地区的大多数共产党认为,苏东剧变并不表明马克思主义和社会主义的失败,而是社会主义在实践中发生了错误。其中的原因是多方面的,但是最基本的是这些国家的执政党违背了科学社会主义的基本原理。黎巴嫩共产党认为,苏东社会主义实践失败的根源在于没有把马克思主义看作是一种不断发展的科学,并认为它可以代替其他科学。塞浦路斯劳动人民进步党认为,苏东社会主义的失败,不能认为是马列主义不行,而恰恰相反,是这些国家没有按照马列主义去做。南非共产党总书记斯洛沃在1990年1月指出,东欧剧变并非社会主义的失败,而是被歪曲了的社会主义的失败,东欧国家在实行社会主义制度后虽然取得了显著的成就,但并未能实行真正的民主制度,而是采取了“斯大林主义”的专制制度。

2. 关于苏东剧变的具体原因

关于苏东剧变的具体原因,许多国家共产党的看法基本相同。希腊共产党认为,资本主义在苏东国家复辟是这些国家的主客观因素和内外部因素综合作用的产物。这些国家在经济方面忽视了社会矛盾的解决,工农业发展不平衡现象严重,工农业产品价格存在剪刀差,导致工人和农民之间的矛盾加深,导致社会生产和消费、个人和社会利益的冲突,这些都根本违背了“各尽所能,按需分配”的原则。错误的“改革”政策是直接原因,帝国主义的和平演变则是促使原苏东国家变化的外因。美国共产党认为,苏东剧变具体原因是这些国家都没有建立起行之有效的、持之以恒的意识形态教育制度,苏联的改革旨在以更多的直接物质刺激来弥补精神刺激的不足,从而为西方反共思想打开了闸门。印度共产党第十五次代表大会认为,苏联解体的原因是苏联模式的社会主义的深刻危机与戈尔巴乔夫实行的改革在理论和实践中所犯的严重错误,导致了民族主义、分离主义特别是俄罗斯民族沙文主义的迅速发展,从而使西方情报机构、帝国主义势力,以巧妙的两面手法颠覆苏联的阴谋获得成功。

(二)对当代资本主义的认识

当代资本主义出现了许多新情况和新问题,对这些新情况和新问题,西方共产党的看法与观点,有相同之处,也有不同之处。

希腊共产党指出,20世纪的资本主义社会虽然发生了重大变化,但仍然处于资本主义的最高阶段,即帝国主义阶段。在经济、社会和政治生活中起决定性作用的是垄断资本。帝国主义强行推行世界新秩序,是21世纪国际形势的特点。在推行新秩序方面,美国有首要发言权,北约变成了世界宪兵和新秩序的维护者。国际帝国主义机构及其联盟,如世界贸易组织、国际货币基金组织、欧盟等的作用和职能得到加强。大多数工人阶级和其他劳动阶层的相对和绝对贫困在扩大,移民潮在不断高涨,失业、贫困、犯罪、吸毒等在资本主义的宗主国大规模蔓延。价值观念危机、舆论工具的自由化、知识和文化的商品化、环境遭到前所未有的破坏等越来越冲击着资本主义社会。希腊共产党在党纲中指出,历史地看,资本主义已经过时,资本主义总危机还要继续。

美国共产党认为,资本主义积极颂扬美国的“新经济”,认为长期的生产放慢、失业、周期性的上下波动被克服，通货膨胀被驯服。但这一表面繁荣的背后却蕴藏着巨大的危机。经济危机的爆发加上右翼势力反民主的进攻会给数亿人民，特别是工人阶级、少数民族、妇女以及外来移民带来经济上的困难。

加拿大共产党十分重视对于资本主义新变化的研究。他们认为，经济全球化是帝国主义发展的最新阶段。垄断资本主义发展到今天最重要的特点是跨国公司占据主导地位。在经济全球化的影响下，资本主义非均衡的发展达到了前所未有的程度。虽然拥有经济和意识形态方面的力量，垄断资本主义正陷入自身无法摆脱的深刻的制度危机。资本主义正在企图通过加强剥削、侵略、战争来摆脱危机，国家已经成为垄断资本主义的附庸。政府虽然看起来独立于公司利益之外，但实质上它已经成为大垄断资产者控制社会的政治工具。国家通过税收重新分配收入和财富，削减公共服务并逐步使之私有化，制定法律以降低工资、限制工会运动，国家垄断资本主义破坏了传统资本主义民主的基础。加拿大共产党还认为，资本主义面临着周期性的经济衰退、结构性的大规模失业、农业危机、环境危机和社会危机五大经济危机。

（三）对社会主义的认识

当今资本主义世界各国共产党对社会主义本质特征的理解有很大差异，但强调要搞有本国民族特色的社会主义是各国共产党的一致看法。印度共产党认为，社会主义没有固定模式，主张与马列主义结合，走“印度模式”的社会主义发展道路。尼泊尔共产党表示，马列主义只是个哲学问题，能否成功取决于如何与实际相结合。斯里兰卡共产党在总结党的教训时指出，要反对照搬别国的模式。以色列共产党、黎巴嫩共产党、摩洛哥进步与社会主义党等西亚、北非的共产党也都主张根据本国实际确定自己的发展模式。同时，各国共产党对社会主义也有各自的描述。比如，美国共产党领导人萨姆·韦伯曾指出，美国共产党目前的社会主义观为“权利法案社会主义”。法国共产党提出了“超越资本主义”的“新共产主义”理论。这种“新共产主义”是一个男女自由、联合和平等的社会；一个发展和尊重个人能力，在合作的人文氛围中共同努力，共享资源、知识、信息和权力的社会；一个没有失业和统治、没有就业不稳定和不公正，没有暴力和武器的社会。

德国学者考普夫在谈到德国共产党关于未来社会主义的构想时，认为社会主义的本质特征是社会公正、机会均等、自由与自决、平等、团结、国际主义、为后代对环境与资源负责等，其中也包括公有制。法国共产党领导人罗贝尔·于认为，法国共产党提出的“新共产主义”中的“共产主义”一词表达了一种向往，即对一个更加人道、更加正直、更加公正、更加自由的社会的憧憬。共产主义摆脱了资本主义的倒退、对抗和逻辑，是对资本主义的超越。未来的共产主义社会，与当代的人道主义相一致，将不再有人被社会排斥，并真正实现人人参与民主管理。人民当家作主，将社会的全部资本（私有资本和国家资本）优先用于有利于就业、公正、环保和满足人民需要的新的混合经济。在政治上，强调民主、自由、公正、人道。在经济上，不实行中央集权的计划经济，而采用多种经济成分并存的体制。

美国共产党的社会主义目标是：消灭剥削、不安全感和贫困，结束失业、饥饿和无家可归；摆脱种族主义、民族压迫、反犹太主义、各种形式的歧视，改善妇女的不平等地位；扩大民主权利，消灭私有制，创造一个能够最大限度激发人类个性、创造才智、真正人道的和合理的计划社会。马科斯·韦伯认为,权利法案社会主义的中心包括民主权利、实践和结构。所以,强调民主是因为任何把社会主义民主本质最小化在美国的政党都会在争取群众选民的行动中失败。过去一个世纪的经验证明,人民自己应成为社会主义的缔造者。

南非共产党认为,社会主义具有4个基本特征:民主、平等、自由和经济主要部分的社会化。其中,核心的是民主、平等与自由。社会主义并不是要废除多党竞选、权利法案、宪法、司法独立等有时被认为是资产阶级民主的政治民主。这些权利是人民通过斗争得到的,我们应当捍卫。同时,要全面推进和深化民主,建立具有广泛代表性、参与性和直接性的民主制度和民主实践。对于平等南非共产党认为,我们要废除资本主义社会所特有的在收入、财产、权力和机遇上的差别,拥护人人平等;同时,也不否认个人的相对独特性。

(四)关于党的建设问题

1. 关于党的奋斗目标

法国共产党提出了"新共产主义"主张,认为在资本主义与马克思、恩格斯所设想的共产主义之间不存在一个社会主义的过渡阶段,所以要"超越资本主义",直接建立"新共产主义"。日本共产党在2000年11月二十二大通过的新党章中,将党的目标由原来的"通过社会主义革命在日本建立社会主义社会,进而实现高度的共产主义社会",修改为"最终实现没有剥削、压迫和战争,人与人关系是真正平等和自由的共同社会",用"共同社会"取代了"共产主义社会"。尼泊尔共产党(联合马列)主张其奋斗目标是建立"人民民主政权",而不再提"人民民主专政"。秘鲁共产党则把将要实现"无产阶级专政",改为"人民民主"。

2. 关于党的性质

绝大多数共产党认为,党是工人阶级以及广大劳动者利益的代表,基本上不提"党是工人阶级的先锋队"。葡萄牙共产党称,它是工人阶级和所有劳动者的先锋队。西班牙共产党表示,它是西班牙工人运动和社会各阶层的组成部分。意大利重建共产党宣布,它是一个新的群众性的党,是"意大利工人阶级、劳动者,所有男女、青年、知识分子和公民的一个自由的政治组织",是意大利现实生活中一支生机勃勃的政治力量。法国共产党表示,它是一个为所有拒绝被剥夺干预权和选择权的男女服务的政党,是人类解放的旗手,是各国人民为自身解放而战斗的不可分割的一部分,是一个"新型的共产党",一个"现代的、开放的、充满活力的、民主的共产党"。日本共产党宣称日本共产党是工人阶级的党,同时是日本国民的党,为了民主主义、独立、和平、提高国民生活水平和日本进步的未来而努力,对所有的人开放的党。南非共产党主张将自己建成一个"群众性的先锋党",使党既有基层代表性,又保持先锋队的性质。这个先锋队应始终是"工人阶级的政治先锋队"。秘鲁共产党(团结)将"工人阶级政党"改为"劳动者政党"。

3. 关于党的指导思想

绝大多数共产党仍然坚持以马克思列宁主义为理论基础和指导思想,都强调要从当今实际出发,从本国国情出发,发展马克思列宁主义。然而各党对马克思主义以及列宁主义的理解有所不同,西班牙共产党主张以"革命的马克思主义为基础",认为并非马克思主义的一切论点在今天都是有效的,必须根据新的情况加以革新和发展。法国共产党和意大利重建共产党则强调“回归马克思”，主张批判地吸收马克思理论的精华，摒弃对马克思主义的种种歪曲，恢复马克思主义之本。美国共产党主张在坚持马克思主义世界观的基础上，进一步以创造性的方式发展革命的马克思主义。

4. 关于党的组织原则问题

以葡萄牙共产党为代表的多数党，包括希腊共产党、新英国共产党、加拿大重建共产党、日本共产党、印度共产党（马克思主义）等有一定影响的党，主张坚持“民主集中制”原则。日本共产党二十二大通过的新党章，仍坚持“民主集中制”，但是删去了“少数服从多数，下级服从上级”的提法，并把党员“无条件服从”党的决议，修改为“自觉服从”。而以法国共产党为代表的少数党主张取消“民主集中制”原则，强调民主、自由、多样性。

5. 关于革命道路与党在现阶段的内外政策

极少数共产党仍然坚持本国要走革命道路，如哥伦比亚共产党在 1991 年第十六次代表大会上重申包括武装斗争在内的斗争方式的多样性。但绝大多数共产党承认多党制、议会民主等资本主义政治制度，坚持和平的议会道路方式。这与当前世界社会主义运动处于低潮、资本主义世界的经济与社会没有出现严重危机、不具备无产阶级暴力革命的形势等主客观因素有关。西欧共产党都主张和一些进步的左翼党联合，共同对付反共产主义的右翼和右翼党，争取在议会等合法斗争中赢得胜利。一些党取得了参与内阁、成为参政党甚至执政党的重要成果。

三、资本主义世界的社会主义思潮和流派

（一）欧洲共产主义

欧洲共产主义是当代国际共产主义运动中的一个派别和独立自主的运动，是发达资本主义国家进入和平发展时期社会阶级关系新变化的产物，也是当代国际共产主义运动在新的历史条件下，冲破现实社会主义模式束缚和苏联控制，走独立自主道路的产物。它的直接思想来源是葛兰西思想和陶里亚蒂的“两论”。

安本尼奥·葛兰西（1891—1937）是马克思主义理论家。他 1913 年加入意大利社会党，1921 年成为意大利共产党创始人之一，1922 年当选为共产国际执委会委员，1924 年任意大利共产党总书记，1926 年被捕入狱。在狱中，葛兰西写下了《狱中书信》和《狱中札记》等理论著作。他的独创性思想理论最重要的是强调国际共产主义运动中的独立自主路线。他反对共产国际作为“世界的党”，不赞成各国共产党都盲目服从于利益和适应苏联党的要求，更不赞成苏联党内采取的那种残酷斗争的方式。葛兰西认为，对马克思主义来说，必须始终用民族的语言来阐明。他提出，意共可以接受共产国际总的战略指导，但是这种指导必须符合民族情况，不影响意共独立的创造性的政策。葛兰西在《狱中札记》中，把落后的东方和西方高度发达的文明社会的区别作了深刻的分析，主张东西方应有不同的革命道路。在西方，大多数国家的社会主义革命应走与俄国“运动战”道路不同的持久的“阵地战”道路，要在政治、经济，特别是在意识形态领域内通过一个一个地摧毁资产阶级的“内部堡垒和工事”来夺取阵地，建立无产阶级统治。意大利共产党对葛兰西的思想十分重视，早在 20 世纪 50 年代，就广泛地整理出版了葛兰西的理论著作，设立葛兰西

学院，举行国际性的葛兰西思想研讨会，这为欧洲共产主义的理论和路线的形成奠定了基础。

欧洲共产主义的主要理论根源是葛兰西思想，但作为系统的思想理论根源是陶里亚蒂的“两论”。帕尔米罗·陶里亚蒂(1893—1964)是国际共产主义运动的活动家。他在1926年葛兰西被捕后组建意共“国外领导机关”，成为党的实际领导人，战后一直任党的总书记，1935年起，任共产党国际执行委员会书记。陶里亚蒂继承和发展了葛兰西的思想，系统地提出了“多中心论”和“结构改革论”的理论和路线。陶里亚蒂在担任共产国际执委会书记处书记期间，认为各国共产党并不是在一切行动和一切问题上都要同“国际”和苏共完全一致。战后，他刚从苏联回国就强调：“今天意大利工人所面临的问题不是干俄国人干过的事情。”1956年6月，陶里亚蒂在和《新议论》杂志记者谈话中，明确提出了“多中心论”。他说：“整个体系成了多中心，在共产主义运动中，不再有什么独一无二的领导中心了。”后来，他进一步说明多中心论的两层意见。一是强调不存在唯一的中心，而强调各党在共同思想和共同斗争的基础上的完全自主；二是苏联的经验不能解决各个不同国家面临的所有问题。这样就形成了具有不同方针和不同发展水平的不同据点与不同中心，从而形成了多中心体系。“多中心论”强调的是各国共产党的独立性和社会主义道路、各国共产党方针政策的多样性。在陶里亚蒂的领导下，意共六大明确地提出“走向社会主义的意大利道路”，即结构改革的道路。它的主要内容是争取革命的和平发展，逐步改革社会的经济结构和政治结构。通过结构改革，争取改善人民的劳动和生活条件，扩大民主权利，为过渡到社会主义做准备。1956年12月，陶里亚蒂在意共八大上系统地提出和阐述了“结构改革论”和“多中心论”的思想，意共确定以这“两论”作为党的基本路线。

20世纪60年代的中苏大论战，使意共、西共、瑞典(左翼)共产党、荷共、挪共、英共、澳共和丹麦社会主义人民党等，都在60年代不同程度地倾向“欧共”的思想。

1977年3月，贝林格、卡里略和马歇三人在马德里举行了举世瞩目的第一次“欧洲共产主义”开拓者会晤。会后，三党发表的被誉为“欧洲共产主义宣言”的联合声明，首次提出了西欧国家“在民主、自由中实现社会主义”的纲领，并确定了有关“欧洲共产主义”的一系列基本主张。第一，各党有权选择适合本国国情的走向社会主义的独特的道路，自主地制定自己的方针政策；第二，建立多党制的民主社会主义；第三，同各种民主力量、教会力量进行对话，争取谅解与合作。这些原则的确立，表明欧洲共产主义的基本理论和路线正式形成。马德里会晤，向世界正式宣告了欧洲共产主义的诞生。当时，在世界上有18个共产党组织坚定不移地奉行“欧洲共产主义”的理论，其中包括西欧20个国家的14个共产党组织。被誉为“欧洲共产主义”中坚的是意大利共产党、西班牙共产党和法国共产党。另外有英国共产党、比利时共产党、瑞士共产党、瑞典左翼共产党人、荷兰共产党、挪威社会主义左翼党、希腊(国内派)共产党、圣马力诺共产党、丹麦社会主义共产党、冰岛统一社会党。在亚洲有日本共产党；在大洋洲有澳大利亚共产党；在拉丁美洲有墨西哥统一社会党、委内瑞拉争取社会主义运动。它们大多数是第三国际时期建立的老党，随着国际共产主义运动的发展，相继走上了“欧洲共产主义”的道路。这些党遍及四大洲，据1986年的统计已拥有党员330万，占资本主义世界共产党员总数的75%以上。

(二)社会党的民主社会主义

1. 民主社会主义的由来

19世纪七八十年代,随着国际工人运动新高潮的出现和马克思主义的广泛传播,欧美各国的无产阶级政党和组织相继建立。这些党一般都称社会党、社会民主党,党员自称社会民主主义者。当时的"社会民主主义"一词,是科学社会主义的同义词。1889年,社会党的国际联合组织,即第二国际成立。在恩格斯领导下的第二国际和各国社会党是革命的工人阶级组织,在传播科学社会主义、促进工人运动的发展中发挥了重要的作用。恩格斯逝世后,第二国际和各国社会党党内的机会主义思潮迅速滋长,形成了以伯恩施坦为代表的修正主义。1899年,伯恩施坦在《社会主义的前提与社会民主党的任务》一文中,对马克思主义进行了全面的"修正",用改良主义代替科学社会主义。他公开说要把社会民主党变成民主社会主义的改良的党。此后,"社会民主主义"逐渐成为改良主义的同义语。显然,伯恩施坦提出的"民主社会主义"已不同于科学社会主义,实际上成了社会改良主义的代名词。由于改良主义占了上风,第二国际最终走向破产。

第一次世界大战期间,大多数社会民主党由主张社会革命的政党蜕变为主张社会改良的政党,只有少数左派社会民主党人坚持和发展马克思主义原则。俄国布尔什维克党在列宁领导下,坚持和发展马克思主义,批判第二国际的修正主义,取得了十月社会主义革命的胜利,建立了世界上第一个社会主义国家。十月革命后,各社会民主党内的左派纷纷分裂出来,建立了共产党,并于1919年3月成立共产国际。而大多数民主党走上了公开反对十月革命和无产阶级专政的道路,其右翼领袖们于1919年2月,在瑞士的伯尔尼召开国际代表会议,恢复了第二国际,称为"伯尔尼国际"。

在第二次世界大战中,西欧各国社会民主党积极参加并同共产党联合反对德国法西斯的抵抗斗争。战争结束后,各国社会民主党的影响有所扩大,组织得到迅速恢复和发展。在此基础上,西欧一些社会党人提出重建社会党国际组织的要求。1947年11月,在比利时的安特卫普召开了国际社会党会议,决定建立一个常设机构"国际社会党会议委员会",以推进日常工作。国际社会党委员会经过四年的筹备工作,于1951年3月拟出纲领和章程,并于6月30日在联邦德国的法兰克福召开国际社会党第一次代表大会,正式宣告社会党国际成立。大会通过了《民主社会主义的目标和任务》的基本纲领,把"民主社会主义"作为社会党国际的目标与宗旨,并提出了政治、经济、社会和文化方面的一整套改良主义纲领。

2. 民主社会主义的基本理论和政策

以资产阶级人道主义为主的多元主义思想是民主社会主义的理论基础。1951年,社会党国际成立时通过的《法兰克福宣言》就自称民主社会主义的思想来源是多元的。《宣言》说,社会主义是一个国际的运动,它不要求在处理问题的方法上严格一致,不论社会党人把他们的信仰建立在马克思主义的分析社会的方法上,还是建立在其他方法上,不论他们是受宗教原则的启示,还是受人道主义原则的启示,他们都是为了共同目标而奋斗,这个目标就是一个社会公平合理、生活美好与世界和平的制度。

在社会变革上主张民主与改良道路。1951年,社会党国际成立时,它的纲领宣称:

“社会党的奋斗目标,是用民主的方法建立一个自由的新社会。”德国社会民主党也一再表示要忠于民主,要在平等的条件下和其他党派进行竞争,以赢得大多数人民的支持,进而建立一个符合民主社会主义基本要求的社会和国家。1981 年,法国社会党在《争取社会主义,实现变革》的文件中说,通过“平静”的革命与实际变革,勿需采取暴力,宁要妥协,而不要战争。瑞典社会民主党也鼓吹“以民主社会主义为基础的和平的社会过渡是解放人类的惟一可行的途径”。社会党国际成立宣言也明确地指出革命作为一个政治范畴,已失去了任何现实内容,社会只有通过不断改良,才能发生变化。

民主社会主义的目标是建立一个自由的新社会。民主社会主义的价值取向是自由、公正、互助,这是在 1951 年社会党国际的成立宣言中就规定了的。据此,社会党确定的奋斗目标是用民主的方法建立一个政治民主、经济民主、社会民主和国际民主的社会。关于政治民主,社会党认为,政治民主是人民的主要利益,维护政治民主是实现经济民主和社会民主的一个条件。关于经济民主,社会党认为,经济民主主要包括两个方面的内容。一是实行国有企业、私人企业及其他经济成分并存,市场和计划结合的“混合经济”体制。在计划和市场的关系上,他们的原则是“凡有可能,开展竞争;凡有需要,实行计划”。二是实行社会的参与和监督。民主社会主义者认为,单单实行混合经济还不足以使经济民主化,还必须实行社会的参与和监督,目的是实现经济决策民主化,防止经济权力集中在少数人手中。他们认为,用这种办法可以维护企业的工人利益,消除劳资双方的对立,使企业决策民主化。社会党还主张民主政府的经济干预,认为这种监督、调节和控制,可以保证经济活动服务于公共利益。社会民主,是民主社会主义者为克服资本主义社会中的贫困和不公正而提出的一个重要政治口号,也是他们所要建立的自由新社会的一个重要内容。社会民主的内容,主要是充分满足就业和实行福利政策。他们认为,国家应创造条件,实现充分就业。他们提出,政府和资方应该在社会福利事业方面支付必要的开支,主张给失业者救济金,给学生发奖学金,给老年人发养老金,给各种不幸事故者发抚恤金,对全社会实行免费教育及免费午餐等,尽量避免社会出现饥寒交迫的人民群众,使人民有一定的稳定感。社会党国际把瑞典社会民主党领导的“全民福利国家”作为民主社会主义的样板。瑞典社会民主党在执政期间,对瑞典资本主义的政治、经济体制进行了改革,建立和实行了“从摇篮到坟墓”的社会保险制度,促进了生产力的发展和人民生活水平的提高,社会较稳定。国际民主,就是反对用战争手段解决国际争端,反对超级大国包办世界事务,赞成南北对话,支持南南合作,建立世界经济新秩序等。

四、发达资本主义国家其他社会主义思潮和派别

(一)西方马克思主义

一般说来,西方马克思主义是指 20 世纪 20 年代以来在欧美资本主义国家出现的一种与第二国际观点相对立,又与第三国际观点相抗衡的自称马克思主义的意识形态,属于左翼激进思潮。它不是一种地区性概念,也没有自己的党派系统和组织机构。匈牙利的卢卡奇、德国的科尔施、意大利的葛兰西 3 人被推崇为西方马克思主义的创始人。他们在 20 世纪初中欧、西欧革命失败后,重新研究马克思主义,探索革命复兴的道路。他们大多

用“青年马克思”来重新“解释”和“修正”马克思主义。从1923年到第二次世界大战期间，形成了法兰克福学派和存在主义的马克思主义两大派。

西方马克思主义认为，今天的资本主义是“晚期资本主义”、“新资本主义”，它与马克思生活时代的资本主义已大不相同。今日资本主义社会的“内在矛盾”，并没有得到根本解决，尤其是意识形态的危机还严重存在。当代资本主义的发展是通过对劳动的剥削和对人性的奴役来实现的。因此，一方面是劳动生产率令人吃惊地增长，另一方面则是人的主动性、创造性被压抑，人的个性在衰退，人的精神生活空虚，人逐渐成为没有思想、没有感性的机器。

根据对当代资本主义的分析，西方马克思主义提出了推翻资本主义的设想，概括说来，主要是通过“总体革命”的道路，推翻资产阶级专政，建立一个人权自由、个性解放的理想社会。“总体革命”就是不仅仅夺取政权和实行公有化，还要进行思想革命和文化革命，夺取意识形态的领导权，其主张的革命方式是“大拒绝”和“自我改造”。“大拒绝”就是对资本主义社会的弊病实行完全彻底的拒绝，向资本主义挑战，迫使当局使用武力，以暴露其法西斯主义真面目。“自我改造”就是进行本能结构的革命，经过道德的净化，在内心深处获得解放，成为新型的人。

(二)现代托派社会主义

列甫·达威多维奇·托洛茨基(1870—1940)原是俄国布尔什维克党的领导人之一，由于政见不同，在十月革命后不久组成了以他为首的党内反对派。1927年，托洛茨基被撤销政治局委员职务，开除党籍，1929年被驱逐出国。此后，他开始组织共产国际左翼反对派，1938年9月在巴黎建立了托派第四国际组织，又称世界社会主义革命党。托派称国际，实际上力量十分弱小。它的成员分布在十几个国家，但每个国家人数都很少，一般只有几十人，而且内部分裂。1940年8月20日，托洛茨基被暗杀后，托派陷入了群龙无首的混乱状态。在第二次世界大战期间，托派积极推行极左路线，大大削弱了自己的力量，陷入了濒临灭亡的境地。第二次世界大战结束后，托派社会主义者把收集队伍、恢复组织、为生存而斗争作为自己的首要任务，并根据形势变化调整战略、策略。20世纪60年代末和70年代初，欧美发达资本主义国家出现了新的革命浪潮，使托派第四国际力量在欧美迅速发展，成员猛增到六万多人，遍及世界四十多个国家和地区。这一时期是托派社会主义发展史上的全盛时期。70年代以后，托派开始走下坡路，活动减少，但在当代国际工人运动和学生运动中仍有一定影响。据统计，现在世界上有一百二十个托派组织，分布在世界五大洲的三十七个国家，有一万多成员，主要活动地区在西欧和北美，中心在法国的巴黎和英国的伦敦。

“不断革命”是托洛茨基主义的核心内容。“不断革命”包括三个相互联系的思想，即民主革命过渡到社会主义革命的不断性、社会主义革命的不断性和国际革命的不断性。

“世界革命”是托洛茨基和第四国际的基本口号，原来指的是欧洲资本主义国家的无产阶级革命。20世纪30年代，托洛茨基提出了在苏联进行政治革命的口号。第二次世界大战后，第四国际又把亚非拉地区的殖民地革命纳入它的世界革命战略之中。这样，当代托派社会主义所谓的“世界革命”便包括了三个组成部分，即资本主义国家的无产阶级革命,工人国家的政治革命和殖民地半殖民地国家的殖民地革命。这三种互相联系、互为依存的革命,构成了当代托派社会主义的基本纲领和主要战略。

(三)无政府主义的社会主义

无政府主义作为一种政治思潮,最早可以追溯到19世纪40年代的蒲鲁东主义,后来俄国的巴枯宁和克鲁泡特金又进一步发展了蒲鲁东主义。无政府主义形成以后,几经演变产生了各种流派,但从理论上讲,基本上有两类:一是个人主义的无政府主义,他们从自我出发,鼓吹一切东西都应以自我为主体,主张在此基础上建立自由式的社会组织;另一类是集体主义的无政府主义,他们反对国家,追求建立在自然合作基础上的社会。无政府主义的社会基础是小资产阶级、青年学生和流氓无产阶级。由于他们对资本主义的绝望和憎恨,便采取各种恐怖手法向资本主义挑战,企图取消国家和政府,打倒一切强权和任何权威,实行无政府的社会主义。

20世纪初叶,无政府主义曾经在欧洲和北美流行一时,但从30年代开始,由于资本主义世界遭受严重的经济危机,人们深感需要国家权力干预经济活动,主张废除一切国家和政府的无政府主义,此时便因其思想不符合时代潮流而销声匿迹。进入60年代以后,西方资本主义国家的经济开始出现新的"停滞",国家权力干预经济的弊端日益显露,工人失业增多,城乡小资产阶级破产,青年感到绝望和不满,于是,无政府主义思潮再度活跃起来。从1968年到1970年底,西欧、美、日等国先后建立了多个无政府主义组织,还于1968年9月在意大利的卡腊腊召开了无政府主义的国际代表大会,交流情况,协同行动。新的无政府主义者在一定程度上揭露了当代资本主义社会的弊病,如失业、贫困、战争、环境污染、精神颓废等,但就其实质来说,他们与之前的无政府主义者的思想是一脉相承的。他们当中有人标榜自己信奉社会主义和共产主义,然而无一例外地辱骂共产党,攻击无产阶级专政。

(四)生态社会主义

生态社会主义是在西方绿党运动与生态运动中产生的一种社会思潮,起源于20世纪70年代,在90年代成为一个异军突起的社会主义思潮和流派。人类生态问题自20世纪60年代以来变得越来越严重,在世界范围内出现了"生态危机"。从60年代起,西方发达国家的有识之士纷纷自发组织起来,进行游行示威、签名抗议,要求政府关注人类生存的环境,制定有效的措施遏制人类生态环境的恶化。在一些国家,生态组织迅速政治化、政党化,很快演变为政治党派即"绿党"。而且各国的绿党力量发展都很快,一些国家的绿党介入政坛,成为本国政治格局中的重要力量。从1981年开始,比利时、德国、芬兰、奥地利和法国的绿党代表先后进入了议会。西方生态主义是西方"新社会运动"中的一支强大的生力军,甚至被一些评论家们称为继资本主义、共产主义、民主社会主义之后的"第四种力量"。

生态社会主义从自然环境面临严重危机的事实出发,联系马克思主义的某些原理,分析资本主义生产方式及社会制度与全球性生态危机之间的必然联系,在批判当代资本主义种种弊端的同时,重新思考当代社会主义发展的一些基本问题,提出了一些有独到见解的理论观点与政治主张。生态社会主义者认为,由于资本主义制度是造成当代全球性生态危机的罪魁祸首,因此,他们主张只有彻底废除资本主义制度,建立生态社会主义社会,才能从根本上解决生态危机,拯救人类的生存环境。

总体来看,生态社会主义理论主张,在观念上,要正确确立人与自然的关系,建立一种"自然和谐"的关系。在经济发展模式上,生态社会主义者不太重视生产资料的所有制问题(也有实行某种形式的公有制的主张),而强调对生产资料的管理以及经济发展模式。在政治主张上,他们认为无产阶级是资本主义社会变革的领导力量,要充分重视工人阶级与工会组织的作用。

第三节　发展中国家的科学社会主义运动

一、发展中国家的科学社会主义运动现状

战后,亚非拉民族民主运动风起云涌,一大批殖民地、半殖民地及附属国纷纷摆脱殖民统治,获得独立。

战后在国际舞台上出现的广大亚非拉发展中国家人民的共同愿望和主要任务是:要彻底改变旧的世界经济政治秩序,维护国家独立,实现经济社会发展。亚非拉国家在斗争中认识到,只有加强团结,加强联合,互相支持,互相帮助,用一个声音同帝国主义对话,用集体的力量同帝国主义抗争,才能真正地完全摆脱新老殖民主义的统治,巩固和发展自己的独立。于是,从 20 世纪 50 年代起,亚非拉国家走上了联合斗争的道路。

战后以来,亚非拉民族独立国家的共产主义运动大致经历了战后初期的蓬勃发展、20 世纪五六十年代的局部高涨以及七八十年代走向低潮三个阶段。从总体上看,是从高潮走向低潮,形势严峻。

亚非拉各民族独立国家的共产党正在总结几十年来斗争的经验教训,努力探索社会主义的前进道路,为扭转不利的形势而进行各种形式的斗争。它们的斗争形式,大致有以下几种:一是武装斗争。在一部分亚非拉国家中,共产党离开武装斗争就没有出路;因此,继续坚持武装斗争仍然是这些国家共产党得以生存和发展最基本的斗争方式。菲律宾共产党和印度共(马)等坚持这一条路线。二是合法和平斗争。在相当一部分亚非拉国家中,武装斗争的条件并不具备或不可能进行,共产党只能通过各种形式的和平合法斗争不断壮大自己的队伍,扩大自己的影响和力量。三是地下斗争。一些无法进行公开活动的共产党,以种种隐蔽的方式进行地下斗争。如南非共产党因长期遭受反动当局的残酷镇压,曾在很长一段时期进行地下秘密活动,印尼共产党也面临过同样的情况。实践表明,战后亚非拉民族民主运动的蓬勃发展和第三世界的崛起日益成为改变世界面貌的重要因素。

二、民族社会主义理论和实践的兴起

在战后亚非拉民族民主运动发展中，有相当一部分民族独立国家的民族主义政党执政后提出要走社会主义道路，或以社会主义为发展方向。1955—1988年，在93个民族独立国家中就有55个民族独立国家的执政党提出要走社会主义道路，占民族独立国家总数的59%。其中亚洲11个，非洲30个，拉丁美洲14个。有些民族主义政党执政的国家，甚至在国名上也加上"社会主义"的字眼。如缅甸联邦共和国，1977年以后改称"缅甸联邦社会主义共和国"；非洲的埃塞俄比亚，1977年把国名改称"社会主义埃塞俄比亚"；卡扎菲领导的利比亚，本来叫"阿拉伯利比亚共和国"，从1977年起也改称"阿拉伯利比亚人民社会主义民众国"。

（一）民族社会主义形成的原因

1. 殖民地、半殖民地人民的强烈愿望

亚非拉民族独立国家在历史上几乎都是帝国主义的殖民地和附属国。广大人民长期饱受殖民主义的奴役之苦，他们从切身的悲惨经历中认识到，殖民主义带给他们的国家、民族、社会和家庭的"资本主义文明"，是落后、动乱、贫困、破产和死亡。在他们心目中，资本主义是殖民主义的同义语。因此，他们在赢得国家独立之后，不想再走资本主义的老路，而转向人与人关系比较平等的社会主义。民心所向，许多民族独立国家的执政党，需要接过社会主义这个时髦的口号，以取得广大人民群众的拥护和支持。

2. 政党统治的需要

亚非拉国家执政的民族资产阶级在经济上比较软弱，需要加强经济实力以巩固统治地位，而社会主义，如果去掉它的阶级性质和革命内容，只保留它的形式和口号，对于许多民族独立国家的执政党来说，不但无害，而且有利。比如国有化，可以用国家的名义和力量，为民族资产阶级政治和经济力量的增长和发展带来很大好处。因此，亚非拉独立国家执政的民族资产阶级可以在社会主义的旗号下采用与社会主义国家类似的措施，维护他们的利益，增强他们的实力。而且，从政治上看，提出要实行社会主义，不但可以适应群众的愿望和要求，还可以更有力地同共产党进行斗争，抵制科学社会主义思想的影响和传播。所以，民族资产阶级政党要打起社会主义旗号，以维持和巩固他们的统治。

3. 资产阶级民主派的意愿和要求

在一部分亚非拉民族独立国家中，由于生产力落后等原因，资产阶级和无产阶级的力量都很薄弱。历史把小资产阶级民主派或某些带有浓厚平均主义思想倾向的激进派推到了政治舞台的中间，成为这些新独立国家的领导力量。他们的思想倾向是追求社会公正和机会均等，他们从不同角度强调平等、博爱、互助、社会正义等观念对社会发展的意义，并把这些观念同社会主义等同起来，从而促使他们打起社会主义的旗号。

4. 国际环境的影响

战后世界上出现了帝国主义和社会主义两个对立的阵营。在民族民主运动蓬勃发展的背景下，帝国主义国家被迫承认亚非拉国家政治上的独立，但又采用新殖民主义继续欺压它们，亚非拉国家在经济上仍然受帝国主义的掠夺和控制。与此相反，社会主义国家不仅在道义上支持亚非拉的民族民主运动，而且在经济、技术等方面给予新独立国家援助。社会主义国家的发展，对亚非拉新独立国家也有很大的吸引力。为了摆脱帝国主义的掠夺和剥削，发展民族经济，亚非拉新独立国家需要靠近社会主义国家，所以打出了社会主义的旗号。

(二)民族社会主义的理论

亚非拉民族主义国家执政党所奉行的社会主义五花八门，色彩不一，但也有一些共同特点。从阶级属性来说，亚非拉国家的民族社会主义大致属于资产阶级社会主义和小资产阶级社会主义。非洲的那些自称社会主义的国家都具有小资产阶级社会主义的色彩。阿拉伯国家奉行的社会主义，有的属于资产阶级社会主义，有的属于小资产阶级社会主义。印度、新加坡、斯里兰卡等国的社会主义是资产阶级社会主义。亚非拉民族独立国家的执政党都是民族资产阶级或小资产阶级政党。在这些国家，无产阶级的力量弱小，在民族解放运动中民族资产阶级或小资产阶级掌握了领导权，国家独立后便上台执政，从这些政党的本性来说是要走资本主义道路的，但广大人民痛恨资本主义和向往社会主义的心理，使它们打起社会主义的旗号，但又害怕共产主义。因此，它们自称是走第三条道路，把社会主义作为一种方法和手段来实现发展民族资本主义经济的目标。小资产阶级政党则以小资产阶级的目光和尺度解释社会主义，企图借社会主义的旗号来建立一个小资产阶级自由、平等的理想王国。

从形式来说，亚非拉国家的民族社会主义是民族主义的一种表现形式。这些国家的执政党都把本地区、本国家、本民族的传统理想化，用它来解释社会主义。如阿拉伯国家的执政党就认为，社会主义产生于伊斯兰教和阿拉伯主义，社会主义是身躯，而阿拉伯主义是灵魂。又如非洲一些国家的执政党，把非洲村社的传统精神看作是非洲固有的社会主义因素，要实行村社社会主义。所以，民族社会主义都非常强调民族利益、民族特点、民族传统、民族精神、民族统一、民族复兴等，并把这些原则作为实行各项社会主义政策的基础。其目的，无非是要恢复民族主义、民族传统。

亚非拉国家的民族主义政党打出了社会主义旗号，采取了一些名为社会主义的措施。这些措施概括起来主要是：对银行、土地和主要工业部门实行国有化；在农村进行土地改革，办合作社；采取社会福利政策，实行公费医疗，改善人民居住条件，提高工资等。

三、发展中国家的其他社会主义流派

(一)村社社会主义

村社社会主义即狭义或本来意义上的“非洲社会主义”。村社社会主义起源于非洲本土，是一种以非洲传统村社价值标准为基础的社会主义流派，曾在村社制残余大量存在的非洲地区广泛流行。这一流派的基本特征是：以非洲传统村社制原则作为其思想理论基础；实行“全民党”领导的一党制；主张优先发展农业和大力推行农业集体化；致力于泛非主义，促进非洲的团结和统一。

村社社会主义的主要倡导者是坦桑尼亚前总统尼雷尔。朱利叶斯·克·尼雷尔，出身于坦桑尼亚一个小的酋长家庭，信奉天主教。20世纪50年代初，尼雷尔在留学英国时接受“费边社会主义”和各种现代思想的影响，崇拜甘地的非暴力主义，对毛泽东的著作和中国革命的经验也很感兴趣。同时，老一辈的泛非主义对他也有影响。尼雷尔将这些思想与非洲传统的村社平均主义结合起来，形成了“乌贾马社会主义”的思想体系。“乌贾马”是斯瓦希里语的汉语音译，意为“村社”。尼雷尔关于社会主义的主要论点是：

第一，“乌贾马”是坦桑尼亚社会主义的基础。尼雷尔认为，非洲社会既不是封建社会，也没有进入资本主义社会，非洲的传统社会是以公有制为基础的部落社会。这种社会含有许多社会主义的基本因素，如土地公有、集体劳动、平均分配和相互帮助等，但也存在许多弊端，最主要的是贫困和愚昧。因此他认为，必须吸收传统的聚居生活中有益的东西，克服它的不足之处，同时采用现代的教育和现代化科学技术，使坦桑尼亚从一个逐渐采纳了资本主义制度刺激的个体农民国家，有步骤地变成“乌贾马”化的国家，即“社会主义”国家。

第二，人人平等、平均分配财富是“乌贾马社会主义”的基本原则。尼雷尔认为，在上帝面前人人平等不仅是世界各种伟大宗教的基础，也是社会主义政治的基础；社会主义不仅仅是生产方式的问题，最本质的是人类平等的原则在社会、政治、经济等各种社会结构中的具体体现。因此，他给坦桑尼亚确定的社会主义目标，是防止和消灭资本主义和封建形式的剥削，防止阶级分化，建立一个没有剥削、没有阶级、人人平等、生活幸福的社会。

第三，社会主义必须实行民主。没有真正的民主，就没有社会主义。一个国家是不是社会主义性质的，不仅在于这个国家的主要生产资料或者大部分的生产资料属国有或由国家控制，而且要看这个国家的机构是不是由农民和工人选举产生并由他们领导。尼雷尔主张坦桑尼亚实行民主制。他提出自己的民主模式是，由党提名的国民议会和地方议会、党政机关负责人的候选人进行竞选，每个选区推荐两名候选人，让选民在他们中间进行最后选择。

第四，坚持以农业为基础，依靠自力更生建设社会主义。尼雷尔认为，在帝国主义依旧存在的条件下，第三世界国家只有依靠自力更生，才能建设社会主义，才能保证社会主义建设的成功。自力更生包括四大基本要素：土地和农业，人民，社会主义和自力更生的政策，好的领导。

随着苏联解体、东欧剧变和多党浪潮在非洲大陆的兴起，坦桑尼亚也受到政治多元化的冲击。1992 年 2 月，坦桑尼亚革命党主动提出在坦桑尼亚实行多党制。1995 年 10 月，坦桑尼亚举行了多党制以来的首次大选，坦桑尼亚革命党继续执政。新一届政府组成后，继续贯彻革命党的既定方针。经济上加快以市场为导向的改革开放步伐；政治上强调勤政、廉洁，取信于民，促进了经济发展和政局稳定。但是，改革也带来不少负面影响，执政党仍面临巨大挑战。

(二)宗教社会主义

这种社会主义是以本地区传统的宗教作为思想理论基础，以社会主义为口号，把宗教和社会主义联系在一起，为实现政治斗争和民族斗争服务。宗教社会主义强调宗教与社会主义是一致的，认为社会主义产生于宗教，只有宗教才能引导人类走向社会主义，社会主义本身也是一种宗教。

阿拉伯伊斯兰教社会主义强调“伊斯兰教是彻底的社会主义”,“社会主义的种子产生在伊斯兰教的教义之中”。他们把《古兰经》的教规、教义视为至高无上的原则,社会主义只不过是这些原则的体现。阿拉伯社会主义创始人叙利亚的阿弗拉克提出的社会主义,就是一个以阿拉伯统一为中心,以伊斯兰教为传统,以社会主义为旗帜的社会主义。在埃及的纳赛尔社会主义思想和理论中,把阿拉伯民族主义和伊斯兰教教义作为社会主义的两大支柱。利比亚的卡扎菲反复强调,他主张的社会主义与伊斯兰教教义相关联,是伊斯兰教的社会主义。

东南亚一些国家奉行的“佛教社会主义”也是把社会主义的理论同佛教教义掺杂在一起,宣称马克思主义只是处理当世的事务,寻找生活中的物质需求,而佛教理论则是处理和解决精神上的事务,寻求生活中和精神上的满足并从当世求得解脱,所以佛教比马克思主义更高。缅甸纲领党奉行的社会主义,把佛教哲学作为基本理论基础,把客观世界说成三个世界,即物质世界、生物世界和现象世界。

拉丁美洲有二十多个国家奉行基督教社会主义。基督教社会主义以基督教哲学为理论基础,认为一切源于精神,上帝是精神的代表,决定精神的存在和发展,通过人来推动历史前进。人是物质的最后体现,但人最本质的东西是精神、自由、尊严和价值观念。因此,个人权利神圣不可侵犯,个人所有权是天赋的权利,认为人与人之间的关系应当是互助互爱,和谐与协调,主张建立一个既非资本主义、又非共产主义的凝结着人道主义、真正平等自由的社会。

(三)民主社会主义

在部分生产力比较发达、阶级斗争比较尖锐的亚非拉民族独立国家,执政党受社会党国际的影响较大,奉行民主社会主义。政治上崇尚西方的议会制度,经济上搞“混合经济”,推行劳资合作和福利政策。民主社会主义把资产阶级民主同社会主义直接联系起来,本质上是一种资产阶级改良主义。奉行民主社会主义的国家有亚洲的新加坡、斯里兰卡,非洲的塞内加尔,拉丁美洲的智利等。新加坡人民行动党的社会主义,是奉行此类社会主义政策的典型。

人民行动党是新加坡的执政党,1954 年 11 月成立。以李光耀为首的人民行动党主张实行西方议会民主、多党制,信奉非共产主义、非暴力的民主社会主义。1966 年,人民行动党曾加入社会党国际,1976 年退出。在经济上,新加坡人民行动党实行自由企业制度,大力发展私人企业,以转口贸易、金融、航运业为主,炼油业和造船业也有很大发展。同时,建立“自由贸易区”,大量吸引外资兴办新工业。新加坡人民行动党反对霸权主义,致力于巩固和加强东南亚国家联盟的团结和合作,同时积极发展同第三世界和比较发达国家之间的政治、经济联系。

(四)激进社会主义

激进社会主义是某些激进的小资产阶级民主派或民族主义政党提出的一种革命思潮。它们出现在资产阶级力量较薄弱、内部派系斗争较激烈、外部力量和影响又较大的经济落后国家和地区,如亚洲的民主也门,非洲的埃塞俄比亚、安哥拉、莫桑比克、贝宁、刚果、津巴布韦,拉丁美洲的尼加拉瓜等。激进社会主义自称是科学社会主义,政治目标在于巩固和加强民族独立,巩固执政党的地位,铲除封建和帝国主义势力,逐步把国家引向社会主义的道路。激进社会主义的特点是:在党的指导思想上自称是马克思列宁主义;在政党体制上实行一党制,党领导一切;在对外关系上忠于无产阶级国际主义。

除上述四种外,亚非拉地区还有一些国家奉行军事社会主义和合作社会主义等。有的国家执政党已经明确宣告停止搞社会主义,有的表面上没有放弃社会主义,但实际上已回到了资本主义道路。出现这种衰退的原因,一方面是这些民族社会主义本质上就是非科学的,它们的政策脱离本国国情,导致了经济上的严重失败;另一方面是受外部世界的影响和冲击,特别是苏联解体、东欧剧变和西方国家"民主化"宣传和鼓动,使一些国家的执政党放弃社会主义旗帜,走上西方"民主化"的道路。目前,亚非拉尚有二十多个民族独立国家的执政党实行社会主义,并根据情况变化调整理论和政策。它们的前景如何,有待实践来回答。

第四节　社会主义理论和实践的新探索

一、原苏联和东欧国家主要共产党的现状

(一)原苏联东欧左翼力量重组与崛起的主要表现

1. 许多国家右翼政党和领袖人物的影响明显下降,纷纷退出政坛

在东欧地区,波兰原团结工会领导人瓦文萨当了几年总统之后,退出政坛。其他一些东欧国家的右翼势力也相继下台,改由前共产党人接替。在原苏联地区,波罗的海三国在剧变中显赫一时的各种"民主派"如爱沙尼亚人民阵线、拉脱维亚人民阵线等先后下台,而前身为共产党的新左翼政党或中间力量重新登上政治舞台。在乌克兰和白俄罗斯,剧变中名噪一时的右翼领导人和右翼政党在选举中都遭到失败。在俄罗斯,主张全盘西化、推行休克疗法经济改革的盖达尔领导的"俄罗斯民主选择"在国家杜马选举中惨败。在外高加索、格鲁吉亚和阿塞拜疆,右翼政权已经垮台,以反共起家的阿塞拜疆"人民阵线"和"自由格鲁吉亚圆桌会议"已经消失。

2. 由前共产党演变而来的左翼政党,在许多国家继续或重新执政

在原苏联东欧地区的 27 个国家中,总计有 10 个国家的左翼政党曾经执政。它们是立陶宛劳动民主党、波兰社会民主党、匈牙利社会党、保加利亚社会党、马其顿社会民主联盟、塞尔维亚社会党和社会主义者民主党、乌兹别克人民民主党和土库曼民主党、摩尔达维亚农业民主党、罗马尼亚社会民主主义党。在东欧各国,波兰左翼力量是最早重新崛起并上台执政的。匈牙利的左翼力量恢复得也比较快。1994 年 12 月,以社会党为核心的左翼在议会选举中再次获得胜利,重新控制了议会和政府。在罗马尼亚,剧变之初,由救国阵线执政;该组织不久便发生了分裂,其中的中左派同另外几个党合并,成立社会民主主义党,继续执政。

3．坚持共产党名称，主张以社会主义为方向的政党普遍恢复和发展

这些党多数难以进入政府，但是大多数已经进入议会，其影响和地位有所上升。在俄罗斯、乌克兰、白俄罗斯、摩尔多瓦、亚美尼亚、阿塞拜疆、哈萨克斯坦、吉尔吉斯斯坦、塔吉克斯坦、捷克、斯洛伐克、波兰、塞尔维亚和黑山、匈牙利和保加利亚等国都有合法的共产党存在。

(二)俄罗斯主要共产主义派别的发展

在苏联剧变过程中，苏联共产党和俄罗斯共产党不仅失去了执政地位，而且遭到禁止，被迫解散。但是许多坚信社会主义、共产主义的共产党人，自发开展活动，各种共产主义组织和政党在各地相继成立。经过几年发展，俄罗斯的社会主义运动逐渐壮大，以俄罗斯共产党为代表的左翼力量已经成为俄罗斯政治舞台上的一支重要力量。

1．俄罗斯共产党的重组与发展

1990 年 6 月，俄共党召开第一次代表大会，宣告该党成立，并宣称自己是苏联共产党的一部分，从此结束了自 1925 年以来一直没有单独的俄罗斯共产党组织的状况。1993 年 2 月，俄罗斯共产党召开二大，标志着俄共的重组和恢复活动。1993 年 12 月，俄罗斯举行第一届国家杜马(下议院)选举，俄罗斯共产党初露锋芒，成为国家杜马中的第三大党。1995 年 12 月俄罗斯举行第二届国家杜马选举，以俄共为代表的左派力量取得了更大胜利。俄共在选举中获得 157 个议席，占 450 个杜马议席的三分之一强，成为国家杜马中的第一大党团。俄共同其他政治力量一起，通过议会斗争，迫使政府调整了对外政策，从亲西方外交转为东西方兼顾的全方位外交。当前，俄共处境困难，如何振兴，还有待艰苦探索与奋斗。

2．各派共产主义政党的建立

苏联共产党垮台、苏联解体后，俄罗斯出现了将近十个以共产主义为奋斗目标的政党。尽管这些政党的纲领存在差异，法律地位不尽相同，但是它们大都源于苏联共产党，都宣称自己是苏联共产党的继承者，都属于俄罗斯社会主义运动的一支力量。除俄罗斯共产党外，俄罗斯主要还存在以下几个共产主义政党和组织：(1)全联盟布尔什维克共产党，1991 年 11 月 8 日成立，由原苏联共产党布尔什维克纲领派的成员组成，前身是 1989 年 5 月在莫斯科成立的“全苏争取实现列宁主义和共产主义理想团结协会”。(2)共产主义工人党，1991 年 11 月成立，前期的领导人是安皮洛夫。该党 1992 年有党员 15 万人，1997 年下降为 2 万人。(3)安皮洛夫及其拥护者另外组建的共产主义工人党(布尔什维克)。(4)共产党人党，1991 年成立，是由苏联共产党马克思主义纲领派演变而来的，领导人克留奇科夫。(5)共产党人同盟，1991 年 12 月成立，由苏联共产党马克思主义纲领派演变而来的三个政党之一，领导人是普里加林，系原苏联共产党中央委员。(6)劳动人民社会党，1991 年 10 月成立。该党创办人是罗伊·麦德维杰夫(历史学家，原苏共中央委员、苏联人民代表)。(7)全俄共产主义运动党，1998 年 9 月成立，领导人是勃列日涅夫的孙子安德列·勃列日涅夫。(8)全俄未来共产党。这是 2004 年 7 月俄共分裂后新建的共产党。以上这些共产主义政党的规模和影响虽然都比较小，但它们在俄罗斯地区仍然是一种不可忽视的力量。

二、原苏联和东欧国家对社会主义的新探索和发展趋势

(一)原苏联、东欧国家对社会主义的新探索

苏联、东欧剧变之后,这个地区的社会制度已经发生了根本性的变化,政治、经济、文化体制与过去大不一样。政治上实行多党议会制,三权分立制;经济上实行私有化的市场体制;文化上实行以自由主义为主导的多元文化体制。在原苏联、东欧地区的社会朝着资本主义道路发展之后,左翼力量的生存环境同过去已经大不一样。在这样一种新的社会环境中,原苏联和东欧国家左翼力量仍然坚持对社会主义进行新探索。

1. 原东欧地区新兴社会主义政党对社会主义的新探索

东欧各国新兴社会主义政党大致包括两类:一类是上台执政的社会民主党,另一类是重组的共产党。前者影响比较大,后者则影响有限。

那些上台执政的社会民主党人,虽然曾经是共产党,但是已经放弃共产党的纲领主张,转变为民主社会主义者,以民主社会主义为目标。他们的纲领和主张,同西欧、北欧的社会民主党没有多大区别。其中有些党甚至不再主张实现社会主义,更多地强调民主、自由、平等、社会公正和团结互助等价值观念。这些党大都加入了社会党国际,有的表现得更“右”。它们推行的政策,同前右翼政府大同小异。在政治上主张实行多党议会制、三权分立制;在经济上主张私有化,建立混合所有制基础上的社会市场经济,同时主张放慢私有化的速度,较多地强调社会保障和政府调节;在对外政策方面,主张回归西方,积极要求加入欧盟和北约;在国家发展方向上,它们同右翼政党的不同之处,主要表现在施政重点、转轨速度、宏观调控和社会福利等方面。

东欧剧变后,部分共产党人在极其困难的条件下,坚持科学社会主义旗帜,致力于恢复和重建共产党。东欧已有 8 个国家恢复和重建了共产党组织。它们内部时常发生争论和分裂,外部受到社会民主党的压力,而且对未来社会主义的设想比较模糊,因而在东欧政治生活中的作用十分有限。这些重新建立的共产党在政治上,主张多元化、实行多党议会民主制;在经济上,主张以社会所有制为主体的多种所有制并存,强调市场经济应该与国家干预相结合,建立社会市场经济;在对外政策方面,总的趋势是“回归欧洲”,只有匈牙利工人党明确反对参加北约,主张匈牙利中立。这些主张,实际上很难与社会民主党的纲领主张划清界限。

2. 原苏联新兴社会主义政党对社会主义的新探索

苏联解体,苏联共产党不仅失去了执政地位,而且彻底垮台。然而,一些坚持社会主义信念的人,逐渐恢复和建立了自己的政党。这些政党尽管名称不一,但是仍然以社会主义为奋斗目标。它们对苏联过去的社会主义进行了反思,并对未来的社会主义进行理论探讨,提出了一些新的见解。

第一,关于苏联解体。俄罗斯共产党认为,苏联解体和苏联共产党的垮台不是马克思列宁主义和社会主义本身的失败,而是由执政党内部危机引起的。俄罗斯共产党认为是执政的共产党内部混进了不少假革命者与投机钻营者。许多党的领导人对权力和意识形态实行垄断,专横跋扈,把苏联共产党推向“狂妄自大的党”的境地,上层领导越来越脱离

广大党员和劳动群众。在长期的社会主义建设中,社会主义思想被简单化了,按劳分配也被歪曲了。戈尔巴乔夫等人应对背叛党、无视民族国家利益、毁灭苏维埃国家负个人责任。以安德烈耶娃为代表的全联盟布尔什维克共产党强调,苏联共产党垮台和苏联解体完全是戈尔巴乔夫背叛工人运动和共产主义运动造成的。

第二,对待马克思列宁主义的态度。原苏联地区的共产党,没有放弃马克思列宁主义,仍然坚持以马克思列宁主义为党的指导思想。他们强调马克思列宁主义是不断发展的,不能用教条主义和僵化的态度来对待。俄罗斯共产党纲领指出,党应遵循发展的马克思列宁主义学说。俄罗斯共产党党章强调,要创造性地发展马克思列宁主义。

第三,虽然都没有放弃社会主义的目标,但是它们所讲的社会主义已经不同于传统意义的社会主义。有些政党和组织对未来社会主义有比较明确的看法,有的对未来社会主义则认识模糊。俄罗斯共产党主席久加诺夫表示,社会主义要有多种经济成分,要有多种意见,信仰要自由。久加诺夫主张建立革新的社会主义,即不被扭曲、没有致命错误、集中当代人类社会一切精华的社会主义。他多次强调,俄罗斯共产党不是向后退向资本主义,而是向前迈向社会主义。俄罗斯共产党纲领对未来社会主义目标的概括是:没有人剥削人的,按劳动数量、质量和成果分配生活资料的无阶级社会。这是在科学计划和管理、采用节约劳动力和节约资源的后工业化工艺的基础上达到的具有较高劳动生产率和生产效益的社会。这是具有真正民主和发达的精神文明、鼓励个人的创造性和劳动者自治的社会。白俄罗斯共产党人党坚决反对私有化和损害大多数居民利益的市场改革,认为这是一条掉进深渊的道路,主张国家要对其他生活领域进行调控,以行政办法制止社会道德败坏。摩尔多瓦共产党人党主张发展社会主义,反对私有化,认为私有化是对人民财富的公开掠夺。土库曼斯坦民主党支持建立市场经济的改革,为在国民经济一些部门实行非国有化和私有化、为各种所有制形式的发展创造条件。

第四,在暴力革命和无产阶级专政问题上,强调合法斗争。原苏联地区共产党仍然以社会主义为目标,但它们主张依靠合法斗争,反对采取暴力革命夺取政权,也反对执政后实行无产阶级专政。俄罗斯共产党从恢复活动以来就强调从事合法斗争。1993 年,俄罗斯共产党二大通过《纲领性声明》,声称党将利用各种符合宪法的手段、方法以及政治斗争形式来争取国家政权。久加诺夫在同年 3 月又强调说,俄罗斯共产党与其他一些以共产主义为目标的党派不同,它一贯只使用合法手段。1996 年 5 月,俄罗斯共产党纲领强调,俄罗斯共产党执政后不会出于政治动机和意识形态考虑搞迫害,并坚决反对镇压,反对清算历史。当然也有一些政党和组织反对现存政治秩序,如全联盟布尔什维克共产党主张通过革命的途径推翻现政权,恢复苏维埃政权,同时认为革命也可能是和平的、采取劳动人民总罢工的方式。

第五,承认多党制、议会民主和自由选举。在原苏联地区,目前的政治体制的基本原则是多党议会民主制、自由选举和三权分立。多数共产党人承认这种现状,并且表示要参与到这种政治进程之中。俄罗斯共产党党章声明:“党和党的各级组织与机构将在俄罗斯联邦宪法和法律内活动。”久加诺夫在 1996 年 5 月明确地说,俄罗斯将建立多党制和真正的民主制度。乌兹别克斯坦人民民主党宣布,党的所有活动的出发点是要建立三权分立的法制国家和法制社会;党主张同其他社会政治力量自由竞争,以取得政治领导地位。塔吉克斯坦共产党也宣称自己是通过民主手段取得领导地位的议会型政党,它将在法律范围内活动。哈萨克斯坦共产党也明确主张多党制,认为反对派存在可以防止官僚专制,反对任何社会政治力量对真理和权力的垄断。

第六,对计划经济和市场经济有新的认识。对于未来社会主义的经济体制,原苏联地区的共产党大多数表示可以接受市场机制,但主张把计划和市场结合起来。俄罗斯共产党的观点具有代表性。首先,它反对社会的资本主义化,反对实行私有化,主张消灭剥削。俄罗斯共产党主张停止强制性的私有化,不允许土地私有化;对于已经私有化的企业,俄罗斯共产党主张采取灵活的政策。久加诺夫说,如果某个企业已经被私有化,而且运转正常,我们就要给予鼓励和支持。其次,主张多种经济成分并存,强调以公有制为主。俄罗斯共产党纲领指出,各种经济成分将会保留,但是生产资料公有制形式将占优势。久加诺夫也明确表示,要对俄罗斯现有经济成分进行有效保护。在这种经济中,强大的国有成分和集体、个人成分,其中包括合法的外资,都将占有一席之地。再次,主张市场调节和国家计划有机结合。

第七,对知识分子有新的认识。原苏联地区的共产党大都自称是"劳动人民的政党",不再讲共产党是工人阶级政党。俄罗斯共产党纲领宣称,党"忠实地捍卫工人阶级、劳动农民、人民知识分子的利益",是"真正劳动人民的党"。俄共特别重视知识分子的作用。俄罗斯共产党纲领指出,在当前,生产劳动的性质将发生根本变化,劳动将越来越变成智力劳动。

(二)原苏联东欧国家发展新趋势

苏联、东欧国家发生剧变后,该地区社会政治经济文化发展转向资本主义制度的趋势已经不可逆转,这种趋势基本上得到了民众的认同,并被宪法所肯定。但是,在过去的十多年里,资本主义的发展已经同剧变初期设计的目标出现了距离。

剧变之时,那些积极反共的当政者受政治利益的驱动,盲目地接受自由主义的市场经济理论,在转轨的战略选择方面更多地听从外国顾问的建议。当时,当政者们提出的目标是在全面私有化的基础上实行完全自由的市场经济,以激进方式在两三年内实现向市场经济的过渡。

实践证明,所谓全面私有化、自由主义市场经济、激进过渡三管齐下,这种目标模式和转轨战略不适合这些国家的国情。从 1992 年起,这些国家先后遭遇严重的社会经济危机,于是便展开了一场激烈的政治斗争和经济争论。随着政治形势发生变化,在经济政策方面也出现了较大的调整:其一是放慢了私有化速度,放弃了全面私有化的目标,保留一部分国有企业,并在许多私有化的企业中仍保留一部分国有股份。其二,放弃了自由主义的市场经济的目标模式,加强政府对市场经济的宏观调控作用。其三,注重建立社会保障制度,减少失业,缓解两极分化。

在经济发展的大势趋下,原苏联、东欧地区左翼政党在相当长的时期内难以有大的作为,左翼政党大体上表现出以下几个特点。第一,右翼势力当政时因政策失误导致社会付出了许多不必要的代价。客观地说,左翼政党在野时所抨击的许多政策,在其上台以后也无可奈何地变成了它们自己“别无选择的选择”。原来那些不得人心的政策,却毫无变化地变成了执政左派的政策。以匈牙利为例,匈牙利社会党以坚决反对“休克疗法”争得民心而上台,当时的得票率是东欧左派中最高的。但是社会党上台后,却不得不以更加严厉的“休克补课”治理宏观经济。在它执政时期,通货膨胀反弹,失业率进一步上升,实际工资降低,各种补贴减少,社会保障、公共福利比右翼势力执政时更加糟糕。政府多次发生危机,社会党声望急剧下降。可见,由于社会转型中遇到了严峻的经济问题,决定了左翼政党上台后执政的活动空间极其有限。但是从总体看,前苏联、东欧地区的经济状况在逐步好转,度过转轨困难期后经济还能较快振兴。第二,民众政治心理逐渐转向务实主义。原苏联、东欧地区剧变之初,人们的政治心理处在普遍的亢奋之中,意识形态色彩比较浓厚。那时人们天真地认为只要社会制度一变就会很快有好日子过,人们基本上认可了大致已经剧变成型的社会政治经济框架。但是,意识形态的东西不能代替实际生活的感受,因此务实主义就逐渐成为广大民众的一种普遍心理。在这种心理的支配之下,人们关心的是实际生活,谁能够使国家经济摆脱困境,使居民生活有所改善,谁就有可能受到拥护,得到选票,进而上台执政。第三,左翼力量的政治取向不会从根本上改变前右翼政府的政策性质。原苏联、东欧地区的左翼力量,虽然是从原共产党演变而来的,但是其性质已经发生了根本改变,成为社会民主主义性质的政党,它们的政治取向决定了它们自己不会从根本上改变前右翼政府的政策性质。因此,左翼力量无论处于在野党位置还是执政党位置,都不会对本国社会政治经济转轨方向提出质疑,而只是在变革的速度、方式和方法问题上同右翼政府存在分歧。这些左翼力量掌权以后,基本上都是继续执行前右翼政府的政策。因此,在苏联、东欧地区社会发展总体框架已经成型的情况下,左翼力量上台并非政权的性质变更,而只是现行制度中一个议会党的胜利。甚至这些左翼力量为了摆脱“历史包袱”而重塑形象,往往比西欧、北欧的社会党走得更远。如果说东欧国家左翼力量的崛起,不会从根本上改变前右翼政府的政策性质的话,那么在原苏联地区,作为左翼力量主体的非正统派共产党所表现出来的社会民主党化倾向,更加表明它们只能在现行制度的框架之中从事活动。

思考题:

1.试述资本主义新变化的基本特征。

2.试述资本主义世界的社会主义思潮和流派。

3.试述发展中国家的科学社会主义运动现状。

4.试述原苏联和东欧国家对社会主义的新探索和发展趋势。

第七章　科学社会主义面临的新挑战与发展前景

经济全球化是当今世界的一个基本特征。从科学技术与生产力发展水平来看,21世纪是知识经济时代;从社会形态的发展来说,21世纪是两种社会制度并存、共处与竞争、斗争的时代,是资本主义向社会主义过渡的时代。

第一节　21世纪是人类社会发展的新时代

一、经济全球化是当今世界的一个基本特征

20世纪80年代以来,经济全球化成为一个广泛流行的概念。这表明经济全球化已经成为当今社会发展的重大趋势。正确认识经济全球化,是正确认识社会发展规律的重要前提。在实践中,正确应对经济全球化,对于国家、民族、企业以及个人的发展,都具有重要的意义。

(一)什么是全球化

全球化是我们这个时代人类社会经济发展的最重要的特征之一。在21世纪,全球化的浪潮会更加汹涌澎湃,成为时代的标志。全球化的定义相当宽泛,但更多的时候是指经济全球化。所谓经济全球化,概括地说就是在信息技术迅猛发展的前提下,资本、货物、技术、劳务等生产要素以越来越大的规模在全世界范围流动和配置,各个国家越来越深地被纳入不断扩大的、统一的世界市场体系之中,各国间的相互依存关系达到空前密切的程度。因此,全球化是一个多元复合概念,它以经济全球化为核心,兼顾政治、文化等方面。

当今世界,经济全球化已成为一股发展潮流。经济全球化是由资本主义发达国家掀起的,是资本主义在世界范围内进行扩张的一种新的形式。以发达资本主义国家为首的利益集团,通过其强大的经济和科技实力,向全球各国推销商品、输出资本、灌输文化、渗

透意识形态。

马克思主义并不反对全球化,马克思主义主张世界统一于共产主义。马克思曾经在《德意志意识形态》中对共产主义的产生做出过这样的描述:需要生产力的高度发展和世界性普遍交往的高度发展。不这样,"(1)共产主义就只能作为某种地域性的东西而存在;(2)交往的力量本身就不可能发展成为一种普遍的因而是不堪忍受的力量:它们会依然处于地方的、笼罩着迷信气氛的'状态';(3)交往的任何扩大都会消灭地域性的共产主义。共产主义只有作为占统治地位的各民族'一下子'同时发生的行动,在经验上才是可能的,而这是以生产力的普遍发展和与此联系的世界交往为前提的"。① 马克思虽然没有使用"全球化"这一概念,但是他是以全球发展相互联系的整体认识为基础来看待社会主义的产生前提的。实际上,社会主义的发展也是以此为前提。这种整体联系产生的社会主义是通过资本主义制度的发展,从而资产阶级在全世界扩张获得的。

马克思在《共产党宣言》中指出,资产阶级由于开拓了世界市场,使一切国家的生产和消费都成为世界性的。"它迫使一切民族——如果它们不想灭亡的话——采用资产阶级的生产方式;它迫使它们在自己那里推行所谓的文明,即变成资产者。一句话,它按照自己的面貌为自己创造出一个世界。"② 马克思对全球化做出了经典的表述,是现代全球化理论的奠基人。全球化是社会主义得以发展的前提,社会主义、共产主义是全球化发展的结果和最终归宿。

(二)经济全球化是社会发展的必然趋势

经济全球化作为一种客观的必然趋势,首先表现在,生产的社会化及其后来的表现形式即经济全球化是生产力发展的必然要求。马克思、恩格斯指出:"受分工制约的不同个人的共同活动产生了一种社会力量,即扩大了的生产力。"③ 对于这种"扩大了的生产力",《共产党宣言》中描述得更加鲜明、形象。马克思、恩格斯指出:"资产阶级日甚一日地消灭生产资料、财产和人口的分散状态。它使人口密集起来,使生产资料集中起来,使财产聚集在少数人的手里。"

经济全球化作为一种客观的必然趋势还表现在,它的发展是不以人们的意志为转移的客观进程。马克思、恩格斯曾指出:"因为共同活动本身不是自愿地而是自然形成的,所以这种社会力量在这些个人看来就不是他们自身的联合力量……关于这种力量的起源和发展趋向,他们一点也不了解;因而他们不再能驾驭这种力量,相反地,这种力量现在却经历着一系列独特的、不仅不依赖于人们的意志和行为反而支配着人们的意志和行为的发展阶段。"④ 这里所说的一系列发展阶段,都处于社会主义、共产主义实现以前的资本主义阶段。在这个阶段,由资本主义制度主导和支配着生产社会化、经济全球化的进程,多数人都不能照自己的意志行事,都不可避免地受外在力量的影响和支配。这种异化现象

① 《马克思恩格斯选集》,第 1 卷,第 86 页。

② 《共产党宣言》,第 30 页。

③ 《马克思恩格斯选集》,第 1 卷,第 85 页。

④ 《马克思恩格斯选集》,第 1 卷,第 85－86 页。

在今天的全球化浪潮中依然存在。有人甚至说:"阻止全球化无异于想阻止地球自转。"① 马克思、恩格斯还指出,经济全球化的发展方向是走向共产主义,共产主义要以经济全球化的积极成果作为自己的基础。在《德意志意识形态》中,马克思、恩格斯指出,共产主义"是以生产力的普遍发展和与此相联系的世界交往为前提的"。②

一般说来,真正的全球化以人的活动能够达到世界范围为基本特征,而这又要以社会生产力发展的一定水平和阶段为基础。由此而言,经济全球化开始于近代资本主义对外扩张之时。18 世纪末,以蒸汽机为标志的第一次科技革命和随之而起的产业革命,特别是火车、轮船等交通工具的出现,为经济全球化的形成提供了物质技术条件。随着科学技术和生产力的进一步发展,经济全球化也不断向前发展。

通常认为,人类历史上已经经历了三轮经济全球化。第一轮经济全球化发生在 18 世纪末,当时以蒸汽机的使用为代表,科学技术推动了生产力的大发展,特别是交通的空前发展,并因此使得人类的足迹踏遍全球成为可能,世界贸易得到前所未有的增长。第二轮经济全球化发生在 19 世纪末至 20 世纪初。当时,由于电力、内燃机、化工等科学技术的出现和发展,使能源得以迅速传输,生产出现新的飞跃。在此基础上,工业资本与金融资本相结合,产生了帝国主义,形成了瓜分和重新瓜分世界的冲动和能力。第三轮经济全球化发生在 20 世纪末。20 世纪 90 年代以来,由于科学技术特别是电子计算机等信息技术的发展和普及,使得人类的信息处理和通讯能力空前增强,世界的联系日益紧密,人们甚至以"地球村"来形容这种联系。

深刻认识经济全球化发展的总趋势,深刻认识经济全球化及其在今天的特点和形成条件,有助于我们清醒地认识当前纷繁复杂的经济全球化现象,从而采取正确的态度和应对措施。

(三)经济全球化的作用和意义

经济全球化是一把双刃剑。它既有积极的作用,也有消极的影响。江泽民指出:"经济全球化趋势正在给全球经济、政治和社会生活等诸多方面带来深刻影响。既有机遇,也有挑战。……全球化使各国的经济联系更加紧密,也为各国的发展提供了机遇。"③ 他又指出:"在经济全球化的进程中,各国的地位和处境是很不相同的。在发达国家尽享全球化'红利'的同时,广大发展中国家却仍饱受贫穷落后之苦。当前发展中国家的经济安全和经济主权正面临着空前的压力和挑战。这不仅不利于全球经济的健康发展,也给一些国家的社会稳定、地区乃至世界的和平带来威胁。"④

今天,经济全球化对于发展生产力的推动作用,虽然还没有充分发挥出来,但已经非常引人注目。经济学家指出,经济全球化给世界各国带来的最大好处是可以实现资源在全球范围内的最优配置,从而带动全球经济迅速发展。

---

① 吴兴南,林善伟:《全球化与未来中国》,中国社会科学出版社,2002,第 1 页。

② 《马克思恩格斯选集》,第 1 卷,第 86 页。

③ 《党的第三代领导集体治国决策述要》,红旗出版社,2001,第 615 页。

④ 《党的第三代领导集体治国决策述要》,红旗出版社,2001,第 615 - 616 页。

全球化与现代化有着非常密切的联系。全球化可以被视为现代化的结果,也可以被视为实现现代化的条件。现代化与社会化大工业生产相联系,而社会化大工业生产又是实现全球化的物质基础。因此,现代化是全球化的条件、前提和原因。

后发国家要实现现代化,需要借助于全球化。对于后发国家而言,实现现代化首先是一个时间概念,是缩短和消除时间差距的问题,即消除传统国家与现代国家之间的差距。其实质内容,是消除小生产与社会化大生产之间的差距。这种差距在今天又表现为空间上的差距,即东方与西方之间的差距。其次,如何缩短和消除这种差距,其中最有效的办法就是借助于经济全球化,向发达国家学习先进的科学技术,学习管理经验,学习与现代化相联系的一切积极成果。利用好这一途径,实现现代化的成本将会降低,时间将会缩短。从这一点上讲,经济全球化对于发展中国家的发展是一个机遇。

经济全球化带来的负面影响也是不可否认的,并越来越引起人们的关注。经济全球化的负面影响主要是与生产关系、生产方式方面相联系的。具体而言,是与资本主义生产方式、与市场经济体制相联系的。无序竞争、两极分化是其主要的消极后果。

由于科学技术和经济发展水平不同,西方发达资本主义国家主导着经济全球化进程,导致发达国家和发展中国家之间的差距越来越悬殊。据世界银行和国际货币基金组织近几年统计,发达国家拥有全球生产总值的 86% 和出口市场份额的 82%,而占世界人口绝大多数的发展中国家仅分别拥有 14% 和 18%。目前,“主要发达国家的人均国民生产总值已超过 2 万美元,而发展中国家还有 13 亿人的人均国民生产总值不到 500 美元”。①在发达资本主义国家内部,两极分化的现象也日益突出,失业增加,福利减少,经济收入的差距拉大等。这些已经成为资本主义国家中一部分人反对全球化的主要理由。

当前的经济全球化是在市场经济体制下进行的。市场经济体制有其积极高效的一面,也有片面追求利润带来的盲目性等诸多消极作用。在经济全球化兴起之初,许多必要的规范和机制还没有建立和完善,更加剧了这种盲目性和消极作用。在经济全球化过程中,发达国家为实现自己的利益,借助于市场机制,把过度消费的模式传播到世界各地,加剧了地球环境恶化;把一些资源消耗大、污染严重的产业转移到第三世界国家,使这些国家的利益受到严重损害。

在经济全球化条件下,国家干预减少,许多经济活动跨越国界进行,削弱了国家的经济主权。在经济全球化过程中,金融的自由化、国际化趋势加强,而发展中国家经济实力不强、市场体制薄弱容易导致金融危机。这些对发展中国家的经济安全乃至国家主权都构成了威胁。就中国而言,经济全球化既是挑战,也是机遇,总体上机遇大于挑战。对中国有利的方面主要在于:扩大对外贸易;吸引投资;吸收农村剩余劳动力;引进和吸收先进的科学技术及管理经验等。总之,经济全球化对我国的社会主义现代化建设能起到积极的推动作用。同时,发展中国家在全球化过程中可能遇到的风险,我国也都可能遇到。而且,由于我国的社会主义性质和日益强大的影响力,使得某些害怕和敌视我国的西方国家

① 金鑫主编:《世界问题报告——从世界的视角关照中国》,中国社会科学出版社,2002,第 316 页。

千方百计地遏制我国的发展。面对当前的形势,我们必须善于趋利避害,促进发展。

二、21 世纪是两种社会制度并存、共处与竞争、斗争的时代

社会主义与资本主义的相互关系是当今世界的一个基本关系,正确认识和处理社会主义与资本主义的相互关系(简称“两者关系”)是社会主义国家对外关系的一项基本内容。历史证明,能否从实际出发,正确处理“两者关系”是事关社会主义发展大局的重要课题。因此,我们要以马克思主义为指导,总结世界社会主义运动的历史经验,深入研究“两者关系”,总结规律性的结论。

(一)社会主义与资本主义长期并存

社会主义与资本主义的相互关系作为一个重大而现实的命题其内容丰富而复杂。它不仅涉及两种不同制度的国家关系,而且涉及两种不同的社会形态,即一个国家两种制度(社会主义如何利用资本主义)和一种制度两种因素(资本主义制度内部的“新社会因素”)问题。

1. 社会主义与资本主义并存的理论产生与发展

马克思、恩格斯从当时世界尤其是西欧的实际出发构想革命进程,认为自从产业革命后,世界历史的形成以及资本的国际性,决定了无产阶级斗争的国际性,提出“共产主义革命将在一切文明国家同时发生”(简称“共同革命论”)。19 世纪末至 20 世纪初,资本主义进入垄断阶段。1914 年,在帝国主义各种矛盾发展的基础上,第一次世界大战爆发,促成了革命浪潮的到来。列宁运用革命的辩证法说明资本主义的新变化,创立了科学的帝国主义理论,并根据帝国主义阶段资本主义政治经济发展的不平衡规律得出社会主义将“首先在一个或几个国家内获得胜利,而其他国家在一段时间内将仍然是资产阶级或资本主义以前的国家”的结论(简称“首先胜利论”)。“首先胜利论”为无产阶级指出了胜利的道路,为社会主义革命奠定了理论基础。与此同时,列宁也预见到两种不同制度国家共存的现实性。

苏联的建立标志着世界上已存在着两种制度完全不同的国家,即社会主义国家与资本主义国家。由此,“两制国家关系”也随之产生。从 1917 年十月革命胜利到 1945 年二战结束是“两制国家关系”发展的第一个时期,这一时期社会主义制度还仅限在一国范围,实际上“两制国家关系”就是指苏联与各资本主义国家的关系。在此期间,苏联与资本主义国家的关系曲折发展。

首先从军事较量到和平共处,从和平共处下的斗争共存,再到结盟,在合作中有斗争。反法西斯斗争的胜利彻底改变了当时国际政治格局,资本主义世界遭到极大的削弱,社会主义则由资本主义包围的孤岛变成了与资本主义体系相并列的一个世界性体系,即社会主义阵营。从此,“两制国家关系”的历史发展到一个新阶段。从二战结束到上个世纪 90 年代的近半个世纪的时间中,“两制国家关系”在经过初期的过渡而出现了两大阵营的对峙状态:在欧洲,两个军事集团,即北大西洋公约组织和华沙条约组织;两个经济联盟,即欧共体与经互会并存。在亚洲,越南和朝鲜半岛等国家和地区,成为激烈较量的战场。尔后,“两制国家关系”的变化与两大阵营内部关系的变化相互作用、相互影响。20 世纪 50

年代中期到60年代初,双方开始调整政策,关系随之发生变化。70年代初,世界政治力量发生大分化、大改组。社会主义与资本主义都面临着新一轮调整,社会主义与资本主义的力量对比出现某种均势,“两制国家关系”从冷战趋向缓和。

“两制国家关系”在20世纪80年代后半期发生了巨大的变化。东西方持续了四十多年的冷战结束,苏联、东欧在改革中全盘否定社会主义,最终走上了资本主义道路。美国等西方国家在二战结束后凭借着第三次科技革命发展起来的实力,实施超越遏制战略,长期对苏联、东欧实施和平演变,再加上其他因素的作用,最终导致苏联解体、东欧剧变,从而使世界社会主义力量遭受严重挫折。与此同时,中国等社会主义国家则经历种种冲击,顶住压力,实现转折,走上改革开放之路,取得了经济社会发展的巨大成就。

2. 社会主义代替资本主义是一个长期的历史过程

当今世界,“两者关系”从总体上说还是资本主义占主导地位,“西强东弱是两制对比态势的现阶段特点”。因此,我们要深刻理解邓小平指出的“社会主义经历一个长过程发展后必然代替资本主义”这一重大判断的涵义。

人类社会是一个不断发展的过程,经历了不同的社会形态。与之相应,国际关系自产生以来也在不断发展,开始是古代的即奴隶制、封建制时代的国际关系。从17世纪中叶起,世界进入近代也就是资本主义时代,其标志是英国资产阶级革命的胜利。在资本主义时代,资本主义生产方式逐渐排斥、取代封建的生产方式,而居于主导地位。近代以来,资本主义国家到处奔走,建立起了日益广泛的国际联系。18世纪英国开始的产业革命影响深远,使各民族处在相互依存之中。从此,民族的历史就转变为世界的历史。但资本主义国际关系又存在着根本的矛盾,是一种在主权国家、民族国家形式下掩盖着的扩张、掠夺和殖民奴役。尤其是资本主义进入垄断阶段后,资本主义国际关系的固有矛盾表现得更加突出,政治经济的不平衡最终导致了瓜分世界的帝国主义战争。帝国主义是垄断的、过渡的资本主义,是“无产阶级革命的前夜”。20世纪,随着资本主义基本矛盾的进一步激化及其引发的危机和战争,出现了革命的形势,特别是在二战结束后诞生了一系列社会主义国家,从此形成了两大阵营。社会主义国家的出现和发展是国际关系发展中的重大事件,对国际关系产生了深远的影响。

事实表明,近一个世纪以来国际关系中的力量对比并没有发生根本的改变,当今世界还是资本主义生产方式占据主导地位,资本主义国家在国际关系中起主导作用,当今国际关系从根本上说也没有改变自己的基本性质。“两者关系”总的情况是西强东弱,一方是发展中的社会主义国家,另一方是发达的资本主义国家。在国际经济关系中,资本主义国家有科技、人才、资本和产业的优势。在国际组织中,如世贸组织、世界银行、国际货币基金组织和“7+1”经济首脑会议等,发达国家起主导作用。联合国五个常任理事国中只有中国一个社会主义国家,美国的霸权主义和单边主义愈演愈烈,仍然是一个基本事实。

总之,当代世界虽然已不是资本主义的铁板一块,有以社会主义国家为核心的进步力量即第三世界国家,但还是资本主义国家占主导。还有与之相适应的资本主义国家制定的旧的国际政治和经济秩序。因此,社会主义代替资本主义还要经历一个相当长的历史过程。

(二)社会主义与资本主义既对立又合作的关系

资本主义与社会主义作为历史上相继发展的社会形态,作为长期并存的两种制度的国家又存在着既对立又统一的辩证关系。总结历史经验,我们要在理论与实践上对"两者关系"有一个清醒、全面的认识。

1. 社会主义与资本主义之间具有一般国家关系

当今时代,社会主义与资本主义作为两种社会制度的关系首先是一种国家关系。因此,它具有一般国家关系的基本特征。所谓一般的国家关系,即作为一种特殊共同体的国家之间的关系,"两制国家关系"是对立统一的关系。

从现代国际法的角度看,作为国际关系的主体,一般意义的国家有四个基本构成要素。这就是一定范围的领土、一定数量的居民、一套相对完整的政权组织和实际拥有的主权。其中主权是最能反映现代国家基本特征的要素。所谓主权,是指国家所固有的、不可分割、不可转让、也不从属于外来的意志和干涉的权力,主要是国家独立自主地处理内外事务和管理自己国家的权利。从本质上看,主权国家是一个复杂的利益共同体。国家是阶级统治的工具,国家利益首先是统治阶级的利益,但这并不因此否定整个国家(其中也包括民族尊严,国家独立、生存和该国绝大多数人的整体利益)的存在和地位。国际关系说到底就是国家利益关系:一方面,国家间存在共同的经济、政治、社会和文化的利益,因此国家间就存在着合作和一致;另一方面,国家间还存在着诸种利益矛盾、对立甚至冲突的方面,因此,国家关系也存在着矛盾、对立,甚至引起剧烈冲突的一面。对立统一是一般国家关系的两个方面,而合作与冲突则构成国家关系的全部历史。作为国家关系的主体,国家就是要维护、发展本国的国家利益。而国家利益的实现则受国家关系体系的结构和性质的制约,又与本国实现利益的物质手段的水平相联系。通常情况下,其利益实现的多少是由其实力强弱决定的。总之,国家是拥有主权的利益共同体,国家关系就是利益的关系。各方有共同和不同的利益,关系有合作与斗争两个方面,而国家对外关系的目的就是要维护和实现自己的国家利益。这既是国际关系的一般性质和特点,也完全适用于"两制国家关系"。

2. 社会主义与资本主义之间具有特殊的国家关系

社会主义与资本主义之间的国家关系不仅是一般国家关系,还具有特殊的国家关系,即两种根本不同制度的国家关系。列宁在十月革命胜利之初,斯大林在苏联建设社会主义过程中,毛泽东在二战后的冷战特殊条件下,都从实际出发探讨了社会主义与资本主义两种不同制度国家关系的特殊性质,他们都有重要的论述。当代中国改革开放的总设计师邓小平对"两制国家关系"进行了深入辩证的说明,具有重要指导意义。

20 世纪 80 年代开始的中国改革、开放、发展都要面向世界。如何认识和处理与当代资本主义的关系,既是建设中国特色社会主义实践遇到的突出问题,也是现阶段世界社会主义要正确解决的问题。邓小平从理论与实践的结合上深刻论述了"两制国家关系"是对立统一的关系。邓小平强调,当代资本主义国家是社会主义国家和平共处、对外开放的对象,因此要坚持和平共处的外交政策,争取世界和平。邓小平在认真总结历史经验的基础上,指出社会主义与资本主义存在相互借鉴的关系,强调经济文化相对落后国家建设社会主义要特别重视向发达国家学习。与此同时,邓小平在苏东剧变的历史条件下,明确地指出了这两种不同社会制度的对立和斗争,告诫我们西方资本主义对我“西化”、“分化”和实行和平演变的战略不会改变,全党务必要保持清醒的头脑,对此要有足够的认识。

社会主义国家所代表的国际关系性质与以往的国际关系的性质有根本区别,作为国家统治阶级的无产阶级对外关系谋求的利益,与旧国家的剥削阶级所谋求的利益也有本质不同,由此派生出的两种制度国家的矛盾具有特殊性质。这种矛盾在新制度国家产生与旧制度最终被代替的时期体现得尤其激烈。“两制国家关系”的对立是相对的,不是绝对的,也就是说,“两制国家关系”还有合作、共同利益和统一性的方面。在一定时期和一定的历史条件下,两种制度的国家间的利益共同点或合作的一面,有时甚至还会超越其利益的不同点和对立的一面。在反法西斯斗争和经济全球化发展的背景下,都出现过这种情况。同时,“两制国家关系”具有过渡性质。这是因为在国际关系中,社会主义因素在不断发展,当代资本主义内部也不断成长着“新社会因素”。社会主义国际关系必将逐渐代替不合理的资本主义国际关系。虽然现阶段社会主义与资本主义国家在国际范围的力量对比还没有发生有利于社会主义方面的转变,但是“两制国家关系”终将发生历史性的变化,即社会主义国际关系代替资本主义的现存国际关系。这是历史发展的必然趋势。

第二节　科学社会主义面临的机遇和挑战

一、科学社会主义在新时期面临的机遇和挑战

苏联、东欧社会主义制度的瓦解,使变资本主义主导为社会主义主导的全球化运动受到沉重打击。它的一个直接后果,便是资本主义主导的全球化迎来了第三次浪潮。

当今资本主义主导的全球化,实质上是发达的资本主义国家主导的全球化。第三次全球化浪潮,自开始以来,就呈现着不断扩张之势。在当前世界近30万亿美元的国民生产总值中,西方发达资本主义国家占75%以上。在世界近6万亿的出口贸易中,它们占有大体相同的比例。在世界6400亿美元的对外直接投资中,西方发达资本主义国家占90%以上。发达国家所说的全球化,本来就是全球的经济、政治和文化(意识形态)的一体化。它们不仅主导着经济全球化的进程,而且还以其强大的经济实力为基础,推行“文化帝国主义”,通过大量的书籍、报刊、电脑软件、电影、电视台和互联网等向世界各地进行文化扩张。发达国家还常常挥舞着“人权”、“人道”大棒,对发展中国家进行干预,强迫人们接受它们的政治理念和价值观念。

那么,资本主义主导的全球化的不断扩张,对社会主义又意味着什么呢?从历史和现实的情况来看,全球化对社会主义的影响是利弊俱在、机遇与挑战并存。

资本主义主导的全球化向社会主义国家提出了挑战,包括在全球化过程中发达资本主义国家对社会主义国家进行经济扩张、政治干预和文化渗透的挑战。

资本主义主导的全球化的实质,是要实现资本主义全球化。在苏联解体、东欧剧变之后,西方资本主义国家把重点转移到了中国。1997年,美国总统克林顿在他第二任期的第一个记者招待会上说:“我仍相信,长期以来同中国的接触,极有可能对中国产生积极的影响,就像柏林墙倒塌一样。”可以说,在今后相当长的时期里,西方国家对社会主义国家的“和平演变”战略不会从根本上改变。因此,在参与西方国家主导的全球化过程中,社会主义国家面临着制度安全的挑战。

在经济安全方面,社会主义国家面临的挑战同样严峻。首先,社会主义国家参与资本主义主导的全球化,就必须受到由其制定的一系列国际条约、规则、协议的制约,这就可能使得社会主义国家的经济活动受控于西方国家。其次,国际资本主义在输出资本时,虽有有利于受资国经济发展的一面,但它们的投资首先集中于利润高和外向型的经济门类,集中于经济相对发达、基础设施较好的地区。这种集中不但无助于受资国国内产业链的自然延伸,还有可能造成受资国地区经济的畸形发展。另外,发达的资本主义国家以其雄厚的资本挤压、削弱社会主义国家的国有经济,尤其是金融、高新技术产业和其他具有战略意义的产业部门。

发达国家的资本输出,往往附带着兜售西方的“民主”政治模式、私有化的发展道路和个人主义、自由主义的价值观。现代西方的传媒舆论可以轻而易举地进入其他国家和地区。因特网上占支配地位的是西方文化。世界各地的娱乐业充斥着美国制造的产品,流行文化已成为美国最大的出口行业。难怪美国一位社会学家称:“美国流行文化的传播是长久以来人们为实现全球统一而作出的一连串努力中最近的一次行动。它代替了罗马帝国和基督教徒推行的拉丁语以及(共产党政府推行的)马克思列宁主义。”① 全球化对社会主义的意识形态已经形成了强大的冲击。

20世纪以来,社会主义对资本主义全球化曾产生强大的冲击,但苏联解体、东欧剧变使社会主义运动一度陷入低谷。目前,世界上的社会主义国家屈指可数,社会民主主义彻底倒向了资本主义,形形色色的“社会主义”也纷纷改旗易帜。面对资本主义的不断扩张,人们有理由要问,社会主义能取代资本主义吗?而提出这一问题本身,就足已表明社会主义所面临的挑战。

社会主义面对全球化,有挑战,当然更有机遇,这主要表现在:

第一,全球化浪潮结束了社会主义孤立发展的状态,使社会主义能运用资本主义条件下取得的人类文明的优秀成果,缩短社会主义国家赶超发达国家的时间和距离。

第二,全球化有利于社会主义国家吸引外资、向外投资和扩大对外贸易。比如中国在改革开放后,积极应对全球化。从1979年到1999年底,中国实际利用外资达459.6万亿美元。其中外商直接投资3059.2亿美元,批准建立的外资企业21.2万家,外国直接投资存量占中国国内生产总值的比重已经超过20%。这从一定程度上弥补了中国现代化建设急需的资金,促进了生产力的发展。对外投资和对外贸易的扩大,增强了社会主义国家经济在世界市场中的竞争力,有利于社会主义国家国内市场和国际市场的接轨。

---

① 李慎明:《全球化与第三世界》,《中国社会科学》2000年第3期。

第三,全球化打破了以往社会主义发展中思想观念的"禁区",有利于社会主义价值观念的变革。对于什么是社会主义,如何建设社会主义,人们一直有种种误解,有许多捆绑自己的清规戒律,如所有制上的"一大二公",经济体制上对市场经济的排斥等。全球化无疑有利于打破这种思维模式,促进社会主义国家的整体改革。

第四,全球化为我们提供了一种认识当代社会主义的全球视野和全球思维框架,也就是说要把社会主义放在全球化的进程中加以认识和理解。唯其如此,才可能正确地把握世界发展潮流,顺应历史的发展。

由此可见,我们应当辩证地、全面地分析社会主义所面对的全球化的机遇和挑战。对于全球化给社会主义带来的严峻挑战,有人认为:全球化实际上就是"美国化"、"西方化",是以美国为首的西方大国给发展中国家和社会主义国家布下的陷阱。更有人认为:全球化对社会主义国家来说,简直就是灾难,而绝不是什么幸运。这种只看到全球化提出的挑战,甚至把挑战绝对化的观点,实际上还没有摆脱单向的一元化思维模式,忽视了社会主义对全球化进程的重大影响,最终有可能导致重新回到脱离全球化进程的老路上去。但这类观点也提醒我们,面对资本主义主导的全球化,要保持足够的警惕,要清醒地看到在全球化进程中存在着种种尖锐复杂的矛盾和斗争。只看到全球化提供的机遇,盲目追随全球化、"与国际接轨",则有可能丧失应有的警惕性,从而落入陷阱,使社会主义国家不自觉地成为发达国家的附属物。只看到挑战或者只看到机遇,都是一种片面的观点。江泽民在 1998 年指出:"必须全面正确地认识和对待经济'全球化'问题","要辩证地看待这种'全球化'趋势,既要看到它有利的一面,又要看到它不利的一面。这对于我们中国这样的发展中国家来说尤其重要。"①

二、社会主义积极应对全球化

(一)正确处理好国家与"社会"的关系

在参与全球化的进程中,社会主义国家的国家权力,有可能受到来自以下三个方面的制约:(1)国际规则和组织;(2)西方跨国公司;(3)国内社会团体。

社会主义国家要积极参与全球化,就必须积极主动地参加各种国际组织,遵守相关的国际规则。而要加入到这些组织中去,就要交出部分经济决策权,这就导致政府权力无形中转移到跨国性的组织机构中。英国学者保罗·肯尼迪形象地称之为"国家权力向上的转移"。②

西方跨国公司是资本主义推动全球化的重要力量。目前,全世界共有 6 万多家跨国公司,对外投资总额越过 1 万亿美元,控制了世界生产的 40%、国际贸易的 50%~60%、国际直接投资的 90%以上。跨国公司可以通过金融投机、贸易摩擦、撤出投资等手段威胁受资国的安全。西方垄断集团在国内外培养了一大批"精英",专门为向全球推行自己的政策服务。所有这些都会对受资国的国家权力和能力提出挑战。

① 《人民日报》,1998 年 3 月 9 日。

② 俞可平主编:《全球化时代的"社会主义"》,中央编译出版社,1998,第 39 页。

以上两个方面的威胁都不是直接来自西方国家，而是来自于“社会”。这里的“社会”，主要指的是“国际社会”（如各种国际组织和跨国公司）。这种“社会”还包括“国内社会”。现有的社会主义国家在传统上都曾是政府高度集权的国家，而在参与全球化的过程中，随着经济体制的转轨，一些新的经济、社会组织正在迅速地成长起来。在国家与社会的关系上，国家权力逐步退出一些经济、社会领域。这种现象被称为国家权力向下的转移。因此，我们讲的国家与社会的关系，实际上包括两个方面，即国家与“国际社会”的关系和国家与“国内社会”的关系。

从国家与“国内社会”的关系来说，随着参与全球化程度的加深和国内市场的发育成长，社会主义国家迫切需要一个自主和健全的社会，原来那种国家高度集权的体制已不再适应社会发展的需要。同时，也应该认识到，强调国家和社会的适度分离，并不意味着削弱国家应有的权力。社会主义国家发展所需要的不是一个取消国家的社会或病态的社会。在这个问题上要注意西方国家布下的陷阱，它们批判社会主义国家的国家权力过于集中。而实际上，正如巴西学者特奥尼奥·多斯桑托斯所指出的，全球化的世界经济仍然是以国家为中心的，里根和撒切尔夫人时期的美英，国家掌握着大量的经济成分，但代表它们的经济学家却向前苏联建议实行全面私有化，结果使苏联的国家力量被极大地削弱。吉登斯也认为，“从总体上来说，政府的活动范围与其说是随着全球化的不断推进而缩小，倒不如说是变得更大了”。① 社会主义国家要处理好国家与社会的关系，主导方面是国家、是政府，既要加强政府在提供市场运行和社会生活等方面的规则并有效实施这些规则方面的作用，同时也要认识到这是一个长期的、复杂的任务。

国家与“国际社会”的关系则要涉及国家主权问题。在全球化进程中，国家仍然是关键领域政策的制定者。其执行政策也是高度自主的，不应受到其他主体，尤其是一些跨国主体的制约，要强化国家行政管理的地位和作用。当然，这对国家的行政管理提出了更高的要求，需要行政行为具有更高的预见性、准确性和技巧性，而且要不断地改革自身的管理体制。

（二）既要斗争，又要联合

社会主义国家要积极参与全球化，就必须积极主动地参加各种国际组织，遵守相关的国际规则。但这些国际规则主要是由西方国家强行制定的，一些国际组织往往也是发达资本主义国家主导全球化的工具。在这种背景下，社会主义国家既不要回避，也不要一味地妥协退让，应利用现存的国际经济秩序开展有理、有利、有节的斗争，积极参与各项国际经济交流与合作规则的制定，呼吁修改不合理、不公正的规则，逐步实现全球化进程中的角色转变，即由全球化进程的积极参与者转变为主导者。

马克思、恩格斯在一百五十多年前提出的“全世界无产者，联合起来”的口号，对于社会主义国家实现全球化进程中的角色转变仍有十分重要的意义。广大的发展中国家同样是当今不合理的世界秩序的受害者，社会主义国家要与它们实现广泛的联合，求同存异，

---

① ［英］安东尼·吉登斯：《第三条道路——社会民主主义的复兴》，北京大学出版社，2000，第35页。

团结奋斗。

(三)要从社会主义国家的国情出发,走自己的路

社会主义国家在参与全球化时,要改革与世界经济体系不相符合的体制、法则、惯例,与国际接轨。在这个过程中,不能一味强调"按国际惯例"办事,甚至把"按国际惯例"的做法普遍化,而忽视了社会主义国家的自身情况。20世纪60年代以来,西方出现了所谓的资本主义和社会主义"趋同论",认为:"我们完全可以从理性的谈话中剔除'资本主义'和'社会主义'这些字眼。"① 全球化第三次浪潮出现以后,欧美发达资本主义国家兴起的"第三条道路"提出在政治思维上打破左右两分法,从而以此彻底打破传统的资本主义和社会主义两分法。这种努力与"趋同论"不谋而合。两者都反映了西方国家要实现全球资本主义化的目的。因此在参与全球化的过程中,不要盲目地学资本主义,要坚持社会主义方向,走自己的路。

社会主义应该是多样性的。社会主义国家在参与全球化过程中,要密切关注国际上的斗争,分析国际上的重大演变和特点,同时又要注意结合本国的国情,探索出一条正确的道路。社会主义国家要避免曾经犯过的错误,不要试图再把某种社会主义模式普遍化。社会主义国家的发展情况是千差万别的,没有哪种模式能够供别国照搬照用。邓小平说:"在革命成功后,各国必须根据自己的条件建设社会主义。固定的模式是没有的,也不可能有。"② 一味强调某种模式只能导致失败,导致像苏联等国那样被资本主义化的结局。

第三节　科学社会主义的发展趋势

一、科学社会主义发展战略的回顾

世界社会主义战略是指在社会主义运动的一定历史时期,无产阶级根据马克思主义普遍原理制定的指导斗争全局的总方针、总计划,包括依靠什么力量、通过什么途径、按照什么程序、达到什么目的等。

世界社会主义运动曾经高潮迭起,但后来又陷入低谷。探究这种起伏的原因,往往与世界社会主义战略的变化紧密相关。马克思、恩格斯、列宁、斯大林在不同时期提出的战略,是各自所处时代的产物,它们之间既有联系,又有区别。

第一,在依靠力量上。马克思、恩格斯在《共产党宣言》中提出了"全世界无产者,联合起来"的口号,并认为只有在无产阶级政党的领导下,无产阶级才能担负起自己的历史使命。1848年前后,马克思、恩格斯全面论述了工农联盟的思想,后又在总结1848年革命失败的教训时,提出了被压迫民族的解放运动是无产阶级革命同盟军的思想。三个联合

---

① 杨冬雪、薛晓源主编:《"第三条道路"与新的理论》,社会科学文献出版社,2000,第3页。

② 《邓小平文选》,第3卷,第292页。

的思想,成为此后世界社会主义战略的重要原则。随着社会主义运动及其影响由欧美资本主义国家向其他地区扩展,列宁在《民族和殖民地问题提纲初稿》等文章中进一步阐发了全世界无产者和被压迫民族联合起来的思想。列宁说:"共产国际在民族问题上的全部政策,主要应该是使各民族、各国无产者和劳动群众为共同进行革命斗争,打倒地主和资产阶级而彼此接近起来。"① 这是世界社会主义战略的重要发展,对社会主义运动的全球化起到了重大的推动作用。

第二,在促进社会主义运动的形势判断上。马克思、恩格斯认为资本主义经济危机和国与国之间的战争为无产阶级革命提供了有利的形势。此后,资本主义危机和战争就被看成是推动社会主义运动的两个重要前提。按照这一思路,列宁在第一次世界大战爆发后,提出当前资本主义正处于"最严重的历史危机"、"一切危机"和帝国主义世界大战,是有利于无产阶级革命的形势。毛泽东在《关于正确处理人民内部矛盾的问题》中说:"第一次世界大战以后,出了一个苏联,两亿人口。第二次世界大战以后,出了一个社会主义阵营,一共九亿人口。如果帝国主义一定要发动第三次世界大战,可以断定,其结果必定又要有多少亿人口转到社会主义方面,帝国主义剩下的地盘就不多了,也有可能整个帝国主义制度全部崩溃。"直到 20 世纪 70 年代,毛泽东还认为,关于世界大战的问题无非是两种可能,一种是战争引起革命,一种是革命制止战争。这种看法和长期把"革命与战争"作为时代主题的思想是紧密相联的。社会主义是资本主义的替代物,资本主义危机和资本主义战争当然有利于社会主义运动的发展。但是,这也不能绝对化。

第三,在推动社会主义运动的途径上。马克思、恩格斯认为,用暴力打碎旧的国家机器,建立无产阶级专政,是无产阶级革命的根本道路。恩格斯曾经指出:"暴力,用马克思的话说,是每一个孕育着新社会的旧社会的助产婆;它是社会运动借以为自己开辟道路并摧毁僵化的垂死的政治形式的工具。"② 巴黎公社失败后,社会主义运动处于低潮,马克思和恩格斯主张用和平的和暴力的两种方式进行斗争,指出:"凡是利用和平宣传能更快更可靠地达到这一目的的地方,举行起义就是不明智的。"③ 他们既反对不顾客观条件一味热衷于暴力的盲动主义和冒险主义,也反对沉醉于合法斗争的"议会迷"。

第四,在社会主义运动的程序和目标上。马克思、恩格斯的设想是,社会主义首先在资本主义较发达的英、法、德三国几乎同时取得胜利,然后带动北美和东欧各国进行社会主义革命,进而扩展到亚洲、非洲和拉丁美洲,帮助这些落后地区逐步发展到社会主义。列宁基于对资本主义经济政治发展不平衡规律的认识,提出社会主义革命将在帝国主义的薄弱环节爆发并取得胜利,然后以社会主义的苏联作为世界革命的策源地,把革命的火焰燃烧到欧洲和亚洲,进而在全世界取得社会主义胜利。列宁提出社会主义可以在一国、在帝国主义的薄弱环节首先取得胜利,是与马克思、恩格斯的设想不同的,但他们在社会主义由核心国家向边缘国家发展的看法上是一致的。这种核心—边缘的发展模式,曾被

① 《列宁全集》,第 39 卷,第 229 页。

② 《马克思恩格斯选集》,第 3 卷,第 223 页。

③ 《马克思恩格斯选集》,第 17 卷,第 683 页。

长期沿用。

上述战略思想在一定历史时期推动了社会主义运动的发展,但也有明显的不足之处。这些不足主要有:没有深刻认识资本主义的发展过程;把共产主义的实现看成是一个比较短暂的突进过程;把通过“革命与战争”实现社会主义的方式绝对化;把社会主义运动的某种成功做法模式化,将某种模式全球化。

斯大林之后,一些社会主义国家开始认识到应对世界社会主义战略作适应时代变化的调整。赫鲁晓夫在苏联共产党第二十次代表大会上提出了和平共处、和平竞赛、和平过渡的观点,这是对斯大林世界社会主义战略的重大改变。中国共产党在十一届三中全会后,在社会主义战略上作了重大调整。苏联解体、东欧剧变又促进了世界社会主义战略调整的步伐,一些带有共同性的新的战略观念逐步形成。

世界社会主义新战略的要点包括:(1)新的世界大战并非不可避免。在知识经济时代、全球化时代,战争是可以通过和平的力量来防止的,所以我们要改变“战争引起革命或者革命制止战争”的传统战略观念,探索如何在和平的国际条件下发展社会主义。(2)和平与发展已取代了战争与革命,成为当今世界的两大主题。(3)社会主义在全世界的实现是一个长期的渐进的过程。要改变认为在全世界实现社会主义是一个短期的突进过程的传统战略观念,要认识到在今后相当长的时期里,社会主义的发展主要不是表现在量的增长上,而是表现在质的提高上。(4)社会主义国家的根本任务是大力发展社会生产力,不断增强社会主义制度的吸引力。(5)社会主义应当是多样化的。那种把某种成功经验模式化,然后将这一模式向其他社会主义国家推广的做法,实践证明是错误的。世界社会主义新战略的关键是在社会主义国家内,要抓住经济建设这个中心不放,把社会主义建设搞好,以事实证明社会主义优于资本主义;在国际上,要全面认识和正确处理好同资本主义国家既矛盾斗争又借鉴合作的关系。这两个方面能否处理好,关系到社会主义的兴衰成败。

二、科学社会主义的未来前景

在刚刚过去的20世纪,人类进行了三大试验:社会主义制度和资本主义制度的比较试验,社会主义制度内部新、旧两种模式的比较试验,以及资本主义制度内部是从发动战争中找出路,还是从调整和改革自己的体制中找出路这两种发展趋向的比较试验。后两个比较试验结果已经出来了。从社会主义方面看,推行传统模式(苏联模式)的社会主义的苏联和东欧各国失败了;而推行新模式社会主义的中国则由于改革的成功,在20世纪最后20多年中,成为世界上经济发展最快的国家,作为维护世界和平、促进世界发展和建立和平共处的国际新秩序的坚强力量而迅速崛起。从资本主义方面看,两次世界大战使七八千万人丧生或致残,说明资本主义从发动战争寻找出路是走不通的;相反,通过改革调整,资本主义“虽然‘气息奄奄’了,却是混下去了,有的时候还显得颇为活跃”。① 社会主义和资本主义通过调整、改革都得到了发展,因此,社会主义制度和资本主义制度的比

① 顾准:《顾准文集》,贵州人民出版社,1994,第341页。

较试验,21世纪还将继续进行下去。这无疑仍然是21世纪社会发展的主旋律。

马克思在《〈政治经济学批判〉序言》中说:"无论哪一个社会形态,在它们所能容纳的全部生产力发挥出来以前,是决不会灭亡的。"① 现在,资本主义所能容纳的生产力是否已经充分发挥出来了,未来资本主义经济会怎么样,这是考察未来社会主义命运必须回答的问题。

世界资本主义在经历了20世纪上半叶空前的经济危机、世界战争和无产阶级革命风暴的大震荡后,对生产关系和上层建筑进行了大调整,资本主义出现了一些新变化,表现为:(1)产业结构的调整带来了就业结构的调整。第三产业上升,在国民经济中的比重已达到三分之二左右。同时,非知识型工人减少,工人阶级科技文化水平的提高,直接推动了社会生产力的发展。(2)随着生产社会化程度的提高,企业组织形式发生变化:公司兼并之风此起彼伏,资本日益集中,跨部门跨行业的超级企业集团和巨型跨国公司纷纷出现。这些变化增强了垄断资本抵御风险、自我增值的能力。(3)国家从市场经济的"守夜人"转变为经济发展的干预者,在一定程度上缓解了资本私人占有对生产力发展的制约。(4)加速推进全球化,为资本的扩张和增值开辟了新天地,这是国际资本主义继续发展的重要条件。这些变化给资本主义注入了新的活力,不仅容纳了现实的生产力,而且促使生产力继续发展。这说明资本主义仍然有较强的自我调节、自我更新、自我发展的能力,人类社会尚未达到彻底否定资本主义的最后阶段。从两种制度国家的竞争态势来看,发达的资本主义国家现在处于优势,这表现为两个最基本的方面:一是现在的全球化仍然是资本主义国家主导的全球化,二是在工业经济向知识经济转变的进程中,发达的资本主义国家走在前头。

资本主义的新变化及其在经济上的领先地位说明了什么呢?是资本主义的基本矛盾已经被克服,还是资本主义必然灭亡、社会主义必然胜利的基本历史规律不再成立?我们认为,恰恰相反,资本主义的新变化并不是对资本主义制度的肯定,而是不断地以新的形式否定和扬弃资本主义制度。资本主义的新变化并不能改变社会形态向前演进的总趋势,正如一位西方学者所指出的:"在卡尔·马克思逝世113年以后,资本主义再度驶入这位革命的经济学家为他那个时代所正确描述的那个方向上。"②

资本主义的新变化,虽然缓解了生产资料私人占有对社会生产力的制约,但不可能从根本上消除资本主义的基本矛盾。随着知识经济时代和全球化时代的到来,这一矛盾不但依然存在,而且呈现出进一步扩大的趋势。具体表现在以下几个方面:

第一,个别企业生产的组织性和整个社会中生产的无政府状态的对立更加尖锐。在资本主义的调整过程中出现的企业兼并之风,使得资本和生产越来越集中。由于资本的增加,企业利润也大幅度增长。目前,跨国公司活动的舞台基本上处于无政府状态的世界市场。就某个跨国公司来说,其投资、生产都是有计划、有目的的,而对于一个国家以及世界的整体经济来说,是无序的、盲目的。而这种无序性、盲目性对一些国家和地区的经济

① 《马克思恩格斯选集》,第2卷,第83页。

② 汉斯·马丁,哈拉尔特·舒曼:《全球化的陷阱》,中央编译出版社,1998,第10页。

冲击,是随着跨国公司的扩大而增大的,并且这种增大已超过了历史上的任何时期。

第二,资产阶级和无产阶级的对立没有改变。经济全球化使劳动者在产品分配中越来越处于不利地位,正如《全球化陷阱》作者之一哈拉尔特·舒曼提出的:“全球化网络使得日本和德国的生产基地转移到美国,反过来形成一种剥夺穷人、有利于富人的逆向再分配。”① 而在劳资双方的斗争中,为了保持本国经济的国际竞争力,为了吸引或留住资本,政府又总是倾向于资方。工资收入与资本利润之间的差距越来越大。工资分配日益不平等,致使某些人发现,即使努力工作,仍然难以养家糊口。知识经济的发展同样对劳动者产生了不利的后果。各经济部门技术密集程度的提高,造成了大规模的结构性失业。由于这些原因,在发达的资本主义国家里,形成了为数众多的贫困者阶层。如美国,约有20%的人生活在全国贫困线以下,两千多万人缺乏足够的食物,两百多万人露宿街头。曾任纽约州州长的马里奥·库奥莫说,与其说美国是“山顶上一座辉煌的城市”,毋宁说美国存在着“双城”,一个是富人的美国,一个是穷人的美国。

第三,实物经济和符号经济严重脱节。符号经济是二战后发达资本主义国家推行金融自由化政策的结果。这一政策导致金融投机活动猖獗,使得大量的资本从实物生产和贸易领域脱离出来,导致金融衍生物这一新的投机方式恶性膨胀,有价证券、存款贷款、外汇等无实物载体的虚拟资本剧增。据统计,在全世界每天约两万亿美元的外汇交易中,用于投机的超过90%,而用于贸易和直接投资的不到10%。金融资本高度虚拟化,日益演化为一个具有相对独立性的符号经济系统。符号经济与实物经济的严重脱节,以及金融市场的过度投机,很容易造成泡沫经济现象,引发严重的经济动荡和金融危机。

全球化不仅使资本主义的基本矛盾有了种种新的表现,同时,资本主义的基本矛盾又随着全球化而扩展到世界各国。在跨国公司的冲击下,有些发展中国家对经济的调控能力进一步削弱;有些国家的经济尽管在增长,但其利润却被外国资本掠走。

综上所述,资本主义不可能通过自身的改革解决其基本矛盾,相反,伴随着改革的是资本主义基本矛盾以一种新的方式出现。资本主义基本矛盾不是缓和了,而是更加尖锐了,正是这种矛盾运动使资本主义一步一步走向死亡。同时,资本主义的新变化正在不断地提出变革资本主义的客观要求。只有社会主义才能从资本主义的桎梏中解放生产力,实现人类的真正自由、平等。

在知识经济时代和全球化时代,社会主义面临着严峻的挑战,但同样也给社会主义的发展提供了前所未有的机遇。马克思、恩格斯认为,共产主义的实践“是以生产力的普遍发展和与此有关的世界交往的普遍发展为前提的”。② 经济全球化和知识经济的发展,无疑极大地促进了生产力的世界交往属性的普遍发展,为全球走向社会主义准备了更充分的物质基础。在全球化时代,资本关系的社会化由国家垄断发展到国际垄断阶段。列宁曾把国家垄断资本主义看作是社会主义的入口。国际垄断资本主义离社会主义更近,它为全球向社会主义过渡做好了充分的准备。

---

① 张世鹏:《20世纪资本主义的历史回顾》,《当代世界与社会主义》2000年第1期。

② 《马克思恩格斯选集》,第1卷,第40页。

社会主义曾激励几代人努力奋斗,今后仍然是人们追求的目标。解放生产力,发展生产力,消灭剥削,消除两极分化,最终达到共同富裕,这是人心所向,大势所趋。在资本主义与社会主义的较量中,尽管社会主义还暂时处于弱势,但这远不是历史的终结。正如斯克莱尔所说:“历史远没有结束,几乎还没有开始呢!”新生事物必然会战胜旧事物,未来的世界必然是社会主义——共产主义的世界。

思考题:

1. 在21世纪,我们的时代发生了哪些变化?
2. 如何认识全球化、知识经济与社会主义的关系?
3. 传统的世界社会主义战略存在哪些局限?在21世纪,世界社会主义的战略要点是什么?应如何处理社会主义与资本主义的关系?

参考文献

1．马克思恩格斯选集．1～4卷．北京：人民出版社，1995．

2．列宁选集．1～4卷．北京：人民出版社，1995．

3．毛泽东选集．1～4卷．北京：人民出版社，1991．

4．邓小平文选．1～3卷．北京：人民出版社，1993—1994．

5．江泽民．论“三个代表”．北京：中央文献出版社，2001．

6．江泽民．论有中国特色社会主义（专题摘编）．北京：中央文献出版社，2002．

7．胡锦涛．《高举中国特色社会主义伟大旗帜，为夺取全国建设小康社会新胜利而奋斗》．北京：人民出版社，2007．

8．高放主编．科学社会主义的理论与实践．北京：中国人民大学出版社，1994．

9．赵曜主编．科学社会主义新论．北京：中共中央党校出版社，1996．

10．赵明义主编．科学社会主义．济南：山东大学出版社，1996．

11．高放，黄达强主编．社会主义思想史．北京：中国人民大学出版社，1987．

12．高放主编．当代世界社会主义新论．昆明：云南人民出版社，1998．

13．高放．国际共产主义运动别史．北京：中国书籍出版社，2002．

14．李景治，王正泉，陈新明，等．社会主义发展历程．沈阳：辽宁人民出版社，2001．

15．陆南泉，姜长斌，徐葵，等主编．苏联兴亡史论．北京：人民出版社，2002．

16．宫达非主编．苏联剧变新探．北京：世界知识出版社，1998．

17．姜长斌主编．斯大林政治评传．北京：中共中央党校出版社，1997．

18．李宗禹等著．斯大林模式研究．北京：中央编译出版社，1999．

19．刘祖熙主编．东欧剧变的根源与教训．北京：东方出版社，1995．

20．李振城．苏联兴亡的沉思．北京：改革出版社，1998．

21．郑异凡．布哈林论稿．北京：中央编译出版社，1997．

22．吴仁彰主编．苏联东欧剧变与马克思主义．北京：世界知识出版社，1998．

23．曹骏．苏联剧变与体制问题．北京：经济管理出版社，2000．

24．许新．超级大国的崩溃．北京：社会科学文献出版社，2001．

25．李棕．当代资本主义的新发展．北京：经济科学出版社，1998．
26．李景治．当代资本主义的演变与矛盾．北京：中国人民大学出版社，2001．
27．胡绳．论“从五四运动到人民共和国成立”．北京：社会科学文献出版社，2001．
28．俞可平主编．全球化时代的“社会主义”．北京：中央编译出版社，1998．
29．顾海良，梅荣政主编．科学社会主义理论与实践．武汉：武汉大学出版社，2006．